后浪出版公司

插图第7版

The Western
Humanities, 7e

Roy T. Matthews
DeWitt Platt
Thomas F. X. Noble

人文通识课 I 古典时代

（美）罗伊·T·马修斯 德维特·普拉特 托马斯·F·X·诺布尔 著

卢明华 计秋枫 郑安光 译

世界图书出版公司
北京·广州·上海·西安

前　言

《人文通识课》第七版仍然延续本书初版的宗旨：在历史解读的框架内提供一种有关文化表达和艺术作品的分析和欣赏。许多年来，我们已经清楚地认识到，如果把人文学识放在历史的背景中进行考察，学生们将是多么容易和有效地学到东西。此外，这一宗旨还将帮助开始接触人文学识的学生运用他们不断提高的历史眼光来丰富和加深他们自己对当今世界的最新见解。他们将清楚地看到，他们自己的生活以及对于他们来说很重要的东西并非来自真空，而是来自悠久、复杂，或许还称得上是奇异怪诞的往昔。如以往一样，我们将向学生提供一套丰富的、突出批判性思维的辅助教学手段，以帮助学生获取并修正他们自己对往昔的视界。

在《人文通识课》中，我们还将强调创造和表达的普遍共性。世界各地的人都有着做以下这些事情的冲动：解答人类存在之谜；探寻或是创立天地万物之序；创造性地对内在和外在的自然作反应；用真善美来愉悦感官和心灵；与其他人交流思想、共享高见。故而，我们的另一个宗旨便是力图表明，从文明生活发端之前起，表达自我和建立永久丰碑的欲望就一直是人类的一种强制性驱动。我们相信，强调这一点将帮助学生们明白，他们自己连同他们的想法、问题和志向，都不是与过去割裂，而是属于一种几千年前就已开始的传统。

我们还有一个目的，即帮助大学生做好应对未来的思想准备。当学生们审视过去并了解先人们如何应付困境、克服危机并设法留下不朽遗产的时候，他们就会发现，人类精神是无法压抑的。人类已经通过哲学、宗教、艺术、音乐、文学等人文学识为他们最深层的需求和最疑难的问题找到了答案。我们希望，这一凿凿可鉴的事实将给予那些塑造二十一世纪之世界的大学生以巨大的鼓舞。

《人文通识课》的特色标记

适用于教学的编排结构

长期以来，无论是教师还是学生都赞赏本书在阐述历史和文化时独特的平衡。书中各章的结构前后一致，以便强化学生从如下所述之多个视角进行学习的意识。

有关人文学识的背景性解释。本书每一章的第一部分都将论述所涉时代的物质状况，即历史、政治、经济和社会发展。我们旨在抓住各个纷繁复杂的时代之本质，并为讨论西方文化勾勒出一个前后连贯的叙述框架。

文化表达。每章余下的部分将专心论述两大范畴的文化表达：一是思想观念范畴，如哲学、历史、宗教、科学等；二是文化作品范畴，如艺术、音乐、戏剧、文学和电影等。在这一部分，我们将描述和分析该时代重要的文化成就，聚焦于那些普遍性的主题、风格选择和风格要素。我们将考察知识分子、艺术家、作家等有创造力的个人如何应对他们所处社会向他们提出的挑战，如何选择价值观和生活方式。

文化遗产。本书每一章的结尾处都有一段文字，简要地描述该章所涉时代的文化遗产。学生们将会发现，一些他们熟悉的观念、运动或艺术手法，其实都有着非常悠久的历史。他们也将发现，文化物件和文化课题的意义及所属价值，会随着时间、地点的变化而变化。我们的目标不仅是要帮助学生们厘定他们所属文化的来龙去脉，还要向他们表明，人文学识有如一系列生机勃勃的选择不断发展着，某个时代的人们创造了这些选择，而另外一些时代的人们又对之进行改造。

通过有效的特色教学手法给予学生的帮助

我们的另一个重要目的是帮助学生理解文化表达和文化成就，为此我们提供了一系列广泛的特色教学手法，以突出一些重要的主题并表明它们之间的相互关联。这些特色手法提供附加的素材或对素材的不同看法，丰富了本书的主体内涵。我们也认真地满足了扩展历史画面的需要，故我们将一些非西方文化的素材含括了进来，以求显示它们是如何相互影响的。

"人文学识入门：如何理解艺术"。前来选修西方人文课程的学生个人背景各式各样。为帮助学生们获致学习人文知识的基本能力，我们在本书开头就安排了"人文学识入门"，它向读者介绍赏析文学、音乐和视觉艺术等各种主要艺术形式的不同方法。我们通过这篇"入门"提供了一些工具，以图帮助学生更好地把握如何超越他们对艺术品的最初反应，向一种更有见地的理解方向发展。我们要求学生去思考艺术家们创作其艺术作品的意图，去观察其作品的构建要素，并且去赏析艺术家们所处的文化和历史环境如何影响他们的工作。在本次的第七版中，我们增添了新的一节，即"解读艺术"。

遭遇栏目。每一个**遭遇**栏目描述西方文化与其他文化之间的一次交汇。"遭遇"通过文字和艺术品聚焦于影响了双方文化的重要交往。我们试图在今天的大学生中培养全球意识，故而这些"遭遇"将表明文化遭遇和文化交流乃是人类历史中一个经久不息的组成部分，它们既有积极意义，也有负面影响。

生活片段。**生活片段**栏目向学生提供倾听来自往昔的声音的机会，这些声音是课文中所述之历史和文化事件的目击者发出的。这些节选自原始资料和原始档案的材料旨在向读者展示活生生的历史。

按图索骥。这个特色内容鼓励学生们培养地理学技能——在现在这个全球化时代，地理学技能是一种极有价值的能力。通过地图练习并回答一些与地图相关的问题，学生们将学会看地图并理解在特定地理环境中发生的历史和文化进程。

遗产部分。每一章的结尾部分将表述该章所述之传统的不朽遗产。

术语。当正文中出现新的文化术语时，该术语将被印成黑体字并随后给出定义。

文化关键词将在每一章的最后收集成一份列表——这个重要的学习工具向学生提供重要的词语。

第七版的变动

新作者托马斯·F·X·诺布尔（Thomas F. X. Noble）

本次《人文通识课》最新版的最重大进展是圣母大学（University of Notre Dame）教授托马斯·F·X·诺布尔加盟为合作者。托马斯是专治古代后期和中世纪早期历史的著名学者，他撰写、参著、主编或翻译了10本著作及将近50篇文章。作为中世纪史学家，他对古代世界也有着精深的理解，他的加盟使本书写作团队的知识结构得以大大平衡。多年来，本书的三位作者都相互熟知，也相互尊重，我们对全书各章做了修缮和更新，尤其是在托马斯的帮助下精心修订了关于古代和中世纪世界的各章。此外，为了使全书前后连贯一致，我们还特意加强了贯穿全书的教学法手段，即增添了两个特色以求鼓励学生分别去理解艺术和作批判性思考。我们期待《人文通识课》第七版将继续帮助授课人应对今天的教学挑战，并帮助新一代学生去理解并拥有他们的文化遗产。

第七版的新特点

我们一如既往地倾听读者们对本书的评价和改进建议。在第七版中，我们基于众多深刻的评论作了如下一些重大改动：

重新编排了希腊化世界和罗马共和国的时间框架。此次修订后的"希腊化时代的文明和罗马的兴起"讲述了罗马如何兴起并从希腊化世界后期阶段获得其文化定位。

重新编排了罗马帝国、拜占庭帝国和中世纪早期的时段。在前几版中，一些涉及罗马帝国的素材附属于罗马共和国的论述，而另一些资料则被看作是通向中世纪的前奏。本书第七版将罗马共和国放在希腊化背景下考察，故修订后的"罗马帝国文明和基督教的胜利"论述的是从奥古斯都时代到查士丁尼时代的罗马帝国文明（公元前31—公元565年），其中也包括了基督教和天主教会的胜利。基督教的胜利既是罗马世界转型中的一个关键因素，也是罗马世界的一个强大遗产。最后，这一讲的新格式采用了"古代后期"（late antique）的范式作为阐释框架。正如罗马不是在一天中建成一样，它也不是在一天中陨落的。罗马帝国长期缓慢的转变是一个动态的、创造性的过程，延续了好几个世纪。本次修订版将罗马帝国时期的材料糅合成一讲，这样，中世纪早期就相应地被单列出来对待。"罗马帝国的后裔：拜占庭和中世纪早期的西方"描绘了拜占庭和中世纪早期的西方这两个相互平行的历史进程。这种处理方法得以更充分地论述拜占庭文明的各个方面，并且也能更详细地论述查理曼时代，因为查理曼时代为中世纪的欧洲奠定了基础，也为西方文明向以后时代的转变做好了准备。

新特色：解读艺术。应众多评论者之请，我们增添了一个**解读艺术**特色，当然，这样做也是我们继续履行的一贯使命之组成部分：还原高深的文化以便清晰地展示给学生。我们在"人文知识入门"中向读者介绍并解释了这一新特色。十二项解读艺术的范本每一项都聚焦于一件艺术杰作（绘画或雕塑）或建筑，采用一套六项提示体系来突出其形式特征（即它如何成之为艺术品）和历史背景（即它如何反映其历史时代）。我们相信，掌握了这一特色的学生将可运用它来分析他们所遇到的任何艺术品。

新特色：批判性思考提问。应书评人的要求，我们在每一讲的最后增添了五个批判性思考提问。我们试图在这些评论提问中聚焦于通过考察历史背景来深入理解文化成就——这种方法是本书的基本宗旨。我们相信，这种教学手段将帮助学生掌握人类历史的复杂性。这些章末提问系对网络版**教师手册**（学生们无法接触到该手册）中评论性提问的补充。

修订了的艺术赏品。像以往各版一样,本次修订版中艺术赏品的大多数变动也是基于我们希望更新内容的愿望。每一幅插图都在正文和图片说明中得到解说。在前11讲中,增添了38幅艺术品图片,主要集中在论述从希腊化时期到中世纪盛期这段时间内——这几章主要由托马斯·诺布尔大笔改写。这些添加图片包括几幅历史性建筑物的平面构造图和复原图,以及许多新的视觉形象。

在后11讲中,我们也添加了38幅艺术形象,基本上都是替代同一些艺术家或建筑师的艺术作品。

教学资源

我们身为讲课人,深知在讲授人文学识时(尤其是给学生素质参差不齐的大课堂上课时)会遇到的难题。因此我们撰写了一本教师手册并制作了一套综合性的补充资料,旨在帮助解决这些难题。

《人文通识课阅读资料》(*Readings in the Western Humanities*)。在本书第七版的阅读资料中,马修斯和普拉特重新编排了章节,以使其与《人文通识课》(第七版)的变动相对应。原始资料的选取按时间顺序排列,对应于本书正文的22讲,并分作2卷。第一卷含括从古代美索不达米亚一直到文艺复兴;第二卷从文艺复兴一直到21世纪。这套文集让学生们接触到我们的文学和哲学遗产,使他们得以原汁原味地品味西方传统中那些大作家和大思想家们的思想和声音。

《传统:各个时代的人文资料》(*Traditions: Humanities Readings through the Ages*)。对于那些希望拥有他们自己的读者群的授课者来说,《传统》是一个新的资料库,我们设想该资料库既可用作单行本流传,也可用作麦格劳-希尔公司(McGraw-Hill)"西方人文"系列出品的姐妹篇出品。该文集的特点是内涵广博,同时包含了西方和非西方的人文资料,囊括了古代和当代的资料,选取自文学、哲学和科学等多个不同的学科。Primis Online数据库的灵活功能使这些资料得以既按时间顺序也按作者姓氏顺序排列。请上线 www.primisonline.com/tradition。

教师手册(*Instructor's Manual*)。教师手册也作了修改和扩充。手册为每一讲准备了教学策略和建议、习题集、学习目标、关键的文化术语、参考性影片、阅读材料和网址,以及一份与《人文通识课》第七版一起配套修订的详细大纲。手册注明了《人文通识课》每一讲的参考资料载于其配套文集《人文通识课阅读资料》的何处,这样,教师们就能很轻松地将原始资料结合进每一堂课。

除了对应各讲的资料外，教师手册还在前言中提供了五种基本的教学策略和七种讲课模式。教师手册可以通过"网络学习中心"（Online Learning Center）下载获取。

网络学习中心（www.mhhe.com/mattews7e）。网络学习中心的学生板块包含了一条通往MyHumanitiesStudio网站的链接，在该网站中，学生们可以浏览有关各种艺术技巧的视频，并做一些旨在加强其理解视觉艺术、舞蹈、音乐、雕塑、文学、戏剧、建筑和电影的互动作业。除了MyHumanitiesStudio外，网络学习中心还提供以下资源：论文、简答题、全真/模拟测验题；章节目录；各章目的；关键术语；MyHumanitiesStudio练习。我们期待这些在线资源将能增强学生对人文学识的理解，并激发他们自己的创造力。

图像库（Image Bank）。图像库是一个网络显示管理器，使用者可以轻松地浏览并下载图像以用于课堂展示，教师们可以通过该图像库接触到《人文通识课》和麦格劳–希尔公司"西方人文"系列其他出品中所载的各种图像。

音乐选集（Music selections）。一张音响光碟收录了课文中谈到的各类音乐曲目，包括宾根的希尔德加德（Hildegard of Bingen）、巴赫（J. S. Bach）、伊格尔·斯特拉文斯基（Igor Stravinsky）和菲利普·格拉斯（Philip Glass）等作曲家的作品。

致谢

我们要感谢许多人对本次《人文通识课》修订的帮助和支持。罗伊·T·马修斯和德维特·普拉特依然要感谢多年来密歇根大学的在校生和毕业生提出的许多深邃的评价。托马斯·F·X·诺布尔要感谢他的数千名学生，35年来这些学生给了他很多教益。他也对自己被邀请来援手创作这部精湛成功之作的新修订版深表感谢，不胜惶恐。

对我们三人来说，本次第七版的修订实乃一次学习的经历，但是，在此付梓之日，我们已融为一个相互支持的团队。我们感谢Art Pomponio公司的理智反应和令人平静的声音。至于我们麦格劳–希尔公司的操作人员，我们想特别感谢罗娜·罗宾（Rhona Robbin）对该项目的领导。罗娜易于共事，而当发生在她权力范围以外的问题时，她也知道到哪里去求得问题的迅速解决。至诚哉，罗娜！我们也感谢蕾丝丽·拉康内里（Leslie Racanelli），此次修订期间，您机智地引导我们走出了好几条迷径；您一直是我们几位作者的巨大智慧库。还有，我们要特别感谢以下麦格劳–希尔公司团队的其他人员——Chris Freitag, Betty Chen, Brian Pecko, Allister Fein, Louis Swaim, Pam Cooper, Elena Mackawgy, Sarah Remington以及全部的编辑和出版人员。

导　言　为何学习文化史？

　　如果对在你出生以前发生的事情一无所知，那你就始终是个孩子。

　　　　　　　　　　　　　　　　　　　　　　——西塞罗，公元1世纪

　　如果你说不出过去三千年的事情，那你就处在黑暗之中，毫无经验，浑浑度日。

　　　　　　　　　　　　　　　　　　　　　　　——歌德，19世纪

　　本书的基本假设是：对于那些想成为饱学之士以图把握自己命运的人来说，西方文化的某些基础知识是必不可少的。人类已有的五千年成文历史相对连贯，未曾中断，虽然其间有时显得乱七八糟。如果人们得不到训导因而不理解他们在人类历史中的位置，那么，他们将会变得软弱无力，完全受制于来来往往的时兴风潮和一些奇思怪想。他们会被一些夸夸其谈者们的阿谀之词击倒，或者会盲从于以下这种错误观念：当前所发生之事态是独一无二的，或者是史无前例，或者是超越以往发生的任何事情。

　　可能发生的最糟糕之事是身处无知的囹圄内——用歌德的话来说就是"浑浑度日"。如果不知道过去及其对现今的含意，人们便会认为，他们当时所处的世界将会永远延续下去，而事实上这个世界的许多事物注定是要被遗忘的。通俗文化往往稍纵即逝，与此相反，学习西方文化将提供另一种完全不同的东西，这种东西已经经受住了时光的无情考验。今天的英豪人物终将被人遗忘，但不管多久以后，那些铸造了西方传统的文学艺术先辈所取得的成就仍将留存下去。他们的作品流传到各个时代，而且在每个时期都显得栩栩如生。古罗马作家塞涅卡（Seneca）精辟地表达了这一观念，他在公元1世纪时写道："生命诚短暂，艺术乃长久。"

　　一但人们意识到西方文明的丰富遗产其实是他们自己的财富，那么，他们看待自己以及所处时代的目光就会超越现时代。他们将明白，他们无需受今天诸多限制的束缚，而是可以借鉴生活在几百年前乃至几千年前的先人的创造性眼光。他们将发现，他们的文化拥有赋予自身以内涵和形态的历史和脉络。学习和体会文化遗产可以帮助他们理解他们在当今世界的位置。

西方的地理范围

本书的论题是西方文化，但是，我们所说的"文化"以及"西方"究竟指的是什么呢？文化一词具有多项含义，但我们在这里是用它来指一个民族的艺术和思想表达及其创造性成就。至于西方，我们指的是地球上位于亚洲和小亚细亚以西、非洲以北的那个部分，主要是指欧洲——这是本书主体论述的地理框架。

然而，西方传统并不局限于我们今天所定义的欧洲。一些生活在当今欧洲疆域以外的民族之贡献也含括在西方文化之内，因为这些民族有的是西方的先祖，如那些最早创造了美索不达米亚和埃及文明的民族；有的则在某些时期是西方的组成部分，如在古罗马和早期基督教时代生活在地中海沿岸之北非和近东地区的民族。西方文化从形成于这些地区的理念中汲取了丰富的营养，这与地理范围无关。

一些曾经是西方传统之组成部分的地区被拉入了别的文化传统，例如美索不达米亚、埃及和北非，那里的居民在公元7世纪时信奉起了伊斯兰教，随后它们就不再包含在西方文化史范畴之内了。不过，由于伊斯兰文明对西方文明产生的巨大影响，我们在本书中也概述了伊斯兰历史，并对伊斯兰文化作了描述和鉴赏。伊斯兰文明与我们自己的西方文明颇多差异，但其丰富的传统在当今世界享有重要的地位。

大约在1500年之后，随着航海探险活动扩展到地球上其他一些最遥远的地区，几百年来一直凝聚在欧洲一地的西方文化开始裂变。从此时起，几乎称得上排他性的欧洲模式瓦解了，主要是通过传教士、军人、殖民者和商人的活动，西方价值观和理想开始向全世界输出。与此种进程相吻合并且使变化模式更趋复杂的是奴隶贩卖者们的活动，他们将无数非洲黑人贩运到南北美洲充当种植园的奴工。西方文化与许多此前孤立发展的文化之间发生了相互作用，从此改变了所有被这一互动进程触及的人群，无论这些人群自己愿意与否。

自1500年起持续进行着的全球西化进程，乃是当今时代的统率性主题。1900年以前人类的贪婪本性、传教士的无限热忱和殖民帝国的梦想未能做成的一些事情，在20世纪中被现代技术、大众媒体和通俗文化做成了。今天的世界是一个地球村，其中的许多部分受着西方价值观和西方生活方式的主宰。在我们这个时代，西化已成为一种双向的交流。来自其他文化的艺术家和作家采纳西方的形式和观念,同时他们又不仅仅是使他们自己的传统西方化,而是也向西方传统注入新鲜的感知和思维习惯。文化的全球化意味着一部南美小说或一部日本影片能像一幅欧洲油画一样被西方的读者观众所接受,并且还带来一套具有文化象征和含义的新奇词汇。

历史时期和文化风格

在文化史上,过去经常被划分成历史时期和文化风格。所谓历史时期,是一个具有某种共性的时间段,其共性或者在于其间明显流行着一种独特的文化、理念或技术,或者在于它因某个划时代性的历史事件而终结,例如像亚历山大大帝之类的军事统帅的去世,或像罗马帝国的崩溃之类的政治动荡。所谓文化风格,是文学艺术表达、手法或表现之特征的集合体,它限定了某个特殊的流派或时代。一个历史时期可能在时间上与某个文化风格相吻合,也可能同时包含不止一个的文化风格,或涵盖两个前后相继的文化风格。本书的每一章都将聚焦于一个历史时期,并含括一些重要的文化层面——通常有艺术、建筑、宗教、音乐和哲学——各个层面的叙述次序则根据讨论该时期相应文化风格的需要来编排。

本书的考察起自史前时期,也即人类发明书写以前的时代,其上限难以确定,总之是人类产生的那遥远时刻。约在公元前3000年时,书写产生了,从那以后的西方文化遗产分成三个笼统的历史时期:古代、中世纪和现代。

古代起自公元前3000年,止于公元500年(参见历史分期表1)。在这

历史分期表1　古代世界

公元前 3000		1200 800	500	323 146 31	公元 500
美索不达米亚和埃及文明;希腊文明的先驱			希腊文明		
			罗马文明		
主要历史时期					
美索不达米亚和埃及文化;米诺斯和迈锡尼文化			希腊古风风格	古典(希腊)	希腊化文化	罗马帝国文化
			伊特鲁斯坎和希腊文化的影响	希腊化文化	
文化风格					

历史分期表2　中世纪世界

500		1000	1150	1300	1500
中世纪早期			中世纪盛期		中世纪晚期
主要历史时期					
		地区风格	罗马式风格	哥特风格	
文化风格					

3500年中，西方文明首先在美索不达米亚和埃及冉冉升起曙光，随后从公元前8世纪起在希腊和罗马光芒四射；当公元前146年希腊臣服于罗马之时，西方文明的光辉稍稍暗淡了下来，最终在公元5世纪随着罗马帝国的崩溃而归于湮灭。与上述这些历史时期相应的文化风格有美索不达米亚风格；埃及风格；希腊风格，其中又包含古风（Archaic）、古典（classical或Hellenic）和希腊化（Hellenistic）三种风格；罗马帝国风格（imperial Rome style）。

中世纪（Middle Ages）含括从公元500年到1500年之间的诸多事件，这一千年又可进一步划分成三个时段（参见历史分期表2）。中世纪早期（500—1000年）的特征是频繁的蛮族入侵和政治混乱，以致文明本身岌岌可危，勉强幸存。这段极其动荡的时期没有一种完整的国际风格，虽然有几种地区性的风格颇为繁荣。中世纪盛期（1000—1300年）则是一个稳定的时期，其间中古文化臻于鼎盛。此间出现了两种前后相继的风格：罗马式（Romanesque）风格和哥特式（Gothic）风格，而哥特式风格将在此后的中世纪文化中占据统率地位。中世纪晚期（1300—1500年）是一个转折时期，其间，中世纪日趋消亡，现代（modern age）奋力显现。

现代时期大约开始于1400年（历史时期之间经常是相互重叠的），一直延续到今天（参见历史分期表3）。随着现代的来临，一种界定历史变化的新方法开始显得更有意义——那就是把历史划分成各种运动，即大批的人群集合起来为达到一个共同目标而开展的活动。现代时期包含了好多场旨在以特殊的方式改变世界的运动。

现代的第一场运动是文艺复兴运动（Renaissance，1400—1600年），它试图复兴古希腊罗马的文化价值观。这场运动伴随着两种连续的风格：文艺复兴风格和矫饰主义（mannerism）。随后的一场重要运动是宗教改革运动（Reformation，1500—1600年），它致力于让基督教恢复到《圣经》中所确立的早期教会理想模式。虽然宗教改革并没有衍生出任何具体的风格，但这场宗教狂潮确实深刻影响了文学艺术的题材及其表达方式，尤其是对矫饰主义风格。

宗教改革之后是科学革命（Scientific Revolution，1600—1700年），这场运动的结果是古代科学被抛弃，现代科学得以诞生。科学革命的结果固然是翻天覆地的，但其本身进程似乎游离于它所处时代的风格，也即所谓的巴洛克风格（baroque）。这种富丽堂皇的风格旨在通过夸张的感官效果产生震慑，它与罗马天主教会试图恢复其尘世权威的努力联系在一起。

科学革命引发了启蒙运动（Enlightenment，1700—1800年），这场运动宣称要依据新兴科学的原理来变革政治和社会。就风格而言，18世纪呈现出斑驳陆离的景象，起先受洛可可（rococo）风格的主宰，那是一种奢华奇异的风格，代表着巴洛克风格的最后阶段；随后则由新古典（neoclassical）风格主导，这种风格受古希腊罗马作品的启发，也反映了科学革命的原理。在18世纪尚未过去之时，启蒙运动唤起了它的对立面，即浪漫主义运动（romanticism，1770—1870年），这场运动着意于情感、幻想和任何无法用科学论证的东西。与浪漫主义运动完美地相伴相随的是浪漫派风格（romantic style），其标志是对哥特式风格的重新赞赏和对自然的热爱。

到19世纪末期，现代主义（modernism，1870—1970年）兴起，它倾向于清除希腊罗马传统和基督教信仰的一切遗留痕迹，并塑造摆脱过去影响的全新的理解方式。从20世纪70年代起，后现代主义（postmodernism）崛起，这场运动力图与过去达成妥协，既容纳旧有的表达方式，同时又采纳一种全球性的、多种声音混杂的视野。

虽然每个文化时期都留有各自的创新和创造性标志，但我们在本书中对不同时期的考察却颇有偏重——论述某些时期之成就的篇幅和力度可能会大于其他一些时期。之所以作这样的调整，是因为某些时期或某些风格比其他的更

历史分期表3　现代世界

1400	1500	1520	1600	1700	1770	1800	1870	1900	1970	2010
文艺复兴		宗教改革	科学革命			浪漫主义		现代主义		后现代主义
					启蒙运动					
主要运动										
文艺复兴风格		矫饰主义	巴洛克		洛可可	浪漫派		现代派		后现代派
						新古典主义				
文化风格										

重要一些，尤其是从它们的成就对当今时代之影响的角度来看。例如，一些风格与其他风格相比颇显得鹤立鸡群：如公元前5世纪希腊的古典主义、16世纪意大利的文艺复兴盛期（High Renaissance）和20世纪中期的现代主义，相比于中世纪早期风格或17世纪的巴洛克风格来，显然重要得多。

综合看待文化史的方法

我们看待西方遗产的方法是将文化成就放在其历史背景中加以考察，展示物质条件——即每个时期的政治、社会和经济事件——如何影响文化成就的产生。本书每一章三分之一的篇幅将专门对史实作诠释性讨论，余下的三分之二则专心考察该时期的艺术、建筑、哲学、宗教、文学和音乐。历史的这个层面当然不是各自孤立地发生，我们的目的就是要展现它们是如何相互联结的。

为说明这种综合方法，我们来举个例子，看一看哥特式教堂。这种高耸入云、光线充足的祈祷场所突出的特征是尖顶拱门、巍巍尖塔和绚丽的彩色玻璃窗。哥特式教堂建于中世纪盛期，此前有一段城市生活基本绝迹的空白时期。在中世纪盛期，虽然宗教仍然是欧洲生活中的主导力量，但贸易开始再度繁荣，城市生活日趋恢复，城市居民开始变得越来越富裕。部分动机是为了显示它们新近获致的财富，许多城市和集镇便招聘建筑师和工匠来建造这些高耸巍峨的教堂，它们俯瞰周围好几公里的地面景观，昭彰着其建造者的经济富足。

我们采用综合看待西方文化的方法，不仅要考察艺术如何与物质条件相联结，而且还要探究在每一个特定时代渗透到艺术和文学表达中的共有主题、期望和观念。一个时代的创造性成就总是反映一种共同的视野，即使这种视野在当时还得不到众人明确的认识。因此，每个时代都拥有一种可以通过文化记载分析出来的独特眼界。关于这个现象，一个很好的例证是公元前5世纪的古希腊时代，其时，中庸之道，或者说在万物间保持均衡的理念，在雕塑、建筑、哲学、宗教和悲剧中都发挥了重要的作用。其他一些时期的文化记载并不都像古希腊时期的记载那样清晰，但人们还是经常能够从中找出一些共同的特性，这些特性促使一个时代不同的文化层面形成一条统一的主线。

我们能够从上述观点推导出一个必然的结论：创造性的个人及其作品受着他们所处时代的巨大影响。这并不是说不会出现超越他们自己时代的杰出天才——譬如文艺复兴时代英格兰的莎士比亚，而只是说每个时代人们的心态和情感是有迹可循的。即便是莎士比亚也反映了他那个时代的政治态度和社会模式。他诚然是一个流芳千古的伟人，但他也还是把君主制看作是正确的政府形式，而且还认为女人比男人低劣。

文化作品的选择

西方文化遗产浩如烟海，所考察作品的取材，无不反映出作者所做的抉择。我们选取的所有作品都对西方文化具有重大影响，但选择的理由不尽相同。一些作品被选取是因为它们指明了一种新道路的方向，如毕加索（Picasso）的《阿维农的少女》（Les Demoiselles d'Avignon），它标志着立体主义（cubism）绘画的诞生；还有菲尔丁（Fielding）的《汤姆·琼斯》（Tom Jones），最早的小说之一。另一些作品的选取是因为它们显得将一种风格体现得淋漓尽致，如被称为《波赛东》（Poseidon）或《宙斯》（Zeus）的堂皇塑像，它创作于公元前5世纪的雅典，见证了古典风格；还有但丁（Dante）的《神曲》（Divine Comedy），它是中世纪盛期多种理念的缩影。我们偶尔选取了某个特殊题材的作品，如圣经故事大卫和歌利亚（David and Goliath），并列举多那太罗（Donatello）、委罗基奥（Verrocchio）和米开朗琪罗（Michelangelo）等人创作的塑像，以求阐述不同的雕塑家如何来解释这个题材。还有其他一些作品吸引了我们的注意力，那是因为它们有的充当了前后相继的风格之间的链接点，如乔托（Giotto）的壁画，有的则代表了一个时代或一种艺术风格的终结，如经常被人提及的叫做《君士坦丁的巨型雕像》（Colossal Statue of Constantine）的塑像。最后，我们选取了一些作品，特别是绘画，纯粹是因为它们美不胜收，如拜占庭时期的圣母玛利亚与男孩的肖像。

通过西方文化史的各个时代，通过体现在绘画、雕塑、建筑、诗歌、歌曲中的各种变化的风格和品味，我们可以看到，每个时期的人类群体中都闪烁着创造的火花。这种多样性乃是西方经验的标志，我们将在本书中宣示这种多样性。

对读者的挑战

任何教育的目标都是（也应该是）自我认识。这一目标最初由古希腊人确立，他们在德尔斐的阿波罗神庙大门上方铭刻了"认识你自己"的律令。自我认识意味着了解你自己以及你在社会和世界中的位置。达到这一目标并非易事，因为做一个有教养的人乃是一个终生追求的进程，需要时间、精力和投入。不过，千里之行始于足下，我们期待本书能够成为你通过历史和文化遗产来了解和定位你自己的第一步。我们对读者提出的挑战是：用这本书来开始你自我认识的漫漫旅程。

人文知识入门

如何理解艺术

导论

我们全都能欣赏艺术。我们能在绘画、音乐、诗歌、小说、电影和其他许多当代或往昔的艺术形式中找到乐趣和兴趣。我们并不需要对艺术非常了解才能知道我们喜爱的东西，因为我们自己也是喜爱的一部分：我们所喜爱的东西不光涉及艺术本身，同样也涉及我们自己的品位。

例如，我们中的许多人会对诸如列奥纳多·达芬奇（Leonardo da Vinci）所作《岩间圣母》（*The Virgin of the Rocks*）那样的油画反应积极。画中圣母玛利亚和天使的面容美丽可爱；我们可能曾经在圣诞卡或其他一些商业性复制品中见过这类肖像。我们看到这幅画时的反应犹如英国诗人华兹华斯（Wordsworth）所说的"一见钟情"（first careless rapture），这种反应激发我们的想象，在我们与艺术作品之间建立起联想。然而，如果我们仅仅看到这些东西，如果我们始终停留在一种主观反应之上，那么，我们就只能欣赏表象，欣赏其直观形式，随后或许是下意识地全盘接受它所暗示的价值观。我们欣赏了艺术作品，但却不是理解了艺术作品。

有时我们因为不理解而不能欣赏。我们可能会排斥毕加索的《阿维农的少女》，因为这幅画向我们展示了一些我们可能无

列奥纳多·达芬奇：《岩间圣母》

法辨认的妇女形象。这些妇女也许让我们感觉不适,她们所暗含的价值观或许会让我们感到惊恐,而不是让我们感到愉悦或放松。我们可能感受到厌恶,而不是钟情;但是,一旦我们认识到这幅画被认为是一件开创性的作品,我们就会努力想知道我们忽视的东西,并愿意作更深的探究。

要理解一件艺术作品(如一幢建筑、一首歌或一曲交响乐),我们需要保持我们的"钟情"(即我们的情感反应和联想),但不能仅仅是"一见"而已,不能流于表象和主观,不能单纯局限于我们感知到的东西。我们需要通过探寻超越我们自身以外的意义来丰富我们的鉴赏。这就涉及对以下各种事物的理解:

- 艺术家的意念或目标。
- 体现在作品中的形式要素。
- 这些要素如何服务于艺术家的目标。
- 这件艺术作品产生的背景。
- 该作品与其他作品之间的联系。

文学、艺术和音乐的分析方法

在分析一件艺术作品时,我们既要鉴定作品的意念,也要评价作品完成的情况。要回答这两个问题,我们可以考察作品的形式要素——该方法被称为"形式分析法"(formalism),也可探究其脉络背景——即所谓的"背景分析法"(contextualism)。

形式分析法

形式分析关注一件作品的美学(艺术)因素,而不管其脉络背景。这种分析类型集中探究手段和技巧:

- 对一幅画、一座雕塑或一套建筑结构的形式分析将考察其线条、形状、色彩、架构和布局,也将评判艺术家在使用表现手法时的技巧能力;这种分析全然不关心作品本身以外的任何东西。
- 对一件文学作品(如一篇短篇小说或一部长篇小说)的形式分析将探讨主题、情节、角色和场景之间的相互关系,另外还将考察语言元素——包括词汇选择、语气、比喻、象征等等——在支撑其他要素时运用得有多贴切。
- 对一部影片的形式分析也将探讨主题、情节、角色(既包括有台词的也包括没有台词的)和场景,并评析电影元素——摄影技巧、灯光、音像、剪辑等等——如何支撑其他的要素。

对《岩间圣母》的形式分析将考察其作者采用的视角、画中人物相互之间以及与其周围洞穴之间的布局、色彩与线条的运用技巧、光线与阴影对照比例(即所谓的明暗对照法[chiaroscuro])。对《阿维农的少女》作形式分析也将依据同样的技术参数。这两幅画分别完成于1483年和1907年——这一事实无足轻重,只在对两位艺术家所采用的技巧和手法作探讨时才显得稍有意义。对于形式分析方法而言,时间和地点只存在于作品本身之内。

背景分析法

与形式分析法不同,背景分析法要求根据时间和地点来理解一件作品。背景分析法聚焦于作品以外的因素:

- 艺术、社会、文化、历史和政治诸方面的因素、事件和趋势。
- 艺术家创作该作品的意念和动机。
- 该作品与其同时代或别的时代同一流派的其他一些作品之间关系如何。
- 该作品与作者的其他作品之间关系如何。

毕加索:《阿维农的少女》

对前述达芬奇和毕加索的两幅画作背景分析将包含以下这些信息：这两幅画分别完成的时间、地点；它们得以产生的条件；当时流行的艺术风格；作者的生活环境等。单单画作不能提供背景探究所需的足够信息。同样，对某部陀思妥耶夫斯基（Dostoevsky）所著小说的背景分析既要考虑作者个人的境遇，也要分析他创作该部小说时俄罗斯和欧洲的局势。对巴赫（Bach）创作的某部合唱曲和赋格曲（fugue）作背景分析将包括巴赫的生活、他的宗教信仰和18世纪德意志的政治气候等方面的信息。

综合方法

在对一件艺术品作严格的背景分析时，作品本身有时会湮灭在关于背景的详尽探究之中。而在严格的形式分析中，一些有助于理解作品的重要知识可能会始终不得而知。因此，最有效的分析应是将两种方法融合到一起，既考究作品的形式要素也探究作品在其中得以产生的脉络背景。比起任何一种单纯的形式分析法或背景分析法来，这种综合方法都更有效，而且在某种意义上也更可信。一件艺术作品，无论是一首诗、一幅画，还是一座大教堂、一部大合唱，都是一个复杂的实体，正如同这件作品所蕴含的艺术家与艺术之间、艺术及其观众之间的相互关系也错综复杂一样。综合性的分析方法认同这些关系及其复杂性。这便是《人文通识课》一书在作艺术和文化分析时最频繁运用的方法。

多种视角

虽然许多研究文化和点评文化的学者是采用综合性的方法，但他们也特别关心从一个特殊的视角来看待事物——所谓"视角"指的是引导并影响他们作考察和解释的一套兴趣体系或一种思维方式。常见的视角有心理学视角、女性主义视角、宗教视角、经济学视角和历史学视角。

· **心理学**视角探究作品的心理特征含义，如性联想和象征意义——事实上，这是对艺术家进行一种追溯性的心理学分析。这一视角可能会探讨《岩间圣母》中玛利亚和天使的面部表情、姿势和体位所暗含的意义，或者可能会对达芬奇对待妇女的态度以及他与妇女的关系感兴趣。

· **女性主义**视角着手的人将从妇女的角度考究艺术作品本身及其产生的脉络背景。采用女性主义视角将诘问某件作品如何描述妇女？关于妇女及其普遍关系它说些什么？它有没有并且是如何反映了男权社会的现实？许多人已经讨论了毕加索《阿维农的少女》透射出来的妇女们的明显怨恨。在此同时，这件作品的尺寸（8英尺高，7英尺8英寸宽）和画中人毫无畏惧的神情表明，这些女人具有一种粗犷的力量。女性主义评论便聚焦于这类的考虑。

• 如果一件艺术作品缘起于宗教氛围中，那么，从**宗教**视角加以分析往往是合适的。例如，中世纪教堂高耸的尖塔和十字形的平面布局显露出宗教意义，文艺复兴时期描绘圣经人物的绘画也同样如此。当时的许多文学艺术作品也都包含宗教内容。宗教分析着眼于象征主义手法的运用、神学原理和信念的表现、文化间联系和影响的意含。

• **经济学**视角看待艺术作品则集中关注其经济内涵——即与财富相关的作用和关系。经济学分析往往借鉴马克思的下述论点：阶级是一切人类关系和人类活动中的制约因素；这种分析既探究作品的意念，也考察其内容：这件作品描述了不同阶级的人，表示了财富的分配，因此它是富人们为展示权力而产生。

• **历史学**视角也许是各种视角中包容性最强的视角，因为它可以容纳关于心理学、宗教和经济学论题的阐释，还包含有关不同时间和地点之阶级和性别的问题。历史学视角要求充分理解当时的重大事件以及它们如何影响个人并塑造文化。《人文通识课》在考察艺术和文化时经常采取历史学的视角。

分析词汇

某些术语和概念对于任何艺术品的分析来说都至关重要。

• **观众**（audience）是一件艺术品、建筑物、文学作品、戏剧、电影或音乐作品展示的对象群体。观众可以是单个的人，也可以是一小批人，还可以是一群具有共同兴趣或同等学识的专门人群。

• **布局**（composition）是在某件作品中各组成要素的安排。在音乐中，布局被称为"作曲"，指的是作品创作的过程。

• **内容**（content）是作品的题材；内容可以来源于神话、宗教、历史、现行事件、个人经历，以及几乎所有在艺术家看来合适的观念或情感。

• **背景**（context）是艺术作品产生的环境，其特定的时间和地点。背景包括当时的政治、经济、社会和文化状况；也可包括影响艺术家观念形成的个人条件和境况。

• **惯例**（convention）是一种得到普遍认同的习惯、手法、技巧或形式。比如十四行诗（sonnet），即是一种具有某些特定音韵格式、共分作十四行的诗歌。一首诗如果不遵循这种形式惯例就不是十四行诗。剧院的惯例是"愿意保留怀疑":我们知道我们眼前正在上演的事件并不真实,但我们同意在演出进行期间相信它们。

·**体裁**(genre)是艺术、文学、戏剧或音乐作品按照其风格、形式或内容所属的类型或类别。例如,在文学中,长篇小说本身就是一种体裁;短篇小说则是另一种体裁。在音乐中,交响乐、歌剧和器乐曲全都是不同的体裁。从文艺复兴时期起,体裁得到了仔细的分类;在某种特定的体裁内一旦有一件新作品问世,就会有一套确定的惯例。

·**媒介**(medium)是制作一件艺术品所用的材料——例如雕塑中所用的大理石或青铜,绘画中所用的水彩或油料。(这里所说的"媒介"英语为medium,其复数形式为mediums;当medium用来指大众传播媒体如电台或电视等时,其复数形式为media。)

·**风格**(style)是创作和表达中各种元素的集合,既指形式,也指内容。艺术家、艺术流派、运动和时期都各具自己的风格特色。风格通常由现有风格演变而来,但也会因回应一些被认为已没落或过度的风格而衍生出来。

·**技巧**(technique)指的是一项具体的创作赖以进行的系统程序。如果我们是在讨论一名舞蹈家的技巧,那我们也许是指他(她)跳跃和旋转的方式;而说一位画家的技巧,则可能是指他(她)用画笔在画布上作画的方式。

·**主题**(theme)是一件作品的主导思想,也即艺术家试图表达的寓意或情感。因此,主题乃是艺术家意念的体现。例如,在一部小说中,主题是一个抽象概念,要通过作品中的角色、情节、场景和其他一些语言及结构元素来加以充实。

除了上述这些一般概念和术语外,每一种艺术形式都有它自己的专门词汇。我们将在下面的文学分析、美术分析和音乐分析各节中介绍这些比较专业的术语。

文学分析

文学分析首先要考虑各种文学体裁和形式。一部文学作品可以用**散文体**(prose)写成,即使用平常说话和写作的语言;也可以用**诗歌体**(poetry)写成,即采用比较富于想象、也比较精炼的表达方式,它通常的特征是合乎格律、富有节奏并且押韵。诗歌体的部分效果来自词语的发音,它们往往最适合于高声朗诵。散文体作品通常分为非小说类(nonfiction,论文、传记和自传)和小说类（fiction，短篇小说和长篇小说）。

在文学中，体裁既可指形式——散文、短篇小说、长篇小说、诗歌、戏剧、电影剧本、电视剧本，也可指同一种形式内的特殊类型——悲剧、喜剧、史诗、抒情诗等。

- **悲剧**（tragedy），按亚里士多德（Aristotle）的说法，必须有一个悲剧主人公——一个地位很高的人物，他将因自己过分的骄傲（傲慢，hubris）而沉沦；他不一定在剧尾死掉，但他的伟大所赖以维系的一切都将失去。
- **喜剧**（comedy）是一个情节复杂、搞笑的故事；它通常的结局是皆大欢喜。
- **史诗性**（epic）的诗歌、小说或电影篇幅相对来说都比较长，它们将详细叙述一位英雄的生平或一个民族的辉煌历史。
- **抒情**（lyric）诗歌是比较短的、主观性的诗歌，一般是表达一种非常强烈的个人情感。大体而言，史诗是讲述一个故事，而抒情诗是表达一种观念或感情。
- **主题**（theme）是作者希望传达的寓意或情感。在论文中，主题明确地表述成论题：即文章将予以证明或佐证的观点或结论。在小说或戏剧中，我们则根据内容和思想及意象的发展来推导出主题。
- **情节**（plot）在小说中是故事的展开。一部小说会有一个主线情节，小说的主题将围绕主情节表达出来，而其他一些次要情节则与次要的（或甚至是三等的）主题相关联。我们可以看情节如何贴切地印证主题来对情节作评价。
- **角色**（characters）使主题集中表现在人的身上，或者说由人来体现出主题；他们推动情节发展，同时也受情节的影响。一部作品的主人公，即主角，随情节的戏剧性发展而变化，因此他（她）是一种动态角色；而静态角色则在整个故事中保持不变。反角是一个与主角完全对立的角色。一些角色是脸谱性角色，代表一种类型的人群而非单个的人。
- **场景**（setting）是故事所发生的背景。它将包括地理位置、角色生活在其中的（政治、社会和经济）氛围、故事发生的历史时代，以及当时、当地和时人的文化、习俗。
- **叙述者**（narrator）从他或她的角度来讲述故事或诗歌。叙述者不一定就是作品的作者本人。叙述者（或**讲述声音** [narrative voice]）可以像作品的其他任何元素一样接受检验和分析。如果叙述者似乎无所不知且不受时间或地点的限制，那么这部作品便是采用一个全知视角。这类的叙述者向我们讲述书中每个人物正在思考、感受和做的事情。如果叙述故事的角度是某个角色，他或她只讲述自己知道或看到的事情，那这部作品就是采取第一人称的视角。这类的叙述者受其自身理解的限制。故而，要评判故事叙述得有多准确和完整，我们就需要对叙述者作一认识。

对一部戏剧（无论是舞台剧还是电影）作文学分析不仅要考虑上面已经提及的诸要素——主题、情节、角色、场景、语言等等——还要顾及戏剧形式所特有的技术考量。关于舞台剧，技术考量将包含导演的工作（导演负责诠释剧本并指导演员），以及舞台设计、灯光和音响设计、服装、化妆等等。关于电影，技术考量将包括导演、剪辑、摄影、音乐、特技效果等等。

现在我们举一首莎士比亚的诗作为例子，看一看应如何对它进行分析，以便加深我们的理解。把握一首诗歌的含义并评价其表达情况被称作阐释（explication），该词源自法语词explication de texte。阐释是对一首诗歌之意义的详细分析，集中考究其叙述声音、场景、韵味、格律、词藻和比喻。阐释首先探讨关于全篇诗作的最明显的东西，然后再对诗歌的各个方面作更细致的考察。

威廉·莎士比亚（1564—1616年）不只是一位伟大的剧作家；他也是一位伟大的诗人。他的作品既描绘了他那个时代的物质和精神状况，也揭示了我们今天仍然认同的人类情感、动机和相互关系。从这个意义上来说，莎士比亚的作品最好地体现了艺术之美的普遍性，也即艺术作品与观众之间的经久联系。

莎士比亚的十四行诗是他最独特的作品。学者们对于下述问题有着意见分歧：它们是一般的爱情诗还是专门献给某一个人的？如果是后一种情况，那会是献给谁的？从形式上来说，英语式的（或莎士比亚式的）十四行诗是一种分成十四行的诗歌，其中包含三个各分四行的节，每一节有其自身的韵律；另外还有一个两行的结尾节，对前面的各节作一批注。莎士比亚式十四行诗的音韵格式为abab cdcd efef gg；也就是说，每一节的第一行与第三行押韵，而第二行与第四行押韵，但各节之间的尾韵并不相同；最后两行则韵尾相同。

大部分莎士比亚式十四行诗的韵律是抑扬格；也即每一行有五个韵脚（所谓"五音步"[pentameter]），每个韵脚都由一个抑扬格组成，即一个轻音节跟一个重音节（如alone）。以下一句就是抑扬格五音步诗句的典型："My mistress' eyes are nothing like the sun"（我情人的眼睛绝不像太阳）；每个韵脚都含一个轻音和一个重音，共五个韵脚。不押韵的抑扬格五音步句——莎士比亚剧本中大部分台词的句式——则被叫做**无韵体**（blank verse）。

十四行诗第130首（"我情人的眼睛绝不像太阳"）不仅说明了十四行诗的

格式，也清楚展示了莎士比亚的睿智和他对待当时某些惯例的态度。这首诗最初是用伊丽莎白时代英语写成的，这种英语的文句和发音都与现代英语颇为不同。我们用现代英语对它作了改写，这种改写是今天人们对待莎士比亚作品惯常的做法。

十四行诗第130首

我情人的眼睛绝不像太阳；
即使是珊瑚也远比她的朱唇红亮；
雪若算白，她的胸膛便算褐色苍苍；
若美发是金丝，她满头黑丝长。

曾见过似锦玫瑰红白相间，
却见不到她脸上有这样的晕光，
有若干种香味叫人闻之欲醉，
我情人的口里却吐不出这样的芬芳。

我喜欢聆听她的声音，但我明白
悦耳的音乐比她的更甜美铿锵；
我承认我从没有见过仙女的步态，
反正我爱人只能在大地上徜徉。

老天在上，尽管有所谓美女盖世无双，
可我爱人和她们相比，却也旗鼓相当。

由于诗人的意图可能不那么直白，有必要对诗句作逐行逐节的注释，那样才能向读者指出诗作的主题和诗人的寓意。因此我们这就来对诗句进行解释：

我情人的眼睛绝不像太阳，
　言者情人的眼睛并不明亮。
即使是珊瑚也远比她的朱唇红亮；
　她的嘴唇不是很红，肯定不像珊瑚那样红。
雪若算白，她的胸膛便算褐色苍苍；
　她的胸膛斑斑点点，不像雪那样白。
若美发是金丝，她满头黑丝长。
　她的头发是黑色的（不是那种在当时通常被视为美丽典范的
　金黄色，即诗人用来指称女子头发的"金丝"）。

曾见过似锦玫瑰红白相间，
却见不到她脸上有这样的晕光，
　她的脸颊不是玫瑰色的。
有若干种香味叫人闻之欲醉，
我情人的口里却吐不出这样的芬芳。
　她的呼吸不像香味那样甜美。

我喜欢聆听她的声音，但我明白
悦耳的音乐比她的更甜美铿锵；
　她的声音听起来不像音乐那样悦耳。
我承认我从没有见过仙女的步态，
反正我爱人只能在大地上徜徉。
　尽管言者从没见过仙女走路，但他知道他的情人不像
　人们想象的仙女走路那样在地上飘浮，而是同所有
　凡间女子一样，在地上行走。

老天在上，尽管有所谓美女盖世无双，
可我爱人和她们相比，却也旗鼓相当。
　他的情人像任何被虚幻的诗一般比拟赞美的
　理想化女子一样，是罕有的珍品。

　　请记住，分析一首诗时我们要提这样的问题：诗作的主题是什么？诗人的意念是什么？莎士比亚怎样通过具体的比喻来表达他的要旨？从作过注释的诗句来看，叙述者显然是在宣称：他爱的是一位脚踏实地的纯真女子，而不是一个需要远远崇拜的、可望不可即的梦中情人。他对她的感受完全不受一些理想式品质的影响；他所爱的品质正是那些令她显得是一个实实在在的人的东西。

　　仔细考究每一行诗句有助于看懂诗作的音韵格式（abab cdcd efef gg）和韵律（抑扬格五音步），从而也就可以搞清诗歌的格式（十四行诗）。对诗歌形式要素的阐释还将包括探究其言语运用（例如词汇选择、比喻、排比和隐喻等）、叙述声音的语气等。

　　为理解诗歌的背景，我们应考虑以下这些东西：时代的文化氛围（"宫廷爱情"是不是流行的文化主题？）；当时通行的写诗习惯（许多其他诗人是不是在宣扬他们对理想化女子的永恒爱情？）；政治、社会和经济状况（伊丽莎白女王时代英格兰的妇女能够发挥什么样的作用，其角色发生什么样的变化？

伊丽莎白女王可能会对诗人的观念产生什么样的影响？莎士比亚对他所处的社会作了什么样的评价？）。

最后，我们可能还需考虑，我们对这首诗作情感内涵的发掘究竟有多可靠和准确、在多大程度上接近真实？莎士比亚所作的评价与当今时代有无关联（在我们这个时代，大众媒体向我们提供的女性美之典范几乎是一种无法企及的标准）？

美术分析

正如作文学评论一样，在作艺术评论时知道一些特殊的术语也有助于我们"说内行话"。我们在这里介绍一些前面已讨论过的术语（如媒介和技巧等）以外的词汇。这些词汇适用于所有的视觉艺术，包括绘画、雕塑（即把诸如树木、石头或大理石等材料塑造成三维立体艺术品的艺术）和建筑（即设计、规划和建造通常为人类居所之结构物的艺术和科学）。对建筑的评论还需注意到艺术手法与实用价值（即结构物如何良好地服务于其建造宗旨）之间的融合。

- **表现性艺术**（representational art）忠实于人类的感知，表现一种与肉眼所见大致相同的世界之景象。
- **透视**（perspective）是表现性艺术的一项重要惯例，也即在二维平面上显现的景深和距离。
- **抽象艺术**（abstract art）表现一种看待世界的主观意念，也即艺术家的情感或思想；一些抽象艺术仅仅为艺术本身而展现色彩、线条或形状。

视觉艺术的形式要素包括：

- **线条**（line）是艺术家用铅笔、钢笔或画笔勾勒的标记，它们或直或弯、或粗或细、或明或暗、或薄或厚。
- **色彩**（color）是自然界中的颜色在艺术作品中的运用；根据它运用的情形，色彩可以加强也可以歪曲表现在视觉形象中的真实感。基本的色彩有红蓝黄三种，辅助的色彩则有橙色（系红色和黄色的混合）、绿色（系黄色和蓝色的混合）和紫色（系绿色和红色的混合）。
- **布局**（composition）是艺术家对其作品内容的安排。艺术家往往通过布局来控制观众视线移动的方向和顺序，他们凭借布局引导我们以特定的方式来观赏其作品。
- 一件艺术品的**场景**（setting）是表现性作品所绘事物的时间和地点，

确定场景的手段是一些视觉暗示——如人物、他们的穿戴、他们正在做什么事情等。

新特色：解读艺术

在本次第七版中，我们引进了一个新的特色栏目"解读艺术"，它将帮助学生理解视觉艺术和建筑物。这个新特色采用了上述这些美术分析术语和类别，可用作使课文进一步融会贯通的工具。为此，我们制作了十二项"解读艺术"单元。我们的"解读艺术"特色遵循一种融形式分析法和背景分析法于一体的理解艺术品或建筑物的综合途径，为学生提供一个分析艺术品的样板，当他们无论是在本教材中还是在参观艺术馆和博物馆时看到任何艺术品，他们都可以

解读艺术

形式：垂直是主要的形式，就像在头骨上的垂直线，即头骨上的垂直裂缝，以及从上到下的黑色条带。头骨上的角呈水平线，因此形成了十字架的形状。

色彩：色彩是中性的——黑色、灰色、米色和白色色调。在头骨内部，更深的色调——棕褐色和赭色——使它从沉默的背景中突出来。

场景：母牛的头骨唤起了新墨西哥州道师城荒凉沙漠的景观，这幅画是在那里创作的。

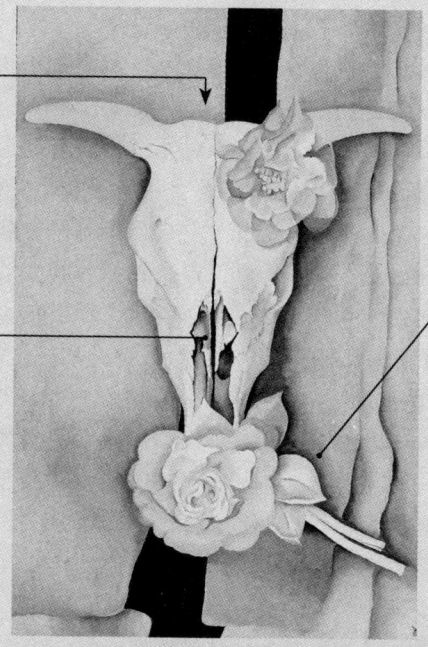

宗教观点：文艺复兴时期艺术家使用人的头骨使观者意识到自己的必死性，在这里，母牛的头骨暗示了沙漠的残酷本性。

心理学观点：整体的氛围是沉思的。不协调的一对物件——母牛的头骨和人造花朵——令观者想起生与死、美与丑、艺术与自然之间的亲密关系。

深度知觉：这幅作品的表面是空洞而单调的，这是现代主义艺术的典型特征。头骨显现为飘浮在前景之中，同时，黑色条带仿佛通往一个远离观者的神秘空间。

奥治亚·奥基夫：《母牛头颅与白绢玫瑰》。帆布油画。92.2×61.3厘米。1932年

乔治亚·奥基夫对自然的热情源于她在一个威斯康星农场上度过的童年。她成熟的艺术风格混合了现实主义和抽象概念。她的艺术标志在这里显现为：对来自自然的一件物品进行抽象，然后她通过她的内心视野进行绘画。

运用这种样板。为了展示这个新特色,我们提供了以上范例:乔治亚·奥基夫(Georgia O'Keeffe,1887—1986年)作于1932年的《母牛头颅与白绢玫瑰》(*Cow's Skull with Calico Roses*)。

同学们请注意:上页这幅插图中使用的六个类别仅仅是"有此一说",而非什么定式。前述列表中的其他一些分析术语也能够(且也应该)被用来分析这幅奥基夫的画作以及学生们在其学习中遇到的任何其他艺术品。

音乐分析

如同文学和艺术一样,音乐也有其自己的术语,我们分析作曲时需要熟悉这些术语。

· **圣乐**(sacred music)是指宗教音乐,如格里高利圣歌(Gregorian chant)、弥撒曲(Masses)、安魂曲(requiem)、清唱套曲(cantata)和赞美诗(hymn)。

· **世俗音乐**(secular music)一词所指的音乐包括交响乐、歌曲、歌剧、舞曲和其他一些非宗教音乐作品。

· **声乐**(vocal music)是可以吟唱且一般有歌词的音乐。

· **合唱音乐**(choral music)是由一群歌唱者演唱的声乐。

· **器乐**(instrumental music)是为乐器创作和用乐器演奏的音乐。

· **形式**(form),在音乐中,形式是指作曲家在音乐创作构建或编排要素的特殊方式。音乐形式包括交响乐、歌曲、协奏曲、弦乐四重奏、奏鸣曲、弥撒曲和歌剧等。

· **音调**(tone)是一个特定音高的音乐声响(音高程度由该声响所产生的波长频率决定)。音调一词也可以指一种声音的质量,也即音质。

· **音阶**(scale)是一组由低到高(或由高到低)排列的音调(或音符)模式。现代的西洋音阶就是人们熟悉的哆、来、咪、发、嗦、啦、西、哆,每个音调之间相差半度。在其他一些文化里,音阶中的音调或多或少,各不相同。

· **节奏**(tempo)是音乐行进的速度快慢,通常由作曲家设定或建议。

· **音色**(texture)是指用来演唱或演奏一件音乐作品的嗓音或乐器之数量和质地,以及这些嗓音和乐器组合的方式。在音乐中,主题是指一个独特的音乐观念,它是一首曲子作曲或演奏的基础。

· **旋律**(melody)是一组音乐调子的连续组合,通常在乐谱线上能体现出自己的特点，构成独特的音乐形态，并且有明确的节拍（即轻重拍子的循环变换）。

• 和声（harmony）是两个或两个以上音调的同时组合,产生一种和音。和声更多地用来指一件作品的和音特点以及各个和音之间相互作用的方式。

了解了上述这些基本知识之后，我们就来考察一首非常著名的音乐作品，乔治·格什温（George Gershwin，1898—1937年）的《蓝色狂想曲》(*Rhapsody in Blue*)。即使你不知道这首乐曲的名字，你也很可能听过它。它曾用在一些广告里，也曾被用作许多部电影（包括《幻想曲2000》[*Fantasia* 2000]）的背景音乐；它还是纽约市形象的典型伴奏曲。

现在想象一下，你正端坐在一个音乐大厅里倾听一支交响乐队演奏这首乐曲（可能是一支擅长演奏比较流行的古典音乐的流行乐队）。当听一首新乐曲或是一首你不怎么熟悉的乐曲时，最好是专心试着去感觉乐曲总的基调和特征——也即集中精力去体会创作者的意念。作曲者试图表达什么样的情感和思想？作曲者运用什么音乐成分来表达他的意念？

首先，你会注意到，《蓝色狂想曲》是为小型乐队和钢琴独奏谱写的。人们一般会认为，小乐队和钢琴独奏这样的乐器组合将演奏一首古典的钢琴协奏曲（所谓协奏曲是指一种由一件或几件乐器及一个管弦乐队演奏的乐曲，其趣味主要来自独奏与合奏之间的对比）。但是，《蓝色狂想曲》的起始音调表明它超越了古典概念：首先是一个低沉的单簧管独奏音，然后像是一连串声音的"斑点"一样迅速顺音阶上扬，最后到达一个高音调，稍稍延续之后又下降成一段欢快的Z字形旋律，这段旋律成为全曲主旋律之一。接着，乐队其他乐器加入进来，弦乐和管乐重复前面的旋律，随后再插入一段钢琴独奏。在全曲中，钢琴和管弦乐始终交替行进、组合，弹奏出美妙的旋律，产生一种变幻多端、色彩斑斓的音色。乐曲的丰富多彩也来自于用不同的配乐演奏主旋律和曲调：先是用飘忽柔和的小号，接着用甜美的小提琴独奏，随后是弦乐组或是铜管乐组华丽的合奏。

你也会注意到不断的节拍变化，时慢时快，几乎显得这部乐曲是即兴发挥之作。复杂的、时而被切分的、节拍较弱的节奏，使这首曲子有一种爵士乐的感觉，而其曲调的组合则让人想起布鲁斯乐，布鲁斯乐的风格是调子"低沉"，也即音高略低，产生一种独特的音色和基调。这首乐曲的总体感觉是欢快、兴奋而昂扬的，表现一种人来人往的城市繁忙景象。它也许还会让你想起你在午夜电视上看过的弗雷德·阿斯坦（Fred Astair）和琴吉·罗杰斯（Ginger Rogers）的电影——情节曲折、滑稽幽默，有时也很典雅——而事实上，格什温的确为他们的几部电影谱过曲。

从这首乐曲的标题中我们能获知些什么呢？音乐作品往往通过标题来表明自己的形式（如"第五交响曲"、"D大调小提琴协奏曲"等）。狂想曲是一种不规则的作曲形式，具有很强的即兴特点。虽然你可能在《蓝色狂想曲》中听到了主旋律、复奏乐或回声乐，但你或许无法听出像在古典奏鸣曲或交响曲中会显得很清晰的那种正规曲式。狂想曲一词也表示了狂热、欣喜、极乐和癫狂的意思——或许这就是乐曲第一段高昂的小号音要表达的情感。另一方面，蓝色一词则表示了布鲁斯乐的忧郁。这两个术语连在一起产生的不和谐——就像音乐中的融合和反差一样——引发了一种强烈的张力，它引起了我们的好奇心，并增强了我们的兴趣。

在对《蓝色狂想曲》作上述这些评论之时，我们已经在注意音乐作品中的许多形式要素了，而且也回答了可能针对任何乐曲作品都会提出的问题：作品的形式是什么？作曲家选择了什么样的乐器配奏谱？作品的主旋律是什么？运用了什么节奏？乐器或噪音如何协调出音色？作品的总基调是什么——欢快？悲伤？平静？狂放？还是某种融合？

现在，在你想象的音乐会上，或许摆放着节目介绍，上面写有演奏曲目的一些背景资料。你会得知，乔治·格什温是一个才华出众、深受古典音乐熏陶的钢琴师，他15岁时离开学校，前往纽约市锡盘巷（Tin Pan Alley）工作，这个区里有许多艺术家谱写并发表流行歌曲。格什温谱写《蓝色狂想曲》（1924年）的用意是想把古典音乐与流行音乐糅合起来，将激情和爵士乐风格注入一部交响乐曲。许多听众在这首乐曲中"看到"和"听到"了纽约市的景象。格什温创造了他自己特有的风格，即节奏、旋律及和声的快节拍融合，这种融合虽然也遵循某些作曲规则，但却给人以即兴发挥的印象。他以他别具一格的风格继续创作，谱写了一些音乐剧和一些比较严肃的曲子（如歌剧《乞丐与荡妇》[Porgy and Bess]），并为一些好莱坞影片作曲。这类信息可以帮助你着手将《蓝色狂想曲》与同时代的其他作品和格什温自己的其他作品进行比较。正如在任何分析中一样，把形式和内容结合起来考察将使你对作品的阐释和理解更加丰满。

结论

以上三项简要的分析将使你了解如何采用建设性的方式接触文学、艺术和音乐。如果我们花时间去作更仔细的考察，我们就能领略我们文化中的诸多伟大作品。这一论断将引导我们面对另一个问题：是什么让一件作品显得"伟大"？为什么一些艺术品过了很长时间还依然受人重视，而另一些作品在竭力博取了"一时轰动"之后很快就被人遗忘？这些问题在历史上一直被人讨论。一个答案是：伟大的艺术反映了人类经验的某些真谛，这些真谛跨越几百年传到我们这里。莎士比亚的言语、乔治亚·奥基夫的绘画、乔治·格什温的音乐具有超越当时风格的普世性。伟大的艺术也丰富我们的心灵，使我们感到我们比以前分享了更多一些的人类经验。

你无论是一位研究西方人文的学者，还是一名普通的观众，都有机会去欣赏和理解艺术。虽然美学分析具有正规的学术研究性质，但它终归是一种个人的努力。当你仔细玩味一件创造性作品，探究创作者的意念并评价该意念的展现情况，你便通过理解丰富了你对作品的鉴赏，并把你最初对作品的情感反应深化为一种完满的理智。就像20世纪的作曲家阿诺德·勋伯格（Arnold Schoenberg）曾写的那样，"你从一件作品中得到的东西，大约就是你自己能够赋予这件作品的东西"。本篇入门旨在帮助你学会如何让你自己尽量融入艺术作品中去，如何用智力上的理解来修缮你主观上的欣赏。掌握了这些工具之后，你就不必说，你对艺术知道得不太多，只知道喜欢些什么；相反，你将能够说，你懂得你所喜欢的东西。

目 录

前言　1
导言　为何学习文化史？　7
人文知识入门：如何理解艺术　14

第1讲　史前文明和近东文明 ………………………………… 1
  1.1　史前文化和早期文化　2
      旧石器时代　3
      新石器时代的革命　4
      金属时代　5
  1.2　文明的兴起：美索不达米亚　6
      苏美尔、阿卡得和巴比伦诸王国　8
      文明的摇篮　10
  1.3　尼罗河文明：埃及　21
      三千年的延续和变化　22
      对永恒文化价值的探求　25
  1.4　美索不达米亚帝国和埃及帝国的继承者　37
      亚述人　37
      新巴比伦人　39
      米底人和波斯人　39
  文化关键词　42
  批判性思考提问　43

第2讲　爱琴海文明：米诺斯人、迈锡尼人和古风时代的希腊人 ……… 45
  2.1　序幕：米诺斯文明（公元前3000—前1100年）　46
  2.2　开端：迈锡尼文明（公元前1900—前1100年）　50
      米诺斯克里特和迈锡尼的技术　52

2.3　希腊的黑暗时代　53
　2.4　古风时代（公元前800—前479年）　54
　　　政治、经济和社会结构　54
　　　希腊城邦：斯巴达和雅典　56
　　　古风时代的技术　59
　2.5　希腊天才的涌现：对形式的把握　59
　　　宗教　59
　　　文学　63
　　　哲学和科学　66
　　　建筑　70
　　　雕塑　73
　　文化关键词　79
　　批判性思考提问　79

第3讲　古典希腊文明：希腊时代 …… 81

　3.1　内外事务：战争、和平和马其顿的胜利　86
　　　希腊时代的诸政治阶段　86
　3.2　古希腊时代的希腊艺术：追求完美　90
　　　戏剧　91
　　　音乐　98
　3.3　历史学、哲学、科学和医学　99
　　　历史　99
　　　哲学、科学和医学　100
　3.4　视觉艺术　105
　　　建筑　106
　　　雕刻　111
　　　绘画　117
　　文化关键词　118
　　批判性思考提问　120

第4讲　希腊化时代的文明和罗马的兴起 …… 123

　4.1　不断变化的政治框架　125
　　　希腊化时代的君主国　125

　　　　罗马的兴起　127
　　　　政府的性质　130
　　4.2　生活的一般趋向　131
　　　　妇女的感受　132
　　　　城市生活　132
　　　　罗马价值观　135
　　4.3　希腊化时代的文化　136
　　　　戏剧和文学　137
　　　　哲学和宗教　142
　　　　科学和技术　149
　　　　建筑　150
　　　　雕刻　151
　　文化关键词　158
　　批判性思考提问　158

第5讲　犹太教与基督教的兴起 …………………………………… 161
　　5.1　犹太教　161
　　　　人民及其宗教　162
　　　　《圣经》　171
　　　　早期的犹太艺术和建筑　174
　　5.2　基督教　178
　　　　耶稣基督的生平与《新约全书》　179
　　　　基督徒与犹太人　185
　　　　基督教与希腊—罗马宗教和哲学　186
　　　　罗马帝国的基督徒　186
　　　　早期基督教文学　188
　　　　早期基督教艺术　189
　　文化关键词　195
　　批判性思考提问　195

第6讲　罗马帝国文明和基督教的胜利 …………………………… 197
　　6.1　奥古斯都元首政治　198
　　　　元首政治　198

3

罗马治下的和平　201
6.2　第3世纪的危机　202
6.3　戴克里先和君士坦丁的改革　203
6.4　东、西罗马帝国的晚期　206
　　　西罗马帝国的灭亡　206
　　　东罗马帝国　208
6.5　基督教的胜利　211
　　　天主教的发展　211
　　　基督教的隐修主义　212
　　　基督教与罗马国家　212
6.6　罗马帝国的文明　213
　　　世俗拉丁文学　213
　　　哲学　215
　　　科学和医学　217
　　　法学　218
6.7　从世俗到心灵：基督教文学　218
　　　基督教的教父们　219
　　　教会史　221
　　　诗歌　222
6.8　视觉艺术　222
　　　建筑　223
　　　雕刻　231
　　　绘画和镶嵌工艺　235
6.9　音乐　243
文化关键词　244
批判性思考提问　245

出版后记　246

专栏目录

第1讲　史前文明和近东文明
　　遭　遇　腓尼基人和字母表　12
　　生活片段　一位苏美尔人父亲教导他的儿子　17
　　生活片段　埃及人的生活指导书　30

第2讲　爱琴海文明
　　生活片段　古希腊时期男人与妇女的世界　64
　　遭　遇　近东艺术与希腊陶器　68

第3讲　古典希腊文明
　　遭　遇　黑人在希腊艺术中的写照　89
　　生活片段　古代希腊成功婚姻的秘密　109

第4讲　希腊化时代的文明和罗马的兴起
　　生活片段　希腊化时代埃及的街景　138
　　遭　遇　羊皮纸的发明与世俗图书馆的诞生　152

第5讲　犹太教与基督教的兴起
　　生活片段　一位犹太人目击者见证第二圣殿的毁灭　172
　　遭　遇　巴力，以色列人上帝的竞争对手　180
　　生活片段　一位基督教徒母亲面对罗马当局　188

第6讲　罗马帝国文明和基督教的胜利
　　遭　遇　罗马征服与罗曼语族　200
　　生活片段　一位罗马代表出席蛮族人的一个宴会　209

1 史前文明和近东文明

本书读者对左图中的两个建筑物，狮身人面像和大金字塔，或许非常熟悉。它们为什么会是这样？说到底，它们已存在了5000年之久。原因有很多，但其中最突出的是历史和传统。这些遗迹有其自身的历史，它们也已融入了西方传统。它们已经成为我们的一部分。因此，本书之所述一方面是讲述我们是谁，一方面是谈论我们所继承的并从中得益的传统如何年复一年地成长起来并不断变化的。

近两百年来，人们习惯于谈论"西方文明"，在更近一些的时代里，人们习惯于讨论许多构成西方文明的文化。这些术语意味着什么？当人们一开始谈论"西方"时，他们指的是西欧。但西欧乃是那些生存于地中海周围之古代民族和古代文化的产物，而欧洲最终也将其文化输出到了世界的大部分其他地区。因此，"西方"既是一个地区，也是一个概念。从某个角度来说，**文明**（civilization）是最大的单位，在其中，每个人都会感到安适。它是一种组织原则，指的是共同的制度、经济体系、

◀ 狮身人面像约公元前2560年。19.8米高，73.2米长。埃及吉萨

社会结构以及跨越时空的价值观。由此我们可以感觉到(虽然很朦胧)与狮身人面像和大金字塔的联系。**文化**(culture)是比较严格的术语。从一个非常笼统的层面上来说,它指的是高级文化:例如美术和哲学。从另一个层面上来说,它指的是表达和行为的总体,这些表达和行为的总体标明了在一个特定的空间和时间内一群可以容易辨别的人群之特征。在任何时刻,在任何较长的时间段里,每个文明都包含了许多文化。美索不达米亚和埃及,和希腊罗马一样,都属于古代西方文明。虽然它们并不一样,但它们具有一些共同的特征,且都对一个经久的传统做出了巨大的贡献。

1.1 史前文化和早期文化

人类先于文化和文明而存在。至少在400万年前,现代人类的遥远祖先就已出现在非洲。这是一个很长的时期,但与地球已存在的大约60亿年时间相比,这不过是弹指一挥间而已。为了让大家领会这些天文数字的概念,我们来想象一下日历:如果地球在1月1日出现,那么人类祖先大约在8月底露面,而文明和历史则在12月31日午夜前几分钟才开始。

原始人(hominid或Homo)大约出现在两百万年以前,而现代人的直接祖先智人(Homo sapiens)则大约出现在20万年以前。因此,在很长一段时间里,主要的历史是关于人类种族本身的故事。不幸的是,我们关于这些人类的情况知之甚少,认识也是支离破碎。他们是猎手和采集者,居住在诸如洞穴一类的天然庇护所里,没有复杂的社会结构。原始人发明了粗糙的石器工具,使用了火,或许还发明说话——这是一个巨大的突破,使他们得以用野兽不会的方法进行

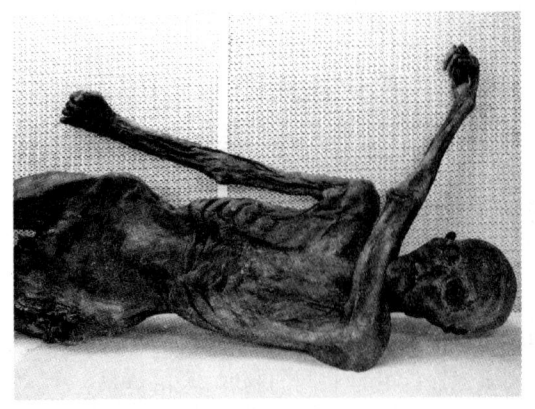

图 1.1 冰人,照片。收藏地:南蒂罗尔考古博物馆

1991年,在阿尔卑斯山上的一帮徒步旅行者在正在融化的冰雪中发现了一具人类的尸体。事后验明死者死于5000多年之前。他死于一场残酷的斗殴,死前的最后一顿进食是面包和羊肉。他拥有一张弓和若干支箭,一柄铜短斧,几只袋囊和袋中杂物。这个冰人高1.57米,度过了非常艰难的生活。

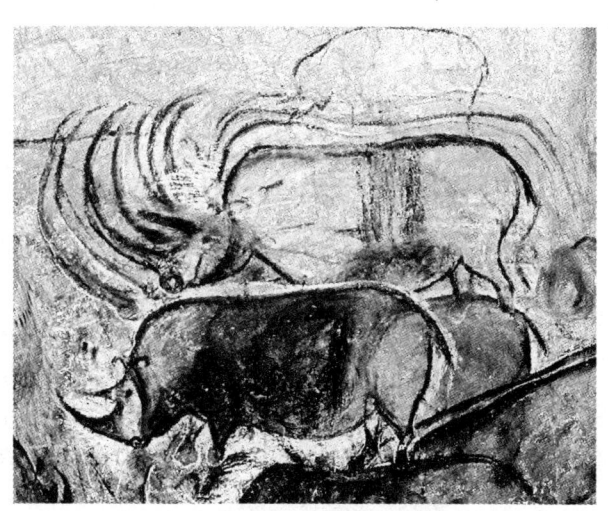

图 1.2 犀牛群。约公元前 32000—前 30000 年。法国阿尔代什地区的肖维

这幅洞穴画上的写实细节包含一些狮子、野牛和一只年轻的猛犸象（本图中看不到），它们占据了一大片岩壁的空白。犀牛的牛角和背部用黑线反复描绘，这创造出一种深度感，也使这幅作品显现出了动感。

沟通。他们最早的工具是非常简单的砍刀，后来是一些用手磨制的石斧、尖顶工具和刮削器，都是小心凿制出来的。双面刀锋流传开来了。原始人和智人度过了**旧石器时代**（Paleolithic period），这个时代大致相当于地质学上的冰川时代（Pleistocene epoch）。

旧石器时代

由于在全世界各地都有的一些零星发现，人们对旧石器时代后期几千年的情况稍稍知道一些。智人四处迁徙，跨越了整个东半球，并且最终经西伯利亚与阿拉斯加之间的地峡迁徙到了西半球。他们开始使用一些较复杂的工具，如弓箭、渔钩和针线（图 1.1）。然而，令人印象更为深刻的是，旧石器时代后期的人开始用艺术来表达自我。在西班牙阿尔塔米拉（Altamira）地区和法国拉斯考（Lascaux）及阿尔代什（Ardèche）地区发现了一些冰川时代洞穴画，上面画着驯鹿、野牛、犀牛、狮子和马的形象。这些洞穴画的年代可追溯到旧石器时代后期（公元前 40000 年—前 10000 年间），它们是人类艺术最早的例子（图 1.2）。发现于阿尔代什地区肖维（Chauvet）的洞穴画究竟是出于何种目的而绘制，目前还是个谜；而在阿尔塔米拉和拉斯考发现的那些画，人们推断大致是作为出猎前礼仪和仪式一部分绘制的。艺术家们试图通过绘出众多被箭射中的野兽来确保捕猎的成功。

旧石器时代后期的另一种艺术类型见于在奥地利维伦多夫（Willendorf）发现的女性人物雕像（图 1.3）。这尊雕像用石灰石做成，没有脸部细节，全身滚圆。臃肿的肚子和丰满的乳房表明，这尊雕像可能是被当作多产多育的象征

图 1.3 维伦多夫出土的女性人物雕像。约公元前 25000 年。高 11.1 厘米。维也纳自然历史博物馆藏

这尊女性雕像在 1908 年前后被发现,高度略低于 12 厘米。雕像用石灰石雕制,留有用红色涂刷的印迹。还发现了类似的许多其他雕像,但这一尊最出名,因为它表现出来在象征和写实之间的不同寻常的平衡。

和母性女神的形象,代表着大自然的创造力。自旧石器时代起,母性女神作为一种神话人物出现在许多古代文化中;仅在欧洲东南部地区的三千多处地方就出土了约三万具用陶土、大理石、骨、铜和黄金制作的小型母性女神塑像。母性女神的至高无上体现在最早的生育神话中,这些神话讲述女性生育和抚养儿女的力量。这尊出土于维伦多夫的塑像凸显乳房、肚脐和象征生育的阴户,它可能是在宗教仪式上用来保佑部落的繁衍和充裕的食物供应。这尊塑像也展示了雕塑者的审美兴趣,他有意识地把女神的手雕刻成放在乳房上,而头发则紧紧地扎成排状。

新石器时代的革命

随着地质学年代的近时代期间最后一批冰川从欧洲移走,人类不得不适应新的生存环境。中石器(Mesolithic)时代虽然短暂,但却是一个关键的转变点。在这个人类历史上最重要的进化过程中,狩猎者和采集者变成了种植者和饲养者。由此便开始了**新石器时代**(Neolithic period)。随着智人变成种植者和饲养者,他们获得了农耕知识,发明了木制工具和其他一些生产技术。他们的石制工具比中石器时代的工具更先进,其中有刀和锤子。在美索不达米亚,除了饲养家畜外,人们还学会了用牲口拉犁耕地,谷物产量大增。在公元前 3500 年之后,这些新技术难以置信地迅速兴起,使该时代成为我们所知的最富成效的变化时代之一。交通方面的变化包括两项发明:(带帆的和不带帆的)船和车轮——这两样东西大大地推进了贸易、旅行和战争。在营造和建筑方面,发明和利用火窑制砖使建造房屋、庙宇和宫殿成为可能。在家用艺术方面出现了五项新技术:纺织、印染(用动植物染料)、制革、制陶(风干陶器和窑制陶器)和制造油灯。在耕作方面,近东地区出现了大规模的灌溉系统,诸如小麦、亚麻、小米、大麦和香料等许多新作物开始种植起来。

现在，人类大踏步地发现新的更迅捷更有效的生活和生产方式。在东南亚、中美洲、部分南美洲地区和近东地区，人类不再进行游牧，而是学会了驯养野生动物。他们学会了如何耕种庄稼，为自己提供了更可靠、更可预期的食物供应，这进而又得以保障了人口增长，并使定居和最终形成城市中心成为可能。这种农业类型的生活至今仍主宰着西方。

金属时代

新石器时代的这场革命席卷了近东地区，可能也扩展到了欧洲和非洲。在公元前6000年到前3000年之间，人类也学会了开矿和使用铜器，这标志着新石器时代的结束和金属时代（Age of Metals）的来临。公元前3000年左右，艺术家们用铜掺杂锡制造出了一种坚硬的合金——青铜，他们将青铜用于制作工具、武器和珠宝。

青铜时代（the Bronze Age）大约从公元前3000年延续到公元前1200年，金属时代的先导是金银铸造技术的掌握。在公元前3500年以后，人们最先从矿石中提炼出了金子和银子，但金银的稀少使其极为昂贵，因而无法普遍使用。最初，只有在近东、中国和东南亚一些地区才出现了从石器工具向青铜工具的转化。在其他一些地区，尤其是在欧洲和南美洲的安第斯山区，石器依然是主要的工具。即使是在现代世界，石头还有其用途，例如砂浆制品和石杵、磨盘、建材和地砖等。

在美索不达米亚，一些无名匠人成功铸造出了最早的青铜，这一冶炼传统从该地区传向了埃及、希腊等地。它衍生出一大批新的技术。这一时期的标志是书写术。埃及人将字写在用芦叶压制平整而成的莎草纸上，而美索不达米亚人则将字刻在陶板上。在埃及，匠人们还率先使用了用动物皮制成的羊皮纸，它比莎草纸更柔软、更经久。随着书写术的发明，史前时代的沉默让位于历史时期的声音。

其他一些技术改善了青铜时代人们的生活。营造方式沿着两条不同的道路发展：在埃及，石块建筑技术兴起了，而在美索不达米亚，用砖块建造的台阶式寺庙成为主要的建筑风格。交通方面也有着长足的进展，运载货物的帆船航行在埃及的尼罗河上，而地中海上则航行着许多木船。埃及和美索不达米亚缺少铜和锡。为保证这些金属的持续供应，必须建立复杂的交易纽带和开采系统。在毗邻的安纳托利亚（今土耳其）发现了铜矿，但锡很稀少，因为只有在很少一些地方可以开采到锡，一开始在现今的塞尔维亚和保加利亚，公元前2500年以后在现今英格兰的康沃尔（Cornwall）。在美索不达米亚，日常家居生活有了长足的长进,许多变化至今还是我们生活的一部分,例如烘烤面包、酿制啤酒、提炼香水等。在埃及和美索不达米亚,制造玻璃和酿制果酒变得很普遍;在埃及,手镜和日晷的发明给人带来新的视野。无论在埃及还是在美索不达米亚,城市文化都促进了日历的普遍使用。

铁器时代(the Iron Age)开始于公元前1200年,但冶铁术在公元前2000年左右就开始了。冶铁技术很快催生了一些与铁或钢相关的新工具,如铁犁、兵器、铁桶、锁和钥匙等。武士们很快意识到,坚硬的铁每次都能摧毁脆弱的青铜。学者们认为,在公元前1200年到公元前1000年之间的一些战争,其结局的确是由哪一方装备了铁制兵器来决定的。

1.2 文明的兴起:美索不达米亚

文明源自拉丁文中意指"城市"和"市民"的词。新石器时代的革命使城市成为了可能。新石器革命依赖于农业和家畜饲养业,在那些领域的进展引发了劳动分工、政府、宗教、僧侣阶层、艺术和工艺以及科学。这些因素再加上书写术,便积累成为文明。文明兴起于美索不达米亚,稍后又出现在埃及(约公元前3500—前3000年)。这两个文明都由国王统治,国王得到僧侣阶层的支持,并与少数一些有教养的精英分享权力。它们的经济以奴隶为基础;它们的社会则是阶梯形的等级制。两个文明都拥有一些精致的宫殿及庙宇,用来行使统治,施行礼仪。

历史分期表1.1　地质学时间年代和史前文化时期(所有年代均为近似年代,且均系公元前)

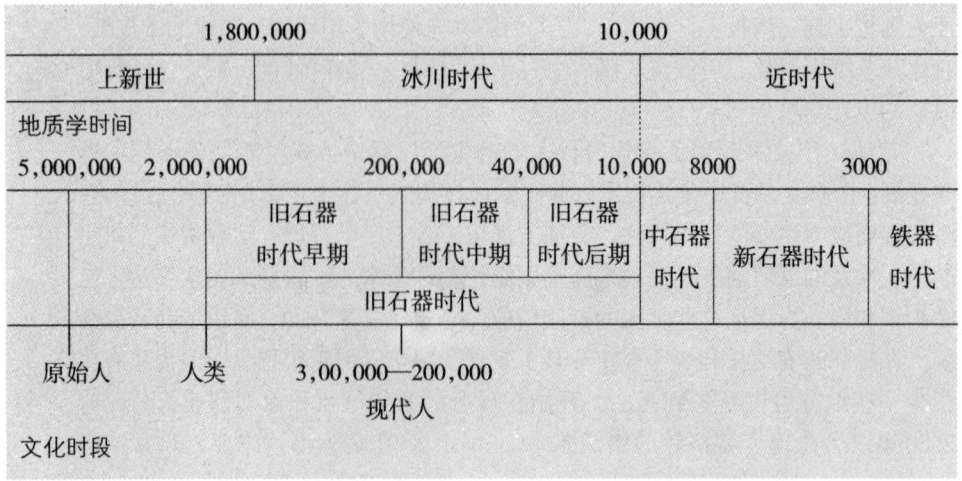

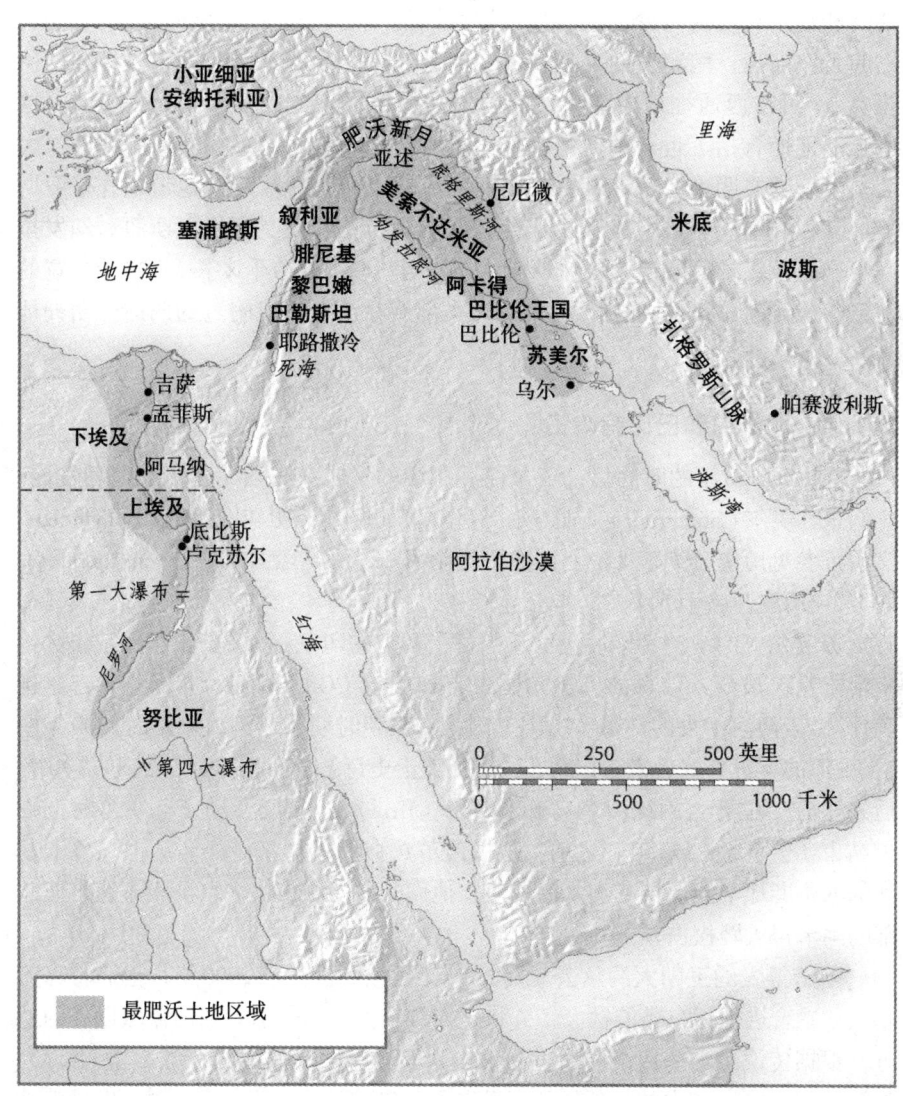

地图 1.1 古代美索不达米亚和埃及

本幅地图展示了近东地区两个最早的文明：美索不达米亚和埃及。1. 请注意，大部分美索不达米亚含括在被称为"肥沃新月"的地区之内，而埃及则主要是在尼罗河沿岸。2. 找出美索不达米亚和埃及诸城市的位置。3. 对照比较河流在这些文明中发挥的作用和重要性。4. 为什么埃及比起美索不达米亚来所受的外来影响更小一些？

美索不达米亚是一个希腊词语，意为"两条河流之间的地方"。底格里斯河和幼发拉底河两岸的河谷地带即所谓的"肥沃新月"（Fertile Crescent），它起自波斯湾，稍稍偏西北逶迤伸向两条河流之间的地区（大致为今天的伊拉克），再往西通往地中海，然后再沿海岸线向南到达埃及（地图1.1）。这块弧形地带含括了近东地区的大部分可耕地，其间通衢纵横、商旅繁密，大多数早期的文明中心都在其中。在两河流域以西是一片丘陵地带和扎格罗斯（Zagros）山脉，而在它的西面则是辽阔的阿拉伯沙漠。底格里斯河和幼发拉底河这两条双子河顺流通入波斯湾，灌溉着一块约970千米长、400千米宽的地区。公元前6000年左右，迁游的人类部族在波斯湾口附近的两河三角洲地带定居下来。

苏美尔、阿卡得和巴比伦诸王国

在大约500年的时间里，三个前后相继的文明在美索不达米亚蓬勃发展，它们是苏美尔（Sumerian）文明、阿卡得（Akkadian）文明和巴比伦（Babylonian）文明（参见历史分期表1.2）。诚如历史学家塞缪尔·克雷默（Samuel Kramer）所言，"历史开始于苏美尔"。

苏美尔人的统治者给后世留下了备受赞誉的印象：社会公正、稳定，文化生活丰富。最令人鼓舞的苏美尔国王吉加美士（Gilgamesh，亦译作"吉尔迦美什"）于两河中央的乌尔（Ur）王国第一王朝时期执政（约公元前2700年左右）。他的英勇事迹后来被记载在《吉加美士史诗》（*The Epic of Gilgamesh*）中。后来还有一位著名的统治者乌鲁卡基那（Urukagina）则活动于苏美尔时期临近结束（公元前2350年）之前，他以改革法典和重振经济闻名。但乌鲁卡基那的继位者却不能保持苏美尔的威势，他们的许多城市被来自美索不达米亚北部的阿卡得人轻松占领了。

阿卡得人的王朝大约从公元前2350年延续到公元前2000年，他们将苏美尔文化融合进他们自己的社会，并将这一混合型文明传播到两河流域以外的地方。根据传说（这些传说与后世希伯来人首领摩西的故事很相似），阿卡得人的第一位也是最伟大的一位统治者萨尔贡（Sargon）出身贫贱，刚一出世就被遗弃在芦苇丛中；但萨尔贡幸存了下来，并在苏美尔人的宫廷中出任高官。出土碑文表明，萨尔贡征服了苏美尔人，在其东部和东北部建立了一个辽阔的帝国。在萨尔贡鼎盛的时期，连遥远的埃及和印度都能感受到他的赫赫声势；但他的继承者缺乏他那样的智慧和手腕，因此无法维持阿卡得帝国。

巴比伦是美索不达米亚的第三个文明。自公元前2000年到公元前1600年，巴比伦人雄踞他们位于美索不达米亚北部的权力根基，统治了整个两河领

历史分期表1.2　美索不达米亚诸文明（年代均系公元前大致年份）

3000		2350		2000		1600
	苏美尔		阿卡得		巴比伦	

域。在他们最成功的军事首领和著名的立法者汉谟拉比（Hammurabi，公元前1792—前1750年在位）治下，巴比伦人达到了其政治和文化的顶峰。

农业是美索不达米亚的主导经济。恶劣的生存环境和不可预测的洪水迫使这里的居民试着通过灌溉系统来控制河流并合作耕种土地。农民们最终开挖了一套复杂的沟渠系统，用以灌溉可能离河道已有一段距离的耕地。随着粮食产量的提高，富足的人口也不断增长。村庄很快发展成小城镇——每个城镇的人口从1万到5万不等——四周则是一些小村落和耕田。与周边地区的贸易开展了起来，由苏美尔人改进完善的轮式货车以及帆船运载着货物往来于美索不达米亚，最终遍布了整个肥沃新月地带。

到青铜时代开启之时，家庭已经取代部落或氏族成为社会的基本单元。此时的家庭拥有了完全属于自己的田地，它们在宗教权威和世俗政权的普遍指导下耕种土地，维修灌溉沟渠。婚姻由父母来安排，婚姻安排中最根本的考虑因素乃是经济状况。根据法典，妇女拥有某些权利，如占有财产等；但是，妻子显然是处在丈夫的权力之下。男子离婚比女子离婚更容易，而同样是触犯道德规范或婚姻法令，妇女受到的惩罚将比男子所受更严厉。最近学界的研究表明，随着美索不达米亚社会变得更加复杂，妇女的地位和角色受到的限制也更严格。总的来说，美索不达米亚的妇女在最初只要遵循对男性族人和丈夫的依附及义务，就能够积极地参与经济、宗教和政治生活；但随着统治者将家庭实践中的父权观念（即父亲主宰家庭）扩展到公共法律领域，妇女们就逐渐丧失了她们相对独立的地位。

政治结构反映了这种社会制度的秩序和功能。制度的顶端是统治者，支撑他的是一支军队、一个官僚机构、一套司法体系和一个僧侣阶层。统治者通常通过御前会议咨询一些重要首领，而这些重要首领如大地主、富商、僧侣和军事将领等，则组成了社会秩序中的第二个层次。再下面的一个集团由艺术家、工艺匠和小商贩组成。在他们下面的是小土地拥有者和佃农。在社会阶梯最底部的是农奴和奴隶，这些人有的是战争中被俘的人员，有的是因欠债而破产。

文明的摇篮

三个美索不达米亚文明对相同的地理环境、气候和资源作出反应，它们的文化自然也反映了这种共同的背景。苏美尔人的影响或许是最大的：苏美尔产生了文字书写、阴历、算术体系、医学和科学发现、建筑学创新。但是，这三个文明中的每一个都通过其自身的宗教、文学、法律和艺术深刻影响了其他近东民族。

书写 在美索不达米亚出土了几千件陶制匾碑，上面刻有苏美尔字体的楔形字符，这些表明，苏美尔人在公元前3000年时已经发明了一种书写形式。随着书写的发明，人们在交流和传递信息时就不再必须依赖记忆、说话和面对面接触了。相反，他们可以积累永久性的知识主体并使之代代相传了。

最初，苏美尔人需要用一种简单的方式来记录农业和商业信息以及他们统治者的言行。他们最早的符号是**象形符号**（pictogram），也即一些细心绘制以表示特定事物的图画。接着他们又增加了一些**表意符号**（ideogram），也即画出来表达意思或概念的图画。比如，简单地画一只碗可以用来表示"食物"。随着这些图画变得越来越各具风格，其意义开始从所代表的物体转到了符号本身；也就是说，符号开始代表一个词而不是一个物体。

稍后，苏美尔的画符人和书写人识别口头词语的发音，借用此前已有的象形符号和表意符号并以之为基础，创造出**标音符号**（phonogram），也即标识单个语音的符号。这些简化了的标准符号最终形成了一套以音节发声为基础的语音书写系统，这套系统组合起来就产生了文字（图1.4）。此后的诸文明对苏美尔文字作进一步改造，将元音与音节区分开来，从而创造出一套基于单个发音的真正的字母表。

苏美尔人现在能够表达复杂、抽象的概念了，他们的文字系统也能够扩展到其他语言里。阿卡得人和巴比伦人吸收并改进了苏美尔人的字体以记载和保存他们的文学，包括《吉加美士史诗》和汉谟拉比法典。到青铜时代末期（约公元前1200年左右），其他一些书面语言也已存在，但阿卡得—苏美尔语却是近东地区的外交和商务用语。

苏美尔书写体系被称作**楔形文字**（cuneiform），这个词源于拉丁语词cuneus，意为"楔子"。书写人用楔形的芦苇或笔杆将符号刻在潮湿的陶板上，而艺术家和工匠们则手持金属工具将文字刻到石碑或圆形石柱上。这些刻在陶板和石碑、石柱上的楔形文字保存了几千年，为人们了解古代美索不达米亚文化提供了宝贵的素材。

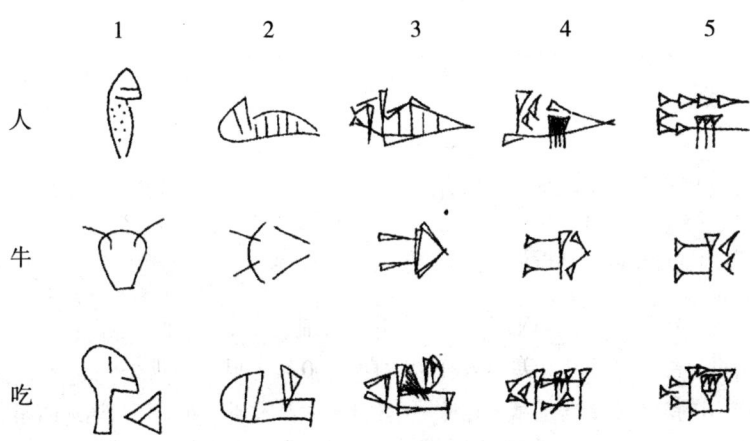

图 1.4　苏美尔楔形文字。约公元前 3000—前 1000 年

本图演示了苏美尔文字从象形符号向书写符号演变的过程。第一栏展现了象形符号：一个人、一头牛和单词"吃"（用嘴和碗来表示）。在第二栏中，象形符号转了 90°，苏美尔人在其最早的书写中就是这样做的。第三栏和第四栏展示了在公元前 2500 年到前 1800 年之间符号是如何变化的。第五栏展示的是亚述人对苏美尔书写符号的采纳。

宗教　苏美尔人、阿卡得人和巴比伦人的宗教虽然各有差异，但却拥有许多共同的基本态度和概念，它们构成了近东信仰体系的基础。美索不达米亚宗教的根本信念是：诸神创造了人类为他们服务，神祇处于完全掌控的地位，无能为力的凡人别无选择，只有服从和崇拜这些神灵。恶劣的气候和难以预测的河流使生活显得非常脆弱，诸神也显得任性无常。美索不达米亚人怀有一种模糊的观念，认为死者栖息在一个昏暗的阴间，但是他们却不相信来世之类的东西，也不相信对死者的奖励或惩罚。他们几乎从不把幸福看作是尘世的目标；悲观主义始终是他们宗教和文学中的一个永恒主题。

美索不达米亚宗教有三大重要特征：**多神论特性**（polytheistic）——存在许多时常相互争斗的男女众神；**拟人特性**（anthropomorphic）——诸神拥有人类的身躯，具有各自独特的性格和特征；**泛神论特性**（pantheistic）——在自然界和宇宙中到处存在着神祇，总共有几百个。由于美索不达米亚人觉得他们的诸神具有人的形状，拥有凡人们的一切优点和缺点，所以，他们相信诸神像人一样生活着，他们也因此用非常实用的手段来对待超自然的力量。例如，他们相信他们的神祇会举行会议，商讨决定，并命令自然界的诸种力量向凡人们大肆行虐或慷慨赐予。

遭遇

腓尼基人和字母表

腓尼基小王国把字母表教给了希腊人，因而也教给了西方。腓尼基人发明了字母表作为其读写的基础，以支持他们与其邻国的物质和思想交流。

公元前3000年左右，一个祖先出自叙利亚和巴勒斯坦的混合民族腓尼基人在地中海东岸狭长地带（即今之黎巴嫩一带）定居下来。腓尼基人从来没有成为重要的政治或军事力量，但他们在黎巴嫩南部沿岸建立了一系列半独立的繁荣的城邦。

腓尼基人最初是农民，后来转而经营制造业、商业和贸易以维生。他们沿肥沃新月地带做陆路转运贸易并深入到美索不达米亚，销售许多货物，包括用于建造庙宇宫殿的雪松和冷杉树材。到公元前1200年，他们开始把商业兴趣转向海洋，建造船只，在地中海盆地周围转运货物。他们出口货物中最主要的货项之一是染成紫色的布料，希腊人称这种布料为腓尼克斯（phoinix）——这个词逐渐用来指称腓尼基人。到公元前7世纪，腓尼基人已发展起了玻璃制造业，他们的精美金属制品和象牙艺术品表明，他们还从遥远的印度和非洲进口黄金、白银和宝石。

到公元前1100年，腓尼基人开始在海岛和地中海沿岸建立殖民地——不是为了征服，而是为了商业和贸易。这些贸易集散地在公元前700年达到了鼎盛，配有港口设施和船坞，一个挨着一个建立起来，对旅行者来说，它们是落脚点，对商人来说，它们是市场。腓尼基人运用他们的远航技术，在贸易利益的驱使下航行至非洲西海岸，并为了获得锡而派船到英伦诸岛。当

北闪米特语			希腊语		伊特鲁里亚语	拉丁语	
早期腓尼基语	早期希伯来语	腓尼基语	早期	古典时期	早期	早期	古典时期
⊼	⊼	⊻	A	A	A	A	A
9	9	9	ᙠ	B	ᙠ		B
7	1	1	1	Γ	ſ		C
△	△	ᐊ	△	△	△	△	D

字母表的前四个字母比较

本图用对比的方法展示了腓尼基语、希腊语、希伯来语、伊特鲁里亚语和拉丁语字母表的开头四个字母。早期腓尼基语字母早于其他语言的字母，其他民族将这些腓尼基字母采纳进了自己的书写风格。

此之时，这些殖民地也成为了腓尼基文化、思想和艺术成就的输出口。他们与其他社会的遭遇促使腓尼基字母书写系统扩展到整个古典世界。

早在公元前1400年，腓尼基人就创立了一套拼音书写体系，或许是建立在埃及**象形文字**（hieroglyphic，即一种图画文字系统）或者苏美尔楔形文字的基础上，也可能是同时从这两种文字系统中借鉴了成分。可以理解，书写帮助他们更有效地与他们的殖民地和商业伙伴进行沟通。他们将此前书写形式中的图形文字、表形文字、表音符号和拼音系统简化成一套字母体系。一个符号代表一件物体（比如一头母牛或一棵树），腓尼基人给这个符号起一个名字，再给它一个构成字母的新造型，这个字母有一个它所代表物体之名字的最早发音。这些组合到一起的符号逐渐就被称作字母表（alphabet）——alphabet这个词本身就是腓尼基系统的头两个字母之组合：aleph即字母a，beth即字母b。腓尼基字母表由22个字母组成。它读起来是从右向左，是闪米特（Semitic）语系的典型读法，腓尼基语乃是闪米特语系中的一支。这些字母都是辅音字母，后来希腊人将其中的几个辅音变成了元音。希腊人将他们改进过的字母表传给了意大利的伊特鲁里亚人（Etruscans）、埃及的考博特人（Copts）和东欧的斯拉夫诸部落。伊特鲁里亚人将这套字母表传给了罗马人，罗马人将之变成他们的书写语言即拉丁语的一部分。希伯来人、阿拉伯人和其他闪米特民族将腓尼基字母表转变为自己的字母表。字母表是腓尼基人对现代文明的最持久的贡献。

读"遭遇"，学知识

1. 腓尼基人为什么从来没有成为一个强大的军事王国？
2. 腓尼基人怎样利用他们的地理位置成为一个商业社会？
3. 描述由腓尼基人建立的殖民地。
4. 腓尼基人字母书写体系的基础是什么？腓尼基人如何建立了一种新体系？
5. 这种体系对其他语言有什么影响？

美索不达米亚人将诸神分为天神和地神。在这两类神祇中有四个主要的神灵：天神阿努（Anu）、气神恩里尔（Enlil）、太阳神乌图（Utu）、水神及土神恩基（Enki）和母神宁护儿萨格（Ninhursag）。苏美尔人觉得恩里尔似乎是力量最大的神。他赐予了凡人犁和镐，并给人类带来了宇宙间所有的生物，如树、谷物和"需要的一切"。

典礼、仪式和僧侣是美索不达米亚宗教中绝对关键的因素。尽管美索不达米亚的老百姓可能也参与祭祀事务，但僧侣在所有的宗教活动中扮演了核心角色。他们还控制并管理大片土地，这加强了他们在经济和政治事务中的权力。僧侣们细心制定并认真遵循典礼和仪式的程序，这些程序写成文字存放在他们的寺庙中。这类祭祀文学不仅教导美索不达米亚人如何做祈祷，也告诉他们诸神的起源、特性和功绩。宗教性的神话和律令组成了美索不达米亚文学的主要成分，也使书写成为其文化中的基本部分。

 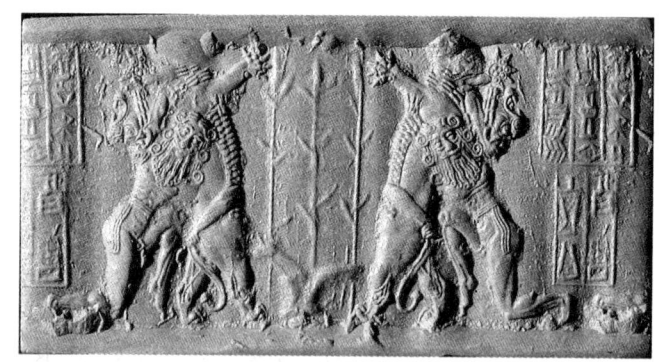

图1.5 吉加美士大战狮子图。约公元前2500—前2000年。圆柱拓片（左）和拓片的现代印刷图（右）。伦敦，大英博物馆

在这幅约2.5厘米高的现代印刷品上展示出来的图原是分开的。它们描绘了这位苏美尔人英雄许多场斗兽之战中的一场。创作这件浮雕的艺术家把吉加美士刻成在猛兽身下与其成锐角状，屈膝弯腿，手臂紧抱狮身，正在积蓄力气准备给狮子以致命一击，如此形象刻画出了这次搏斗的激烈性。

文学 流传下来的一些史诗、传说和传奇让后人得以领略美索不达米亚人的思想，在所有这些东西中，最著名的当数《吉加美士史诗》。在公元前2700年前后当政的吉加美士王见诸许多文献记载，他成为苏美尔人民间传说中一位被大大夸张了的英雄人物（图1.5）。吉加美士的传奇原初很有可能是一部口述诗篇，过了几百年时间才被刻写到陶板上。现存最完整的版本作于公元前600年左右，它本身依据的是一个大约作于公元前1600年前后用阿卡得文写成的巴比伦版本。《吉加美士史诗》的重大意义在于它以书中的角色、情节和主题影响了近东地区的其他书面文字，但除此之外，它本身作为一种诗歌体表达也价值非凡，堪与后世希腊罗马诸史诗媲美。

《吉加美士史诗》通过主人公吉加美士国王表达了有关贵族社会中武士生活的一些主题：临危不惧、宁死不屈、重友抑或重色、诸神对凡人法力无边、死亡的结局。最重要的是它谈论了人类追求永生的无望努力。故事一开始讲述吉加美士奢侈和专横的政策逼得他的臣民祈求神灵来解救。一位女神作出反应，用陶土捏出一个天生神力的"野人"，派他来杀吉加美士。但是这个名叫恩奇杜（Enkidu）的野人却被一名妇人的爱情驯化，失去了他原有的纯真，他与吉加美士角力时打成平手，随后结为好友。

史诗接下去讲述吉加美士在与恩奇杜的友谊和女神伊什塔尔（Ishtar）的示爱之间作抉择。吉加美士因为这个抉择而受到了惩罚：他被迫眼睁睁地看着恩奇杜因患神灵所遣的疾病死去而束手无策。忧伤的吉加美士不得不面对所有凡人都会面临的大限，于是开始寻求长生不老。

史诗后一部分关于吉加美士寻仙的细节包含了苏美尔人的大洪水传说，它与希伯来人诺亚和方舟的故事很相似。这一段苏美尔人的大洪水传说很可能是后来才添加到吉加美士故事中去的，但它却与故事的叙述结合得天衣无缝，并且也增强了史诗的一大主题：凡间之人终难免于一死。吉加美士从大洪水的唯一幸存者乌特那庇什提牟（Utnapishtim）那里听到了洪水的故事。乌特那庇什提牟告诉吉加美士他是怎样打造了一艘方舟并将动物和家人装上船，洪水是怎样爆发，他怎样从方舟上放出小鸟以探测洪水是否退潮。这位老人随后解释说，诸神对人类的这位最后幸存者深感歉意，于是赐予他长生不老。乌特那庇什提牟拒绝向吉加美士泄露长生之道，但老人的妻子却脱口说出在哪里可以找到一种植物，这种植物可以让人恢复青春，但也不能保证不死。吉加美士找到了这种植物，但却在他回家的路上把它弄丢了。吉加美士在看到他建造的乌鲁克（Uruk）城时感悟到，人类在凡间所做的业绩就是衡量他们永生的标尺，但死亡是不可避免的。

《吉加美士史诗》本质上是一部关于尘世道德伦理的传说。吉加美士的成败折射了所有凡人的生活，吉加美士从一个极端自信、权势赫赫的英雄转变为一个疑虑重重、心存胆怯的人，苏美尔人从这一转变中看到了他们自己。

美索不达米亚还向世界奉献了第一位著名的文学巨匠恩赫杜安娜（Enheduanna，活跃于公元前2330年前后），一位用苏美尔语言写作的阿卡得诗人。她被她的父亲萨尔贡国王送到苏美尔人乌尔城和乌鲁克城的几座寺庙中当女祭司，在那里，她利用自己的宗教职位和文学天赋来推行其父统一苏美尔人和阿卡得人的政治目标。她作为僧侣编辑了一些歌颂苏美尔和阿卡得诸神的赞美诗，这些赞美诗——其中一些已经得到了确认——成为后世诗歌的范式。恩赫杜安娜对苏美尔人的爱情女神伊南娜（Inanna）特别虔诚，她最著名的文学作品《伊南娜颂歌》（*The Exaltation of Inanna*）的主题便是这位女神。在这部作品中，恩赫杜安娜将伊南娜歌颂（或提升）为苏美尔诸神中的最高之神，并高度赞扬伊南娜给萨尔贡国王的庇佑——她坚信，父王萨尔贡在执政末期之所以能一举镇压一场大起义，正是由于有了伊南娜的帮助。

法律 美索不达米亚人制定了希伯来法律之前最公正的法典。关于苏美尔法律的最早记载大约出现在公元前2050年左右，而苏美尔法律的主旨乃是公正。从最早的时代起，苏美尔的国王们就把公正理解为意味着"正直的事物"——即公平地对待治下的所有臣民并禁止恃强凌弱。这个平等的概念特别

图 1.6 汉谟拉比法典。约公元前 1700 年,玄武岩,高约 0.9 米。卢浮宫

汉谟拉比站在左边,手举起放在嘴巴前方,这是美索不达米亚传统的致敬姿势,而太阳神及真理和正义的保护者沙马什则端坐在右边。对沙马什(在苏美尔被称为"乌图")的崇拜在远古就出现了,这位神灵的形象——即肩膀发射出火焰和手握着权力象征物——在苏美尔时期确立了起来。本幅浮雕刻在坚硬的石柱上(柱高2.2米),刻痕很深,刻出了清晰可见的衣服褶皱和权位座椅的纹路,称得上是一座立体雕刻。

运用在诸如债务、契约和地契等经济事务中。

源自美索不达米亚文明的一套最重要的法律是由巴比伦国王汉谟拉比创立的。汉谟拉比法典制定于公元前1700年左右,它被发现于保存在一根高2.2米的黑色**石柱**(stele)上。在石柱的顶部刻着汉谟拉比站在巴比伦和苏美尔的正义之神沙马什(Shamash)面前的图像。与其他一些古代立法者(如摩西)一样,汉谟拉比也从一位神祇那里接受法典。在这两个人像的下方,刻着序言、法律条文和结语(参见图1.6)。序言中列举了汉谟拉比的丰功伟绩,高唱赞歌,同时声明诸神是他建立"法律和正义"的权力之源。结语则告诫未来的统治者执行这些法律,否则将会失败和灭亡。

汉谟拉比法典中有关惩治犯罪的法律乃基于报复(lex talionis)的司法原则,要求"以牙还牙",但该法典中又多处规定用相应的赔偿来替代实施同样的伤害。法典涉及了民法和刑法的每个重要领域,包括财产权利、买卖、契约、继承、收养、价格和工资、性关系(在该方面妇女所受的限制比男子更严格)、妇女儿童及奴隶的个人权利等。与美索不达米亚的其他法律一样,汉谟拉比法典只不过是一套复杂的司法体系的一部分而已,因为这套司法体系还包含法官、法庭、司法程序和契约等内容。

科学、数学和医学　美索不达米亚的科学受该地区多神论、神灵拟人化

生活片段
一位苏美尔人父亲教导他的儿子

佚名作，发现于陶板

在这份苏美尔文文本中，一位父亲斥责他儿子任性胡闹，告诫他予以悛改。这篇文章刻在几块陶板上，时间约在公元前1700年前后。

"你去哪里？"

"我哪儿也不去。"

"你哪儿也不去，那你为何闲逛着？到学校去，站到你'教父'面前去复述你的作业，打开你的书包，好好写字，让你的'大哥'给你写新的陶板。做好你的作业并向老师汇报后，就到我这里来，别在街上乱逛……

"你老在公共广场上闲逛，那你还能做出什么成就？你看看我们的先辈们吧。到学校去，那里才会让你受益。我的儿子，看看我们的先辈吧，从他们那里取点经吧。

"我要严格地看护你——如果我不看护好我的儿子，我就不配做男子汉——看着你这样任性，我对亲戚们说，同他们中的人相比，我还没发现有谁像你这样……

"我从来没有让你扛过芦草去草堆。小孩子都能扛得动的芦苇杆，我却从来没让你扛过。我从没对你说过'跟我的篷车走'。我从来没让你去干活、去耕地、去挖土。我从来没有让你去像打工仔那样干活。我一辈子还从没对你说过'去帮我干活'。

"别的像你一样的人都帮父母干活……

"因为你，我日日夜夜都操心不已。而你却整天戏戏度日。你已经积聚了好多钱财，已经到处有家产了；你已经长得很胖、很壮、力气很大了，你已经变得飘飘然了。但是你的亲戚们都在等着看你遭殃呢，要是你倒霉，他们会幸灾乐祸的，因为你太不成器了。"

解读本篇生活片段

解释这个生活片段的关键是确定父亲对他儿子说话的口气。口气指的是"说话的方式"。

1. 说话者在这里显示的是什么口气？举出三个能帮助你辨别语调的词。

2. 父亲是怎样界定家庭的？父亲对他的儿子有什么样的期望？

3. 这对父子属于哪个阶级？解释一下。

4. 父亲关于教育、世俗成就和家庭荣誉的价值观是什么？

5. 这段苏美尔文字中的哪些价值观得到美国家庭的认同？

和泛神论宗教的强烈影响。美索不达米亚人相信，对自然界的认识和理解与他们所信奉之神祇的性格和行为相关。祭司们施行礼仪和祭奠不仅是告慰男女众神以预防其捣乱力量，而且还是在处理一些实际事务，如土地勘测、灌溉工程、治疗疾病和传染病等。因此，美索不达米亚的祭司们也是一些天文

图 1.7 苏美尔竖琴音盒。出自乌尔，约公元前 2685 年。木质，镶嵌黄金叶片、青金石和贝壳，公牛头像高约 33 厘米。费城宾夕法尼亚大学博物馆藏

这个雕刻着公牛头像的竖琴音盒是一个增强声音共鸣效果的空箱。音乐在美索不达米亚生活中发挥了主要作用，音乐赞助人经常委托他人制作精美的乐器。可见，即使是在文明的早期阶段，富人就已影响艺术。

学家、数学家和药品供应商。

祭司们知道神祇是威力无比、恣意妄为的，因此他们深信，通过观察、研究和计算作为大多数神祇居所的天空，他们就能规避神祇的愤怒。祭司们设想，通过理解日月星辰的移动轨迹，他们就能预见不断降临到民众身上的自然灾害，如洪水、瘟疫和灾荒。公元前3500年前后，苏美尔的祭司发明了一部依据月亮运行确定的日历。在这部日历中，一个"月"等于28天，但一年却分成13个而非12个月。他们随后用这部阴历来设计未来。一旦他们得以计算出了自然界的季节模式，他们就设立了一个庆祝新年的节日，该节日确认了谷物生长季节的结束和下一季节的开端。

数学或许发端于以下这些需求：丈量和分配土地，建造堤坝，清理土方，给劳工付工资，调控水流。美索不达米亚的数字系统似乎受他们的重量体系和货币体系之影响，采用60而非100作为其基本单位。我们今天计算角度、分钟和秒源自该系统。后继的一些社会，如巴比伦，以该系统为基础设计了复杂的公式、命题和等式，以帮助店主经营贸易，支撑天文学家测绘天象和制作航海图。

虽然现存最早的美索不达米亚药物记录只能追溯到公元前1600年左右，但这些保存在石板上的文字表明了在此之前几百年里的一些实践和传统。在这些文字中，作者将疾病与神祇、鬼怪和灵魂等超自然因素联系在一起。同时，这些文字也提及了多种治疗方法，例如用草木和植物提炼的营养液等。美索不达

米亚的诊断手段和治疗方法虽然陈旧，却依据了一套合乎逻辑的步骤。首先，要对病人做检查以确定疾病的特征并建议他如何医治。其次，病人被送到一个医治人那里，医治人将配出一些药物，或打上绷带或石膏。美索不达米亚医学的其他证据出自汉谟拉比法典，该法典记载有医生因其误诊而被拘，被处以罚款或受惩处。随着岁月的流逝，美索不达米亚人对医学所作的贡献慢慢湮灭了。倒是埃及人逐渐被看作是古代时期最成功的行医者并影响了后世的社会，尤其是希腊人。

艺术和建筑　美索不达米亚的艺术与它的其他文化成分一样，也经历了从苏美尔风格向阿卡得和巴比伦流派的演进。艺术家们的创作采用了许多种形式，如小印章、陶瓷、珠宝、花瓶、**浮雕**（reliefs，即人物和造型雕刻得突出石块平面）和塑像等，也采用了许多种媒介，如陶土、石头、稀有宝石、金、银、皮革和象牙等。出自三个文明的艺术品和工艺品见证了艺术家创作手法的变化和消费者口味的变迁，消费者中既有那些装饰自家房屋的富人，也有一些委托别人雕制塑像装点寺庙的官员。寺庙通常是城市的中心，坐落在高高的山岗上俯瞰其他建筑，它们经常被装潢得富丽堂皇、摆放着许多雕制精美的男女众神塑像。

苏美尔艺术的一件典型珍品是一个雕制在竖琴音盒上的公牛头像（图1.7）。这位佚名艺术家用黄金叶片和青金石作材料，采用大胆简洁的风格表达出公牛的生气和活力。这种优雅的乐器一般是

图1.8　苏美尔竖琴音盒正面的镶嵌画。约公元前 2685 年

用象牙色贝壳镶嵌在黑色背景上形成的4幅画描绘了神秘的人和动物形象。在最上一幅画中，一个人搂着两只人面公牛。他要么是一个与公牛有关的神灵，要么是一位取自《吉加美士史诗》的神话人物。其他图画表现了各种动物形象（一只鬣狗、一头狮子、一头公牛和一只瞪羚），它们像人一样直立行走，像是在抓取食物、饮水，或弹奏乐器。最底下一幅图中的蝎子人是美索不达米亚艺术中典型的兽人形象。可以用已有的许多种理论来解释这些图画，包括早期的《伊索寓言》版本、神话故事、穿成像动物般样子的人等等，但关于它们的终极含义是什么，目前还未达成共识。

用在家里和宫殿里,在诗人和说书人吟唱有关英雄历险和诸神权力的颂歌时作伴奏。宗教可能也是变形生灵的灵感来源,这些生灵绘在圆盒前方的四格平面上(图1.8)。

与精致的雕塑相反,美索不达米亚的建筑往往显得全无灵气,特别是民宅建筑。美索不达米亚的大多数房屋都是正方形或长方形的。尽管美索不达米亚人也知道拱门、穹顶和圆柱,但他们并不广泛运用这些东西;他们主要运用基本的**柱梁结构**(post-and-lintel construction),即用两根垂直的立柱加上一根水平的横梁构成一个进门通道。建筑中使用的土砖限制了建造者发挥自己的风格和修饰特性。内部建筑特别平淡,一方面是由于设计原因,一方面是由于建材不佳。但是,一些用土砖砌成的私人住宅虽然从街面上看去很单调,但从里面看却往往也很生动:每户人家的房屋全围绕一块空旷的院子建造,而房间内部也都作刻意的装潢。寺庙和宫殿的外表有时也用排成图形的彩色釉面砖、马赛克和油漆锥面来装饰,偶尔也用外来进口的石块和大理石修饰。

尽管许多事情还有待发现,但美索不达米亚的城市似乎是由城墙围绕的,在早期的苏美尔,城墙周长长达8千米;这些城市的一般特征是有一条宽阔的中央通衢大道,大道的一端是宫殿,另一端是寺庙群。城市的中心用城墙护卫着,其宏伟壮观、精心装饰的城门昭示了城市的富庶和强盛。每一座苏美尔城市中最醒目的建筑物是**锯齿形塔台**(ziggurat),这是一种由砖块台阶和土坯台体组成的锥形高台,用作公共礼拜中心。锯齿形塔台形状像一座山丘或一条通

图1.9 乌尔的锯齿形塔台。约公元前2100年。乌尔(今伊拉克的穆盖伊尔[Muqaiyir])

一座供奉月亮神南娜的神庙矗立在这座有三层台阶的锯齿形塔台之上。在第一层塔台上有一条进门通道,通道两边和通道正前方各有一组台阶。这座"仙山"现仅存下最低一层地基,长61米,宽45.7米,高21米。比较一下,法国的沙特尔大教堂(Chartres cathedral)是47.9米宽,其各座塔楼高于73米。

向天上的阶梯，神祇将通过它降临凡间；也可能这种建筑被想象为诸神的仙山。在一些塔台的顶上建有一座可拾级而上的迎神寺庙。神龛、店铺和官府衙门则建在这座山丘脚下的四周或层层山坡之上。在两河流域的下游平原，锯齿形塔台真真切切地主宰着地面景观，极具象征性意味。一些苏美尔锯齿形塔台上还建有高塔，在犹太人典籍中被描述为高耸入云的通天塔（Tower of Babel）或许正是受了它们的启发。

在幸存下来的无数锯齿形塔台和寺庙中，保存得最完好的在美索不达米亚南部的乌尔城，这座塔寺供奉的是月亮神南娜（Nanna，图1.9）。塔台建于公元前2100年左右，底座四角处在一个圆圈的四个点上。中央台阶通往最高的平台，在平台上矗立着主庙。其他一些城市也修建了类似的巨型塔台，希望它们能够让男女众神高兴，期盼河流能善待人民，也祈祷生命不断延续。因此，美索不达米亚文明的中心主题是体现在这些锯齿形塔台中的。

1.3 尼罗河文明：埃及

另一条大河尼罗河为埃及文明提供了场所。然而，与两河流域的文化不同，尼罗河文化呈延续发展的趋势，它主要是对内部变化而非外部影响作反应。故而，它拥有一种大约持续了三千年的连贯特征。埃及的两侧均被沙漠隔绝，因此它养就了一种内省型的态度，这种态度很少受邻近文化（如努比亚［Nubia］文化或称库什［Kush］文化，该文化活跃在尼罗河第一至第四大瀑布之间的地带）的影响，同时也导致了一种文化优越感。埃及人遭受年复一年的洪水困扰，他们也认识到了太阳周而复始的运转规律，由此，他们把世界看作是一个无穷无尽的循环往复模式，而埃及则是其中的一个部分。

尼罗河定期的洪水泛滥使埃及的文明生活成为可能。尼罗河河道的东西两侧是一望无际的红沙沙漠。但是，在河岸两旁狭长的冲积平原上的黑色淤土却提供了肥沃的耕地，虽然这些可耕地颇为有限。要将构成生命之源的水流导

历史分期表1.3 埃及文明（年代均系公元前大致年份）

6000	3100	2700	2185	2050	1800	1552	1079	525
新石器和前王朝时代	早期王朝时代	古王国	第一中间时代	中王国	第二中间时代	新王国	后期王朝时代	波斯征服

入沙漠，需要一些灌溉沟渠再加上含辛茹苦的劳作。

由于人们的生存和繁荣依赖于尼罗河，这条河便主导和制约了埃及人的经验。大约95%的人居住在尼罗河沿岸适宜耕种的土地上，其面积只占埃及总面积的不足5%。由此造成的人口密集导致了农业村落的出现，这类村落乃是埃及文明的基本单位。农耕劳作一般总有回报，生活基本能够维持，但埃及人每年都指望下一年的洪水会带来更好的收成，这种期待产生了一种乐观的态度，与美索不达米亚人较为忧郁的观念形成鲜明对比。

尼罗河联结了"两地"：上埃及和下埃及，这两个地区不同的地理环境造就了两种各不相同的生活方式。由于尼罗河是由南向北流淌的，因此下埃及便是指北方的那块尼罗河三角洲地带，这里因肥沃的土地而富庶。与此相反，南方荒瘠的地貌和恶劣的耕种条件使上埃及成为一个勉强能够生存的地区。此外，下埃及由于靠近地中海和近东诸文明，显得比上埃及偏僻的乡土地区更开放。

最早定居到尼罗河流域的新石器时代居民可能在公元前6000年左右到达。这些最早的埃及人过着农耕生活，他们努力控制周围的土地，整治河流，驯养动物。他们在肥沃的淤土地里播种大麦、小麦和蔬菜，供自己食用并喂养他们的牲畜。他们弯弓猎兽、结网捕鱼，以补充伙食营养。他们还种植亚麻，用麻线纺织出粗麻布。大部分工具和武器都是用石块或燧石做成，但在公元前3500年以后，必须从外面运来的铜也变得越来越重要。早期的埃及人居住在草草搭建的平顶房屋中，造房用的材料是靠阳光烘干的砖块。这些基本的模式是古往今来许多年月里埃及农民生活的主要特征。

三千年的延续和变化

公元前3世纪时著述的历史学家曼内托（Manetho）把埃及的统治家族划分成26个王朝。公元前3100年左右，美尼斯（Menes）宣布自己为国王并统一了上下埃及，从这时起，埃及走出了以往没有文字记载的阴影。现代历史学家把埃及历史上的王朝归为三个主要的时期，即古王国、中王国和新王国。在这三个王国之前是早期王朝时代和后期王朝时代。此外，在中王国之前和之后还有两个中间王朝群：第一中间时代和第二中间时代（历史分期表1.3）。

在早期王朝时代（约公元前3100—前2700年）的国王们除了统一埃及外，还通过控制经济带来了繁荣，通过外交和王朝联姻取得了政治和谐。这些自称为世间之神的统治者采用一些昭示其神圣性的服饰，并建造王家陵墓来确保他们的永生。

在古王国时代（约公元前2700—前2185年），埃及进入了长达五百年的和平和繁荣时期，其政治制度日趋完善，语言也运用到文学写作。古王国时期

图 1.10 吉萨的金字塔。站在地面从南向北看的样子。孟库雷（Menkure）金字塔（最前面的那座），约公元前 2525 年；哈夫拉（Khafre）金字塔（中间那座），约公元前 2544 年；胡夫（Khufu）金字塔（后面那座），约公元前 2580 年

第四王朝是金字塔时代，其时，金字塔的特有形状确定了下来，并成为埃及文明的一个象征。后面那座"大金字塔"是吉萨的最早一座；它最初有 146.3 米高，但今天只有 137.2 米高了。这三座金字塔的表面最初都用闪亮的白色石灰石砌成，但在以后的若干世纪中，这层护塔面被开罗附近的建房人撬走了；这层石灰石表面唯一留下来的残余在中间那座哈法拉金字塔的顶部。

最持久的成就便是金字塔——系由第四王朝诸国王发明的王家陵墓（图 1.10）。巨大的金字塔作为国王权力的确凿象征，用来把统治者与诸神和宇宙联结起来。然而，国王们虽然可以强行向臣民宣称自己的神圣性，却无法抵御自然的力量，也不能使他们的权力永远延续下去。由于某些不十分清楚的原因，这些统治者放松了对国家的控制，从而引发了一个政治上分崩离析的时代，即所谓的"第一中间时代"。

在第一中间时代（约公元前 2185—前 2050 年），激烈的内战时有爆发，饥荒使人口锐减。最后，来自上埃及底比斯（Thebes，一译"忒拜"）的一个家族重新统一了国家，开始了中王国时代（约公元前 2050—前 1800 年）。这个新王朝，第十二王朝，加强了与埃及南方及努比亚之间的边界防务，并帮助促进了文化的中兴，尤其是文学的繁荣；但是，国家统一的时间很短暂。

第二中间时代（约公元前 1800—前 1552 年）是一个混乱动荡的时期，造成混乱的原因一方面是尼罗河不断出现的干涸，另一方面是一场地方军阀的大暴乱。衰落不堪的下埃及地区臣服于从巴勒斯坦入侵而来的操闪米特语的喜克

索人（Hyksos）。喜克索人的军队装备有马拉的双轮战车，士兵们挥舞着青铜打制的兵器，他们轻松地击败了用纯铜武器装备的埃及人。喜克索人统治时代在埃及历史上极为重要，因为它结束了埃及人陶醉在文化优越感中的孤傲状态。埃及旧有的贵族人士现在像任何地方的贵族阶层一样，开始习武骑射，而埃及的艺术家们则完全进入了青铜时代。

底比斯国王阿赫莫斯一世（Ahmose I）赶走了喜克索人，开创了埃及历史上最放眼世界的新王国时代（公元前1552—前1079年）。阿赫莫斯追逐喜克索人直抵巴勒斯坦，沿途征服了许多外民族，建立了第一个埃及帝国。现在改称为法老（pharaoh）的埃及诸国王不断向东北方扩张，在巴勒斯坦、腓尼基（Phoenicia）和叙利亚地区大力追求帝国梦想；这个举动挑起了与安纳托利亚（Anatolia）地区赫梯人（Hittites）之间的殊死战争。

赫梯人是历史上最早出现的一支印欧语系民族，他们在公元前3000年左右从南俄罗斯迁入安纳托利亚地区。他们逐步建立了一个强大的王国并打败了美索不达米亚的诸王国。他们娴熟地使用马匹、战车和铁制武器。在他们的全盛时期（约公元前1450—前1180年），他们遭遇了正在扩张的埃及人，与埃及人征战连年。在公元前1274年的卡迪什（Kadesh）战役之后，埃及人与赫梯人签订了一项条约，瓜分了巴勒斯坦和叙利亚。这份条约留存了下来，它是世界上最古老的国际协定，其条文现在陈列在纽约市的联合国总部。到公元前1200年左右，埃及帝国和赫梯帝国都开始日趋式微。埃及的缺铁或许是其军事衰落的致命原因。

埃及的统治者不仅统治着政治意义上的国家，也同样控制着以农业为主体的经济，虽然政府的一些部门和寺庙的僧侣经常压榨土地和国王的农奴。上埃及出产大部分的农产品，而下埃及则将这些农产品输往各地中海沿岸邻国。在丰年，法老们将征收将近一半的农产品用于供应其营建工程，特别是陵墓的修建。但在荒年，王朝便会垮台，国家陷入四分五裂的状态。从政治上来看，古埃及总是在中央集权和地方控制之间来回摇摆。

对外贸易也是王家垄断的事项。政府从黎巴嫩购取松木，从巴勒斯坦进口橄榄油，从大概位于索马里沿海的庞特（Punt）获取没药。由于埃及从未发展起铸币业，因此法老们便用纸莎草纸卷（用于书写）、亚麻布、兵器和家具等实物交换那些进口商品。埃及法老也从东方的沙漠地区进口黄金，从西奈半岛进口铜。此外，埃及还充当转运者，将一些非洲热带货物——如乌檀木、象牙和动物毛皮等——贩往地中海东岸。

埃及社会是等级制的社会，在其最高点是法老——也即国王暨神的化身。由于统治者的身体里流的是神圣的血液，因此他只能在自己的家族里通婚。祖制规定,代表着女神哈托尔(Hathor)的正宫王后将生育王太子。如果她无子嗣,继位法老将从在位法老的嫔妃所生的儿子中挑选出来。在很偶然的情况下,如果没有合适的太子,正宫王后将出任法老,新王国时代的哈脱舍普苏(Hatshepsut)就是这样当上法老的。

  由于埃及文化中没有让女性出任国王的规矩,因此,女人担任统治者就被学者们看作是政治危机的信号。埃及三千年的历史上女性当国王的情形只出现过四次;与此相对的男性国王却有200多位。在这四位女主中,三位均是在王朝的末代出现:第六王朝的尼提翠特(Nitiqret)、第十二王朝的内福禄索勃克(Nefrusobk)和第十九王朝的陶斯雷特(Tausret)。哈脱舍普苏在王朝中期盛世年代掌权的情形是独一无二的,虽然当时恰逢太子图特摩斯三世(Thutmose Ⅲ)年幼之时。她一开始出任的是幼王的摄政,但不久就自立为王,统治了约十年时间。在她死后,图特摩斯三世从她的陵墓中清除了她的名字和肖像,但这个行动的原因尚不清楚。他可能是发泄对她的仇恨,也可能是要消除人们对这个妇人的记忆,因为这个妇人居然违反天理(即所谓maat)夺取了政权。

  处在统治家族之下的是王朝的官员、贵族、大土地拥有者和僧侣,所有这些职位基本上都是世袭的。法老的话就是法律,但这些集团也被赋予了执行法老意志的权力。再下一层次是那些为法老的宫廷和贵族阶层工作的艺术家和工匠。农民和一小部分奴隶则构成了埃及人口的主体。个人的自由必须服从社会的全体利益,在自然灾害(比如洪灾)时期以及收割季节,农民们将被迫服劳役。

对永恒文化价值的探求

  在喜克索人入侵以前,处在光荣孤立状态的埃及锻造了一种文明,其宁静的价值观和不受时间限制的表现形式深刻地折射了埃及统治者们的宗教信念和国家的稳定。但随着与其他文化和文明之间的接触不断增加,埃及文化也转而反映出它受到的一些新的影响。例如,作家们从其他语言中借用一些词汇,雕塑家用更加自然的背景和姿势来展现人物形象。不过,埃及文化始终保持着它的特性,所出现的一些创新依然是表达传统的理想。

  宗教 美索不达米亚的国王们信奉**神权统治**(theocratic):他们相信自己是受命于天神施行统治。而埃及的法老本人就是神。埃及人相信神祇从一开始就为他们的国家设计了未来,因此他们认为自己的社会是神圣的。从美尼斯最初统一埃及时起,宗教信条便向人们灌输说国王作为凡间之神代表着国家。埃及的统治者也自认为是神祇。例如,美尼斯就宣称自己是代表上下埃及的女神

"两女士"（the "two ladies"）。其他的统治者将自己等同于太阳神"拉神"（Ra）和拉神的儿子天空之神"荷鲁斯"（Horus），荷鲁斯总是被描绘成长有鹰隼的脑袋。由于国王的神圣性，国家的资源被集中起来赋予统治者以适当的崇敬，正如古王国时期巨大的王家陵墓体现的那样——这些陵墓设计成超人的规模，以确保统治者能安全地过渡到下一辈子。

埃及的臣民崇拜法老，但法老又能崇拜他所喜欢的任何神灵。由此，埃及许多祭拜对象的地位会随着统治者的喜好而发生变化。例如，普塔赫（Ptah，他像《圣经·创世纪》中希伯来人的上帝一样，用话语创造了世界）成为古王国首都孟菲斯城（Memphis）的主神。而另一方面，第五王朝的国王称自己是太阳神拉神的儿子，他们因此建造了比自己的陵墓还要壮观的寺庙来供奉这位天神。后来，第十二王朝用阿蒙（Amen，"阿蒙"一词的意思是"隐身者"）替代了普塔赫，许多位统治者还用阿蒙来给自己取名，如"阿蒙内姆哈特"（Amenemhat）等。国王对某位神灵的喜爱一般都增加了供奉该神的寺庙及其僧侣的财富和影响。这样，到新王国时代，埃及社会已充斥了太多的僧侣及其享有特权的宗教财产。

在新王国时代，埃及接近于产生一个全国性的神，当时，埃赫那吞（Akhenaten，统治时期约在公元前1369—前1353年间）在其首都阿马纳（Amarna）改造了王国的宗教。埃赫那吞系统地斥责旧有的神学理念，将日轮之神阿吞（Aten）提升到超越其他神祇的地位——这在持宽容和多神论态度的埃及是个离经叛道的观念。这一创举被称为**单一主神论**（henotheism），即不否认其他神祇的存在但却特别崇拜一个主神。这种做法激起了保守派贵族的反对，贵族们支持供奉底比斯之神阿蒙的强势僧侣集团。埃赫那吞最终失败了，后来的法老们试图将他的名字和对他的记忆从历史中清除掉。然而，阿马纳革命如同法老们一般所做的宗教选择一样，对埃及普通百姓影响甚微，老百姓依然相信，法老能够为全体人民着想而介入其他神祇的事务。

埃及宗教最突出的标志是宣扬永生。由于来世被想象为现世的逍遥延续，所以，比起美索不达米亚人来，埃及人对人生的态度更为乐观。在古王国时代，只有国王被赋予永生的奖赏。但到最后，贵族和大臣也葬在统治者陵墓的附近，从而保证了他们也能永生，以便在来世辅弼成仙的君王。到第一中间时代，贵族们已通过营建完全模仿王陵规格的陵墓宣称自己有永生的权利。再后来，永生似乎对所有埃及人开放了，虽然只有少数有钱人能支付厚葬的费用。

书写和文学 在前王朝时代后期，埃及已从美索不达米亚得知了书写的办法。埃及人最初绘画所谓的象形文字，例如锄头、箭头和犁等。这种早期的象形文字也可以描写一些无法用适当图画表现的抽象词语,但由于这些图形文字太难划写、太花时间,因此书写人不久就用象形文字作为符号或辅音群来表达其他词语(图1.11)。

埃及的文学没有产生出任何堪与《吉加美士史诗》媲美的单件作品,但埃及的经验丰富地表现在其各式各样的文学**体裁**(genre),即文学类型中。例如,金字塔铭文,即刻写在墓室中的文字,构成了古王国时代主要的文学体裁。

象形文字				
精致的手写体				
快速的手写体				
翻译	Amen 孟菲斯的神	rôemt 人类	per-'o 法老	hru 一天

图1.11 埃及文字

从古王国时代往后,象形文字(图中第一行)成为正式的书写风格,出现在陵墓墙壁上和纪念碑上。宗教界和政府的书写人不久发明了两种各不相同的手写体,用于行政文件和书信:其中一种是很精致的手写体(第二行),另一种是写得更快的手写体(第三行)。

随着古王国时代过渡到第一中间时代,伴随着普遍的政治分裂和社会动荡,兴起了新的散文体裁,如预言和悲观主义作品等。作家们表达有悖于埃及人乐观对待生死之态度的观念,这就是时代的主旨。《一个人与他内心的争执》(*The Dispute of a Man with His Soul*)描写了一个沮丧万分的人最终宁可选择死亡的寂寞,也不愿生活在一个物欲横流、充满暴力的世界上。

中王国时代的预言、**赞美诗**(hymn)和叙事散文构成了埃及的古代时代文学。中王国时代最著名的(也是整个埃及文学中最著名的)作品是《辛奴亥故事》(*Story of Sinuhe*),这是一部叙事作品,歌颂统治者塞索斯特里斯一世(Senusert I)和他的一位臣子,即书名所提的主人公辛奴亥。从埃及出逃的辛奴亥在黎巴嫩建功立业,声名显赫,但他依然无限思念他挚爱的故国。辛奴亥的业绩带有浓郁的民间传说风味,例如有一个情节是他制服了一个嘲笑他的巨人,这与《圣经·旧约》故事中大卫(David)战胜歌里亚(Goliath)的情形很相似。最后,雍容大度的塞索斯特里斯致函辛奴亥,宽宥了这位浪子的莫名罪状并力邀他重返故土。这部游历故事最后以一幕归国场景结尾,在其中,兴高采烈的辛奴亥被接纳进了埃及的宫廷社会。

在新王国时代,诗人们除了谱写歌颂法老的赞歌外,还创作了许多抒发有情人相思之痛的抒情诗,另外还产生了其他一些新的体裁,包括范文作品、智慧文学和神话故事等。埃赫那吞的革命引发了一些独特的文学表达形式,它们体现在赞美宇宙之神阿吞的作品《阿吞赞美诗》(*Hymn to Aten*)中。这篇由

图 1.12 罗塞塔石碑（Rosetta Stone）。约公元前 197—前 196 年。伦敦，大英博物馆藏

到 19 世纪为止，学者们一直无法解密象形文字。拿破仑麾下的士兵在 1799 年入侵埃及时，在尼罗河的罗塞塔支流发现了这块刻有文字的石碑——故以此命名。石碑底部的碑文是学者们能读懂的希腊文。学者们猜测三段碑文记叙了同一件事，他们首先解读出了中间这段僧侣体，随后进一步解读出了最上面这段象形文字。这个发现开启了现代埃及学。

埃赫那吞钦定的经文与《圣经·旧约》中的第 104 首诗篇颇为相像，它表明了埃及帝国时代相对自由的思潮（图 1.12）。

科学和医学 古埃及没有出现作为一个单门学问的自然哲学。在埃及语中不存在指称哲学或科学的词语。埃及人把他们的努力投在我们今天所称的应用科学上。例如，他们发明了一种方便的十进制数字体系，但他们拙劣的象形文字却使这种数字体系变得很不便利。他们发明了一些解决问题的方法和相关的测量物体和计算体积的规则。他们坚持不懈地记录尼罗河每年的洪水情况，建造了金字塔和其他建筑，这些都要求有测量和设计知识。

埃及人研究星辰的运行，但他们的天文学并不很发达，其天文学主要关心的是占星术和历法。埃及在这一领域的持久贡献是其日历本身，祭司们用这部日历来主持宗教仪式和节庆。他们将一年分成 12 个月，每个月 30 天，每年年末另有 5 天闰日。这部日历每年循环的起点是 9 月 21 日，也即秋分。后来，罗马人采用了埃及历法，每年分成 12 个月，一年 365 天，罗马人的历法传到了现代。

医学是埃及科学成就的另一个领域，这个成就一方面源自对今生健康的关心，另一方面也来自对死后躯体保持完整的极大兴趣。埃及的一部古代医典可追溯到公元前 1600 年（但也可能追溯到公元前 3000 年），它是世界上现存最古老的医学书。这部外科医典载有对人体的系统观察，附有详细的诊断和治疗

图 1.13　依姆贺特普（Imhotep）。左赛王的梯式金字塔。约公元前 2680 年。埃及，萨卡雷

虽然位于萨卡雷的左赛王梯式金字塔与美索不达米亚的锯齿形塔台很相像，但两个建筑的起源却不一样。带有阶梯平台的萨卡雷梯式金字塔从源自第一王朝的埃及原始造型演变而来。锯齿形塔台是用砖块搭建的，而梯式金字塔则用石块建成，此乃世界上最早的石块建筑。这座梯式金字塔共有 6 层，基座长 125.3 米，宽 109.1 米，高 62.2 米。

办法，以及各种侵害人体器官的疾病之后果。第二部医典源自约公元前 1550 年，其中列举了几百种治疗各种疾病（如被鳄鱼咬伤和脚趾甲向内生长等）的魔法咒语和民间疗方，还有一些关于如何从房屋中祛除害虫和毒蝎的建议。

建筑　埃及建筑的经典是金字塔，其形状似乎体现了一种持续永久的秩序。在古王国时代，金字塔成为人们心目中唯一适合已故君主寝息以待后世的地方。一种改版的金字塔首次出现在公元前 2680 年前后，即位于孟菲斯对岸萨卡雷（Sakkareh）地方左赛王（King Djoser）的梯式金字塔（图1.13）。后世的埃及君主更喜欢纯尖顶的金字塔，因此梯式金字塔没有得到进一步发展。

纯尖顶金字塔出现在古王国时代，其时，第四王朝的统治者胡夫（Khufu）在开罗附近尼罗河对岸的吉萨营建了大金字塔（参见图1.10）。佚名建筑师以精确的算术设计建造了这座世界上最大的重达 625 万吨的石块建筑物。这座陵墓总共用了 200 万块石头，其中的一些在原地采集，但大多数则从更远的尼罗河上游地区获取，趁洪水季节搬运到吉萨来。大金字塔塔基对等的边线之间误差极小，这表明，在埃及历史这么早的阶段，科学的精神就已经在发挥作用了。后来，胡夫的两位后继者哈夫拉（Khafre）和孟库雷（Menkure）又在附近建造了他们的金字塔，从而使吉萨的金字塔群成为了古王国时代的象征和古代世界的奇迹之一。

到了新王国时代，金字塔最终让位于灵庙，此时的法老们开始为他们自

生活片段

埃及人的生活指导书

佚名作，录自莎草纸卷

埃及的智慧文学——关于最佳生活方式的警句——以《阿曼尼莫比训诲》(*The Instruction of Amenemope*)为标志达到了鼎盛。在这部著作中，作者强调要过合乎道德的生活，而不是聚敛个人财富。

始教善，令其受益终生。
....
尔若铭记是言，毕生行之，
即能望大成矣；
尔将见吾之言实为生活之宝库，
且将在世上建功立业。
....
毋擅移田地界碑，
毋偷改度量衡标记。
毋贪一寸地，
毋欺寡妇门。
....
毋倾心求富，
世无侥幸之运。
毋力求添财，
知足常乐。
....
毋（仗）笔墨欺人，
是为天厌之举；
毋以妄言作证，

以尔之舌伤人。
....
毋取笑盲人，
毋戏耍侏儒，
毋捉弄跛足。
....
毋为结交胜尔者而入酒肆，
无论其人系年少达官，
抑或年齿高尔者。
善待与尔同辈者。
....
毋辱骂年长于尔者，
因彼已先于尔见拉神（太阳神）；
毋令彼升天时诉尔于（日轮之神）阿吞：
"某年轻者辱骂长者。"

解读本篇生活片段

1. 这篇智慧小品文中说的"生活警句"有哪些？
2. 年轻人应该如何对待老人？
3. 作者关于财富和物质享受的教诲是什么？
4. 将此文中的建议与《十诫》（参见表5.1）作一比较。
5. 你认为这些规矩在当今世界还有用吗？探讨一下。

图 1.14　桑曼：哈脱舍普苏庙。约公元前 1490 年。埃及卢克苏尔城尼罗河对岸的德尔巴拉

　　哈脱舍普苏庙的设计意图与金字塔一样——充当王室后裔祭奠先祖的场所。这座神庙的实际造型是层层上升的柱廊式庭院，形成一种叹为观止的通道，通向一个镶嵌在悬崖峭壁内的神殿。

已建造美轮美奂的纪念堂，这些纪念堂反映了埃及新近获取的帝国地位。哈脱舍普苏女王的灵庙或许是这种建筑类型中最壮丽的典范（图1.14）。哈脱舍普苏庙由王家建筑师桑曼（Senmut）设计，整座庙宇镶嵌在卢克苏尔城（Luxor）尼罗河对岸德尔巴拉（Deir el Bahri）的山岗正面。桑曼采纳了建筑中的柱梁结构风格，在女王的灵庙中建造了两层立式柱廊，每层柱廊都可通过斜坡进入。哈脱舍普苏灵庙最引人注目的特色是它的圆形支柱，这些圆柱与长方形支柱一同使用，用来构建门廊（portico，也即加顶盖的进门过道）。这些圆柱顶部平整，柱身刻有槽纹，它们令人联想起后世希腊建筑中雅致的立柱；当然，有些学者否定这种相似特性，认为这仅仅是偶然的巧合而已。姑且不论是否是巧合，这座埃及纪念堂的确与后世的希腊神庙一样，通过其夺目的柱廊展现出比例恰当的和谐感。

　　雕塑、绘画和细小艺术　　埃及人并不理解我们今天所界定的所谓艺术。事实上，他们没有艺术这个词语。埃及的绘画和雕塑不是为了艺术而艺术，而是作为一种手段服务于宗教目的，尤其是用来容纳"卡"（ka），即人或神的灵魂。艺术不只是单纯的表现；形象包含了对象的所有本质。

　　在吉萨的王家陵墓区里，古王国的艺术家们用原石雕刻出了一尊神秘的生灵，这尊名曰斯芬克司（sphinx）的狮身人面像激发了古代世界大多数民族的想象力（图1.15）。虽然这尊生灵时常引发恐怖的感受，但实际上斯芬克司没什么神秘，因为它最初的目的不过是用来守护王家陵墓，可能是为了吓跑盗墓贼。事实上，最早一尊斯芬克司的面容是第四王朝国王哈夫拉的相貌，他的金字塔就建在附近。今天，这尊破残的古物依然矗立，让人想起古王国统治者

图1.15 狮身人面像。约公元前2560年。19.8米高、73.2米长的沙岩。埃及,吉萨

半狮半人的生灵斯芬克司是埃及艺术中经常出现的东西。最著名的斯芬克司是位于吉萨的那座用岩石实地雕刻成的雕像。这座斯芬克司庞大的体型使佚名雕刻家无法雕刻出任何细微的面部表情。这座狮身人面像更重要的是作为一座纪念碑而非一件艺术品,它有一个实用的目的,即守卫附近的金字塔陵墓。

们企盼永生的宣言。

大斯芬克司庞大的体积和神秘的特性使自己不同于古王国时代的立体式雕塑,古王国的雕塑一般都是真人大小、形象逼真的雕像。在吉萨的孟库雷金字塔底下发现了这位君王及其正宫王后的塑像,雕像与真人形体一样大小,展现了这种艺术卓越的自然主义风采(图1.16)。这尊雕像包含了一些成为标准(或典型)埃及风格的特征:两个人都是左腿在前,国王双手握拳,两人均头戴饰物(国王戴神圣的王冠,王后则戴假发),他们姿势挺拔、神态安详,整个雕像棱角分明。这对国王夫妇的雕像设计成紧靠在墙上供人从正面瞻仰,因此作品具有平面的特性。

与古王国时代的做法不同,新王国时代国王的后妃们获取了她们自己身份的神圣性。一尊哈脱舍普苏的雕像表现了她的穿戴和姿势都与神圣的法老一样(图1.17)。哈脱舍普苏原是新王国图特摩斯二世的正宫王后,在国王死后,哈脱舍普苏可能通过与底比斯城强大的阿蒙僧侣集团联手而攫取了政权。这尊哈脱舍普苏的雕像虽然与孟库雷的雕像(参见图1.16)在时间上相隔一千多年,但在表现高贵和权威方面却与前一件作品非常相似,这也就表明了埃及风格的延续性。

在埃赫那吞革命性的统治时代,出现了对埃及庄严肃穆的传统形式的重大挑战。一幅表现王室生活的浅浮雕像清楚地表明,这场艺术革命偏好自然主义和流线条(图1.18)。埃赫那吞亲昵地用鼻子逗弄他的一个女儿,而他的妻

图 1.16　孟库雷及其王后。约公元前 2525 年。1.38 米高。波士顿，美术博物馆馆藏展出

这尊真人大小的雕像雕刻的是第四王朝的一位法老孟库雷及其正官王后；雕像从其最初所藏的吉萨孟库雷金字塔（图 1.10）底下被移出。在这尊雕像中，两个人物显得大小相当，不像其他一些雕像那样，丈夫通常要比妻子大出许多以表示丈夫更重要。这尊雕像的尺寸或许反映了正官王后的王家地位。王后臣属于国王的状态微妙地表现在她的位置。她站在国王的右边，右边被认为比左边低，而且她的手挽着他的腰，这表明她的角色是鼓励和支持国王。

图 1.17　哈脱舍普苏。约公元前 1460 年，大理石，高 1.96 米。大都会博物馆收藏，罗杰斯基金会，1929 年（29.3.2）由爱德华·S·哈克内斯（Edward S. Harkness）捐赠

这座雕像是 200 多尊哈脱舍普苏雕像中的一尊，这些雕像用来装点她那座位于底比斯以西德尔巴拉山丘中的恢弘典雅的寝陵庙宇。庄重的姿态和王冠表明了她的法老地位，而她本人则只是被巧妙地表现为一名妇女。

图 1.18 家庭场景：法老埃赫那吞、王后涅菲尔提提和他们的三个子女。约公元前 1350 年。石灰石，高 33 厘米，宽 39 厘米。柏林，阿尔特斯博物馆

法老夫妇上方的太阳放射出光芒，这表达了与埃赫那吞改革相关的宗教观念。每条太阳光芒的射线末端都有一只小手，向法老一家呈上祝福。

子则颠簸坐在她膝盖上的另一个女儿，同时还允许第三个孩子站在她的左臂上。这幅居家生活景象与传统埃及雕塑中的正经姿势大不相同，但浮雕像的宗教内涵依然符合传统，正如雕像中表现的那样，日轮之神阿吞放射出的光芒照耀在王室家庭身上。

阿马纳时期最卓著的艺术成就是涅菲尔提提（Nefertiti）王后的石刻人头肖像（图 1.19），这幅真人大小的雕像由一支德国考古队发现于 1912 年，出土地点在一座地下古城废墟附近的沙漠里，古城原是埃赫那吞为阿吞神建造的。不知是有意为之还是偶然事故，头像上的左眼尚未完成雕刻；但不管怎样，这幅雕像乃是世界艺术中最引人注目的肖像作品之一。女王头像用自然的皮肤色调涂抹，浸透了阿马纳风格的自然主义，具有一种无与伦比的生动气息。涅菲尔提提所戴的异乎

图 1.19 涅菲尔提提。约公元前 1350 年。石灰石，高 51 厘米。柏林，阿尔特斯博物馆

这尊涅菲尔提提的头像的特点是睡眼惺忪、魅力十足，雕刻家采用阿马纳风格的涂色配以埃及传统艺术的端庄特色获得了这一效果。为了营造出睡眼惺忪的形象，雕刻家把涅菲尔提提的脸刻成面向前方，像是一艘乘风破浪的船只。王后睡梦般朦胧的眼神（一只眼没有完全画好）与她那迷人的柳叶眉形成某种张力，其魅力跃然而生。这位艺术家成功地把涅菲尔提提刻画得像个仙女。

寻常的头冠表明,她的地位在她所处文化中具有强大的威力。头冠从她前额笔直升高,冠上还绘有一条随时准备出击的眼镜蛇的形象。按照习惯,这种强有力的护卫标志是国王**王冠**(regalia,即王权的象征)的组成部分,只能由统治者和他们的大王后(Great Queen)佩戴。现代学者已经证明,涅菲尔提提是埃及悠久的历史上唯一一位与其丈夫实际分享权力的大王后(正宫王后)。(哈脱舍普苏女王事实上是作为法老独自掌权的。)涅菲尔提提的肖像在阿马纳流传下来的艺术中非常盛行,这充分印证了这位王后在政治上的重要地位,从而也凸显了她在阿马纳革命中的中心作用。

正如埃及的立体式雕塑

图 1.20　张嘴图,木乃伊丧礼草纸画。约公元前 1305—前 1195 年。伦敦,大英博物馆

埃及画家和雕塑家总是从侧面刻画人物形象,画成全身侧面画,本幅藏在一座新王国时代墓穴中的纸莎草纸画便是如此。这幅画对人物生动神态的处理方法也是典型的埃及风格。埃及男子(在这幅画中就是那些祭司僧侣)总是被画成深红色的皮肤,这至少是为了反映他们的户外生活。而埃及女子(画中正对木乃伊面前的哀悼者)则通常被画成黄色、粉红色或白色。"张嘴"是一种丧葬仪式,是为让死者在后世说话做准备。

有一套严格的**规则**(canon)一样,埃及的平面表现艺术,无论是浮雕还是壁画,也形成了一套固定的格式。埃及人始终没有发现透视法则。在一块平面上,人物形象都是画成侧面像,两只脚都画作侧面朝前;一幅画在纸莎草纸上的新王国时代丧礼画(图1.20)就是如此。但是,这种艺术规则要求将眼睛和肩膀画在正面,而手臂也必须连同所有手指一起被看见。艺术家通过使用坐标精确地划定了人体的比例。在埃及的大部分艺术史上,人物形象站立时一般都画作18个方格高,坐着时为14个方格高——每个方格的边等于一个"拳头"的宽度;其他人体结构则按比例相应划定。这套比例规则在古王国时代就确立了,以后一直沿用,只是稍稍作了些调整,它帮助埃及艺术保持了自己不会出错的风格。壁画艺术与浮雕相反,可以有更大的空间感,但有关人物形象的规则还是必须遵守的(图1.21)。从事平面创作的埃及艺术家们正是凭借这些严格的惯例,极其成功地刻划出了一幅洋溢着生活气息的无忧无虑的社会景象。

图 1.21 内巴蒙捕鸟（Nebamun Hunting Birds）。约公元前 1400 年。出自底比斯的内巴蒙墓。画在石膏壁上，高 81.2 厘米。伦敦，大英博物馆

对内巴蒙这样的贵族来说，捕鸟是消遣而非必须做的事。用他捕鸟的场景装饰他的墓穴，是内巴蒙确保他在后世有足够的鸟捕的一种方式。注意画中的侧面图——此乃典型的埃及艺术（参见图 1.18 和图 1.20）。

图 1.22 塞尔克特。约公元前 1325 年。木质，外表镀有石膏和金粉，高 1.36 米。埃及，开罗博物馆

这尊塞尔克特女神像在 1923 年出土于图坦卡蒙的陵墓，这是 20 世纪最重大的考古发现之一。这座陵墓被埃及学家霍华德·卡特尔（Howard Carter）发现，墓内有几千件王家制品和艺术品，包括法老的丧葬金面具、一具纯金棺材、一张金宝座、几张金制的坐椅、躺椅、马车，还有珠宝、小人像、饮杯、衣服、兵器和玩具等等。这次发现的神奇故事载于卡特尔的书《图坦卡蒙陵墓》（The Tomb of Tutankhamen）。

王家陵墓出土了一些无比卓越的埃及雕塑精品，例如新王国法老图坦卡蒙（Tutankhamen）墓室中的葬品。在34个已发掘的王陵中，只有图特王（King Tut，图坦卡蒙的通俗称法）的陵墓相对来说幸免了古代盗墓贼的劫掠。在存放图特王内脏器官的镀金箧匣外面摆放有四尊女神像，其中的一尊是真人大小、独放式的丧葬女神塞尔克特（Selket）的雕像（图1.22）。这尊雕像与众不同的特点是塞尔克特的头转了方向，这违反了埃及立体艺术的一套重要规则：人物的脸朝向前方（参见图1.16和1.17）。塞尔克特的姿势显得她好像是在寻找闯入者。这尊流线型的雕塑浸透着自然主义风格，它反映了阿马纳艺术的特征，阿马纳艺术的革命性风格曾在公元前14世纪中盛极一时，但很快就被抛弃，被埃及传统的刻板风格所取代。

1.4 美索不达米亚帝国和埃及帝国的继承者

随着美索不达米亚帝国和埃及帝国的衰落，古代近东进入了一个混乱时期。先是一些小国家出现并享有了一段独立的时期。其中以色列（参见第5讲）和腓尼基最为突出。随后兴起了一系列更庞大的帝国，他们是亚述人、新巴比伦人，最后是波斯人（历史分期表1.4）。

亚述人

最早的亚述部落生活在上底格里斯地区，即现在的伊拉克。大约从公元前13—前12世纪起，他们在一系列国王的领导下兴盛起来，这些国王统一了

历史分期表1.4　美索不达米亚和埃及文化的继承者（年代均系公元前大致年份）

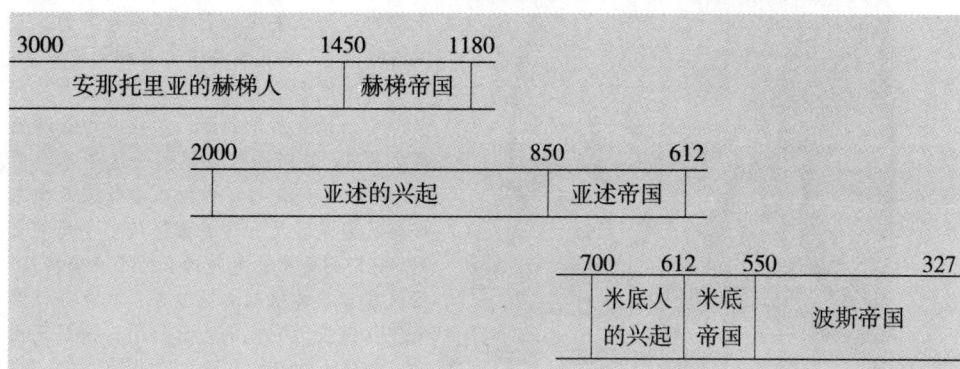

属下的臣民并开疆扩地。在随后的300年里，亚述人征服了巴比伦，向西推进至地中海。在公元前9世纪，他们迅猛侵袭诸邻邦，战而胜之，将邻邦人悉数驱赶走，用铁拳和恐怖政策施行统治。在其力量鼎盛时期，他们控制了在埃及的尼罗河与美索不达米亚的底格里斯河之间的所有土地。亚述人从一开始就是一个好勇尚武的民族，他们派出训练有素、纪律严明的军队横扫敌人的防线。他们装备有最新铸造的铁制兵器，辅之以来去如风的战车军团，时时大获全胜；他们毫不留情地杀戮战俘，摧毁城市。然而，正当亚述帝国似乎还要再持续几个世纪之时，他们于公元前612年在尼尼微（Nineveh）被米底人（Medes）和新巴比伦人迅速打垮。

亚述人的征伐和其残酷的占领政策体现在他们的文明和艺术中。他们的城市修得像堡垒。他们供奉天神的庙宇规模巨大，雕饰华丽。他们统治者的宫殿建造得极尽壮观庞大，带有空旷的广场、高耸的台阶和精美的装饰。这些王宫彰显了帝国的胜利，并向亚述人和被征服的敌人传达了清晰的信息。亚述宫殿和雕刻的遗迹有大门石雕（即"门神"）和宫墙浮雕，它们依然见证了这个凶猛高傲之文明的辉煌业绩和尚武价值观。这些动物石雕都是成对地摆放在宫殿和神庙的入口，用来震慑参观者并祛邪辟恶。在好几个王宫中发现的人头飞牛（图1.23）表征了亚述国王的权力、威严和神秘，以及他们试图激发的敬畏之感。

图1.23 人头飞牛。公元前8世纪。石膏像，高4.2米。卢浮宫

在亚述的肖像学中，守护王家府邸和庙宇的人头飞牛或人头飞狮结合了某些人类的特征。人头代表智慧力量和创造主宰；飞翼是速度和飞行的象征；牛代表力量和丰产（如果是狮子的话，则代表力量和百兽之王）。雕刻成五条腿——这是不自然的添加——则使每一种动物看起来既像在走路又像是驻足，这要看你从哪个角度来看。它们的意思究竟是什么还不完全清楚，但这些守护神雕刻的摆放方式和象征性意义使任何接近它们的人都知道，他们正面对一个强大的君主和强大的力量。

新巴比伦人

亚述人之衰亡的一个得益者是建于公元前626年的新巴比伦王国。新巴比伦人虽然尚武好战,但也有着较成熟的文化。除了协力打败亚述人外,新巴比伦人还征服了耶路撒冷并驱逐了犹太王国的希伯来人(参见第5讲)。在他们最伟大的国王尼布甲尼撒(Nebuchadnezzar,公元前605—前562年)的督导下,巴比伦城大大重建了一番(图1.24),并装饰了著名的"空中花园"(hanging garden),这是一座专为王后修建的极尽奢华的阶梯式建筑群。与亚述人一样,新巴比伦人在天文学方面成就非凡。但是,他们的兴趣在于宗教而非科学。也就是说,他们密切观察天空是为了施行占星术。说到底,新巴比伦人无法与他们的东方盟友米底人匹敌,米底人与波斯人融合,在公元前539年征服了新巴比伦。

图1.24 巴比伦的伊斯塔尔城门(Ishtar Gate)。约公元前575年。琉璃砖,高14.9米。柏林,国家博物馆

尼布甲尼撒为供奉爱情与战争女神伊斯塔尔建造了这座恢弘的礼仪门道。它是巴比伦的8个入城城门之一。德国考古学家在1899—1914年间发掘了这座城门,在柏林重建了该门。城门上画有龙和野牛(一种现在已绝迹的牛)。空中花园已经消失,只有这座城门留存下来,令人领略巴比伦富裕的景象。

米底人和波斯人

米底人来自伊朗西南部高原,是一支印欧语系民族,他们在公元前612年打败了亚述人之后占据了亚述人的首都尼尼微。米底人从他们在扎格罗斯山脉中央的故土出发,一路拼杀,建立了一个最终囊括美索不达米亚北部和西部大部分地区及东部安纳托利亚地区的大帝国。然而,米底人的权势很短暂。公元前550年前后,他们的帝国落入了由英武贤明的居鲁士大帝(Cyrus the Great,公元前559—前530年)率领的另一支印欧游牧部落波斯人的手中。在连续几代圣明的君主领导下,波斯人锻造出一个迄此为止地中海东岸地区最强大、最辽阔的帝国。波斯帝国鼎盛时期的统治区域从南面的埃及延伸到北面的俄罗斯中部,从西面的塞浦路斯绵延至东面的印度河。只有希腊逃脱了波斯的掌控。波斯人给这片辽阔的地域带来了和平,给其中的大多数民族以自治权,发行通用的货币,创设统一的度量衡,修筑了良好的道路。

图 1.25　贵族列队上台阶。约公元前 512—前 494 年。伊朗，帕赛波里斯

这幅迷人的浮雕刻在波斯首都帕赛波里斯的一面正对台阶的墙上,描绘了贵族们在元旦节登台觐见国王的景象。元旦节定在夏至日,是美索不达米亚的几个重大节日之一。每个贵族都要敬献上一朵花,以明确地表示他对君主的敬服。创作该作品的艺术家给这个庄严的场景注入了一种微妙的幽默元素,从而使这个官廷礼仪显得很人性化:一个贵族(从右数起的第七位)在嗅他的花,而另一个贵族(从右数起的第三位)则转过头来查看他身后队伍的状况。

波斯帝国及其文化兴盛了两百年。波斯人制造了一种兼容并蓄的风格,这种风格既源自他们自己的过去,也源自融入波斯帝国的诸多民族的文化。例如,波斯艺术含括了各种不同的花瓶绘画和精致的金属制作,但却缺乏石块建筑传统。现在,在这个帝国里的许多艺术家和匠人是一些新归附的臣民,他们既遵循波斯的建筑遗产,同时也从他们自己的建筑传统借鉴经验。这些借鉴包括砖石技术、房屋的外观修饰、装饰和圆柱的建造和雕刻细节、一些新的建筑类型等等。总之,处在东方的印度与西方的叙利亚之间的波斯建筑,采用大型装饰石而非砖块,成为第一种高度注重装饰的建筑风格。

波斯艺术颇为宫廷化和仪式化,专心关注增强国王及其宫廷的崇高和权威。居鲁士大帝选择处在波斯腹地帕尔萨(Parsa,今之伊朗南部的法尔斯[Fars])的帕赛波里斯(Persepolis)作为其首都和驻跸地。其继承人大流士一世(Darius I,公元前522—前486年在位)最后在那里建造了第一座宏伟的宫殿,后来的统治者又对之作了豪华扩增。帕赛波里斯在公元前330年亚历山大大帝征服期间遭到洗劫,现在是一片废墟。在这废墟中,有一座精雕细刻的浮雕留存了下来,浮雕描绘的是贵族们在元旦向国王敬献贡品的场面。这座浮雕虽然残破,却还是见证了波斯帝国风格中庄重高雅的特性(图1.25)。

正如大流士王浮雕(图1.26)表明的那样,波斯的视觉艺术也注重庄严肃穆的主题,动态很少。在这块石板上,大流士王坐在两座圣火祭坛后方的御座上接见一位朝臣。这位朝臣微微弯腰,用手轻按嘴唇——此乃恭敬之姿。这两幅雕塑刻画的对象范围有限,也即只有国王及其廷臣,它们是驻跸于帕赛波里斯的波斯国王发起的艺术项目。

早期近东文明的遗产

美索不达米亚和埃及提供了西方文明最早的模式。无论是在美索不达米亚还是在埃及,人数众多的民众都组织成了一些具有以下特征的社会:阶级划分;劳动分工;复杂的政治、经济和宗教形式;技术进步(如制作陶瓷和玻璃;开采并铸造金属;发展纺织、木工和建筑等技术);文化成就。它们并非古代仅有的文明——在中国、印度、南美和其他地方也有一些文明在发展——但它们却是西方人能够最直接地追溯到其文化根源的文明。

美索不达米亚赐予西方文明的恩惠是极其难忘的。除了书写之外,美索不达米亚的诸社会还构建了与农业或农村生活截然不同的城市化生活方式。在更实际一些的事务中,美索不达米亚人创造了以60为基础的算术体系,这套体系让世界有了分成60分钟的小时制和360度的圆圈。为帮助耕种土地,他们还划分了季节并发明了阴历来标记日期。贸易和商业迫使他们开发了度量衡体系,这些体系成为几百年里其他近东民族的标准程式。美索不达米亚的神话、传说和史诗逐渐渗入了其他文化的民间故事和文学。

埃及对西方作出了同样难忘的贡献。埃及的官僚为了预测尼罗河潮水涨落的正确日期,发明了一套构成西方历算基础的太阳历。埃及的历算将一年分作12个月,每个月为30天,年末为多出的5天,这套历算被罗马人传入西方文化。在建筑方面,埃及建筑师发明了带有装饰柱顶的圆柱,这种东西也许被后世的希腊建筑师纳采了。希腊建造者还借鉴了埃及人以算术为根基的完善的施工原理。同样,希腊的雕塑家们也得益于埃及雕塑的形式和造型。事实上,埃及人关于美学规则的观念对希腊的雕塑家和艺术家都产生了影响。

在文学方面,埃及人探索了许多种体裁(如智慧作品等)和民间故事,这些都影响了希伯来人和希腊人。在科学方面,埃及医生高超的医疗技术和广博的医药学识享誉整个近东地区。最后,埃及以其无价的珍宝、神秘的金字塔和对死者的祭拜礼典在古往今来的各色外国人中引起了好奇和兴趣。西方最早一位探访埃及的旅行者是希腊历史学家希罗多德(Herodotus),他在公元前5世纪写下的东西帮助营造了埃及之谜。全世界人对古埃及文化的迷恋一直到今天都从未减退过。

上述浮雕中雕刻的第一组圣火祭坛是琐罗亚斯德教(Zoroastrianism)的象征,琐罗亚斯德教是由波斯先知琐罗亚斯德(Zoroaster,或查拉图斯特拉[Zarathustra],约公元前600年)创立的宗教,它在大流士时代成为波斯宫廷的官方宗教。琐罗亚斯德教是波斯遗产中最原创、最持久的事物。琐罗亚斯德批驳多神论,宣扬一种二元论宗教,在他的教义中,光明神阿胡拉·马兹达(Ahura Mazda,波斯语意为"智慧主")与黑暗神阿里曼(Ahriman)进行着一

图 1.26　大流士端坐两座火炬前召见臣下。发现于帕赛波里斯宝库。约公元前 512—前 494 年。石灰石，长 6.1 米。德黑兰，考古博物馆

　　这幅浮雕刻在帕赛波里斯宝库的墙上，展示了大流士端坐在两座火炬前面。他面前的礼仪官手举起放在嘴唇上以表敬意。两名卫兵手持长矛站在右边。波斯雕塑的典型风格是编织整齐的发式和胡须、清晰的服饰皱褶和人物的庄重姿势。

场贯彻全宇宙的斗争。按琐罗亚斯德的说法，那些过纯洁生活的人不仅将在死后得到良好的待遇，而且还将确保善的力量现时现地大获全胜。这些教义后来对西方哲学和宗教产生了深刻的影响（参见第 4 讲）。

文化关键词

文明（civilization）　　　　　　　文化（culture）
旧石器时代（Paleolithic）　　　　新石器时代（Neolithic）
象形符号（pictogram）　　　　　　表意符号（ideogram）
标音符号（phonogram）　　　　　　楔形文字（cuneiform）
多神论（polytheism）　　　　　　　拟人特性（anthropomorphism）
泛神论（pantheism）　　　　　　　象形文字（hieroglyphics）
石柱（stele）　　　　　　　　　　　浮雕（reliefs）
柱梁结构（post-and-lintel construction）　　锯齿形塔台（ziggurat）
神权统治（theocracy）　　　　　　单一主神论（henotheism）

体裁（genre）　　　　　　赞美诗（hymn）
门廊（portico）　　　　　王冠（regalia）
规则（canon）

批判性思考提问

 1. 定义新石器时代。它在早期文明的制度和艺术发展中之重要性若何？

 2. 地理条件是如何扩展和束缚美索不达米亚和埃及文明的？

 3. 美索不达米亚艺术的总体特征是什么？

 4. 阐述埃及的宗教制度。埃及的宗教是如何影响艺术、建筑和文学的发展的？

 5. 金字塔为什么是埃及文明的最高象征？

2 爱琴海文明

米诺斯人、迈锡尼人和古风时代的希腊人

美索不达米亚人和埃及人令后人神往,他们在人类历史上占有重要的地位,但尽管如此,他们似乎过于遥远和神秘。而希腊人则看起来让人很熟悉,他们显得是"与我们一样"。西方文明最深刻、最可辨认的特征来自于希腊人。无论是关于政治制度、文学形式,还是关于美学品味,希腊人都富有创造力,且影响深远。希腊文明的成就成为用来评判后世文明的标准。它们成为"经典的"成就,是此后两千多年来西方社会用以评价自身的范本。但是,最最重要的是,希腊人把注意力从神祇和神一样的统治者转向了凡间的男女众生。芸芸众生被认为多少能够控制自己的命运,并对自己的行动负有某些道义责任。到公元前5世纪时,希腊哲人普罗塔戈拉(Protagoras)得以宣称,"人是世间万物之尺度"。

我们所说的希腊人并不是一开始就在爱琴海盆地发达起来的民族。有两个各不相同的文明——米诺斯文明和迈锡尼文明——在这个地区建立了文化中心,并对随后古风时代(起自公元前800年

◀ 帕埃斯图姆的赫拉神庙。约公元前560—前550年。石灰石

历史分期表2.1　米诺斯文明和迈锡尼文明（年代均系公元前大致年份）

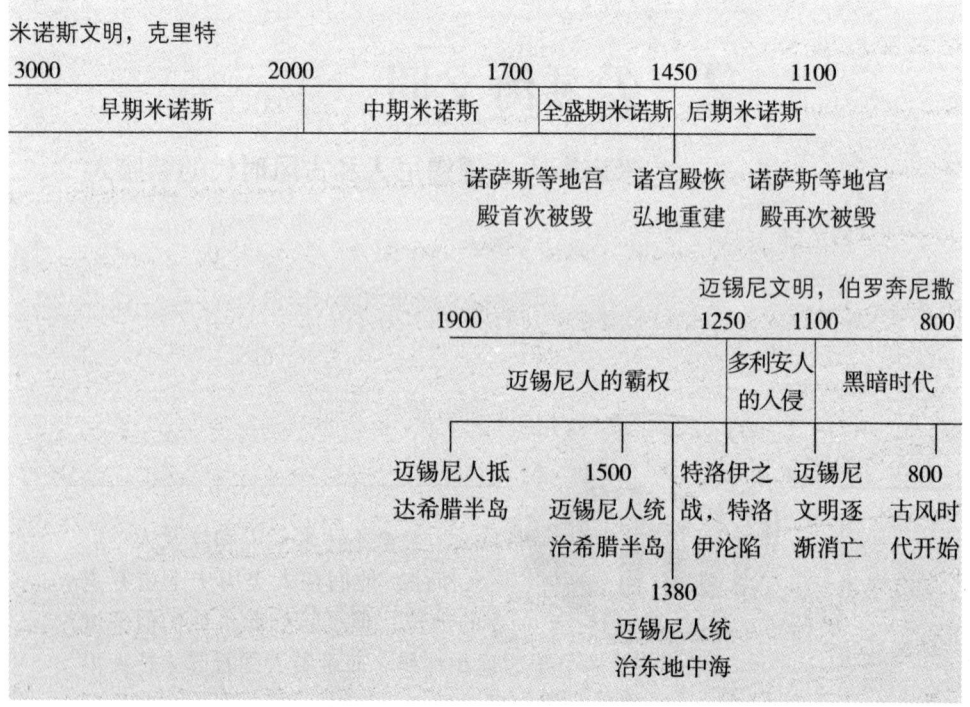

左右）的希腊人产生了深刻的影响（历史分期表2.1，地图2.1）。爱琴海盆地的各族人在这片多岩崎岖的海岸、岛屿及半岛上辛勤耕种贫瘠多石的土地维持生计，并转向海洋从事贸易、征讨和扩张等活动。在青铜时代，克里特（Crete）岛和希腊半岛上的居民与他们周围的文化（主要是埃及人和赫梯人）进行交往；但不管是书写系统还是雕塑技术，爱琴海民族都不是单纯满足于借用。他们总是采纳、融合直至最后替代。希腊人的非凡才能一方面是其令人惊讶的原创性，一方面则是其创造性的融会贯通。

2.1　序幕：米诺斯文明（公元前3000—前1100年）

当埃及和美索不达米亚的文明蓬勃发展之时，克里特岛上处在新石器时代的人群中也正在兴起另一种文化。大约到了公元前2000年左右，这里显现出一个繁荣、稳定的商业文明，在公元前1700年到前1500年之间，这个文明

第 2 讲 爱琴海文明　47

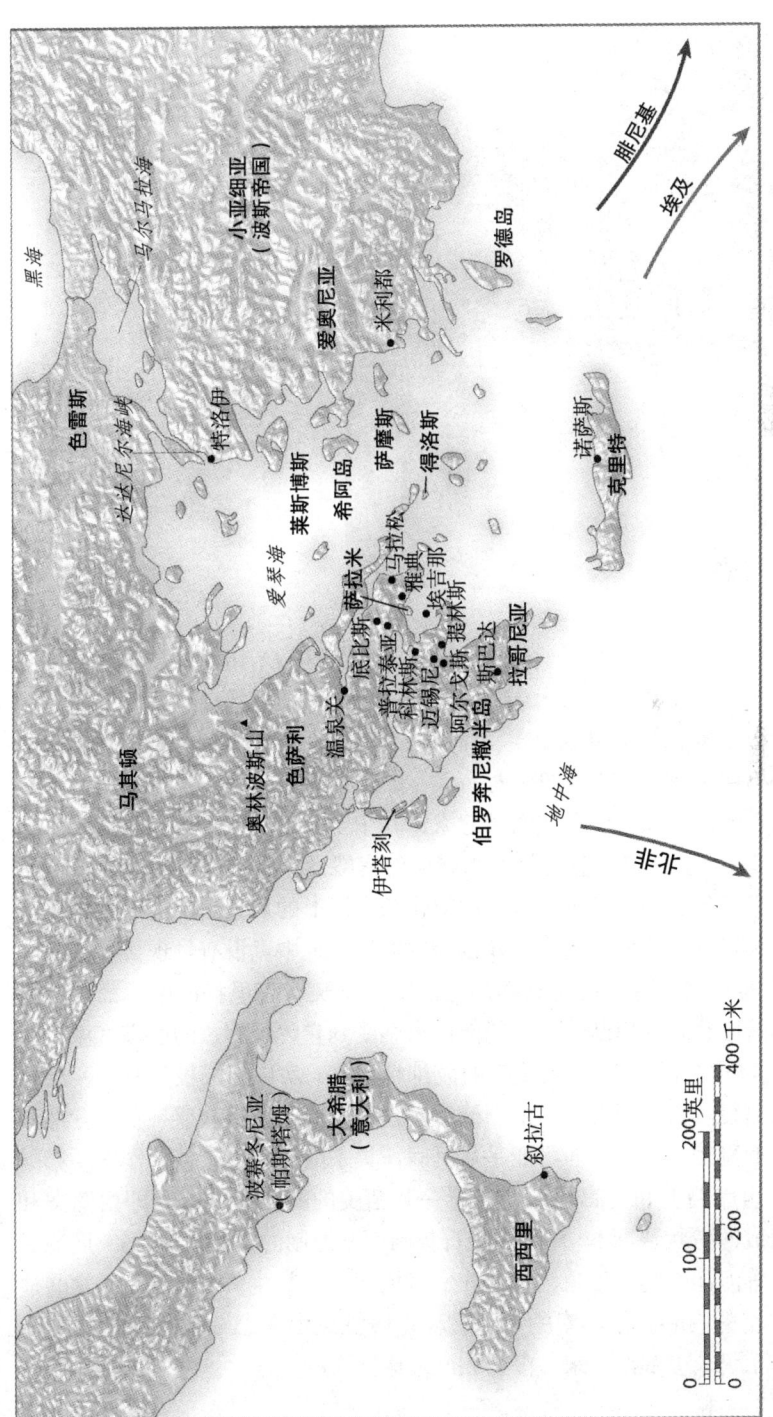

地图 2.1　爱琴海世界。公元前 479 年

本幅地图表明了米诺斯、迈锡尼和希腊古风时代诸文明的地理位置。1. 考量一下爱琴海和地中海在塑造这些文明中发挥的作用。2. 米诺斯文明和迈锡尼文明的中心有哪些？3. 你认为特洛伊的位置为什么有助于使它成为一个富庶的、战略地位重要的城市？4. 标出希腊古风时代的主要城邦。5. 地理如何影响了波斯战争的起源和战略？

图 2.1 克里特岛,诺萨斯,米诺斯王宫北门。约公元前 1750—前 1650 年

这座现在已部分修复的宫殿建筑群含有庭院、楼梯和生活区,表明王室成员生活在舒适和安全的环境里,置身于艺术品中。当英国考古学家亚瑟·埃文斯爵士(Sir Arthur Evans)于 1902 年发现这些废墟时,他逐渐确信他找到了传说中的米诺斯王的宫殿和所谓的米诺斯文明的遗迹。

的财富、力量和精致程度达到了顶点。这个社会被称为米诺斯社会,其名称源自一位传说中的克里特统治者米诺斯王(King Minos);该社会显然组织成了一种复杂的阶级制度,其中包括贵族、商人、手工艺人、官僚和劳工。贵族们的生活以诸多宫殿为基础;20 世纪中对一些宫殿遗址所作的考古发掘表明,当时的社会按松散的政治联合的形式联结起来,其主要的中心位于该岛北部沿海的诺萨斯(Knossos)。值得注意的是,米诺斯的宫殿没有围墙,这表明这些城市相互之间和平相处,而海岛本身也足以阻止来自海上的入侵者。进一步衬托出克里特岛祥和安宁景象的事实是,在已经发掘的遗址中竟没有发现兵器。

诺萨斯的宫殿比其他任何文物都更清晰地反映了克里特的生活面貌。宫殿的废墟尽管已经是残垣断壁,却仍能让人感受到它曾经有过的恢宏气派(图 2.1)。这座宫殿配备有一套令人赞叹的汲排水系统,房屋布局极其复杂,层楼叠阁,回廊曲径。宫殿还有一个地下储藏库,里面放着许多装盛谷物、食油和葡萄酒的巨型陶瓮,这些东西可能是从民间征集来的实物税收,存作贸易和财富的底本。房屋墙上和走廊顶部装点着一些精美的**檐壁**(frieze,即由图案和人物形象组成的带状装饰)。直接在湿石灰墙面上绘制的**壁画**(fresco)展现了海豚、章鱼等海洋生物的形象,使这座宫殿的墙壁熠熠生辉(图 2.2)。这些遗迹传达了丰富的内涵,但不幸的是,被称作**线性文字 A**(Linear A)的早期米诺斯书写体系仍未被解读出来。没有人懂米诺斯人的语言,这使有关其缘起的情况显得更加神秘。

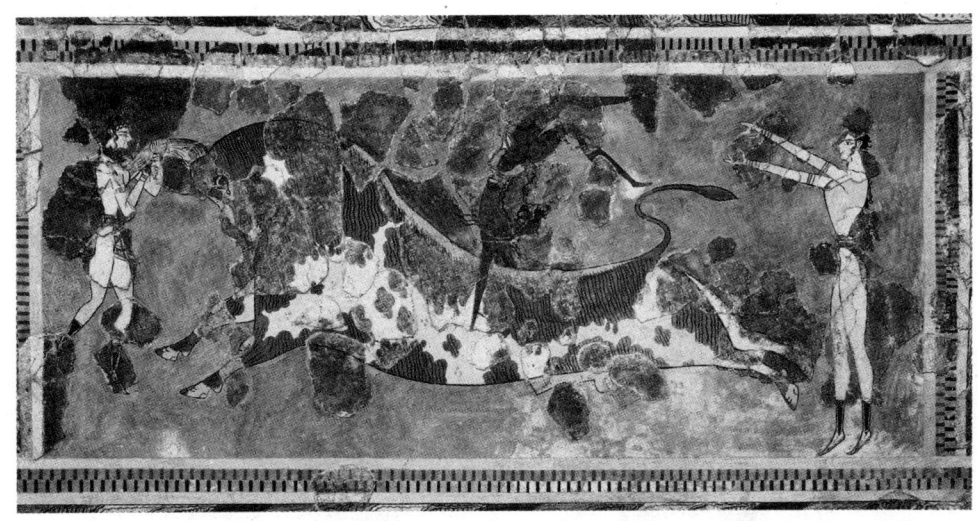

图2.2　公牛跳跃图。约公元前1500年。克里特，赫拉克里翁，考古博物馆

这幅壁画（约81厘米）出自诺萨斯王宫的东侧，是克里特岛上发现的最大的绘画之一。画中男女青年与公牛在一起的景象令人想起一个米诺斯的传说，在传说中，7个青年男子和7个青年女子将被定期祭献给一个半人半牛的鬼神，这个鬼神生活在据称是克里特岛上的一个地下迷宫中。公牛崇拜也许是米诺斯宗教中的核心。长期以来，学者们一直在争论这幅画是描绘真实的场景还是想象的场景。比较通行的观点认为，可能是一些熟练的运动员在表演翻越公牛角和牛背的技巧。

　　米诺斯的宗教似乎是**母性崇拜式**（matriarchal）的，其中心是敬奉一位母神或大女神，她是宇宙的创作者，是一切生命的源泉。大地女神被雕塑成袒露前胸，双手各抓一条蛇，这些雕像表明了米诺斯人是怎样描绘这个神祇的，但雕像的确切用意是什么尚不清楚（图2.3）。米诺斯人也敬奉许多小的管家女神，并崇敬一些或许被他们赋予了超自然力量的树木和石柱。到米诺斯人的时代行将终结之时，他们开始将死者埋葬在一些地下的坟墓和墓室中，但这种新丧葬法的原因及其礼仪含义至今尚不得而知。

　　大约在公元前1600年前后，当邻近的一座火山岛喷发时，克里特岛受到巨创。约一个世纪之后，大陆上的迈锡尼人征服了克里特，但没有摧毁米诺斯文明。公元前1375年左右，米诺斯人被彻底毁灭了，至于为什么和怎样被毁灭，我们仍不得而知。克里特岛上的居民总是严重依赖于贸易，这种情况在公元前1100年左右之前的迈锡尼主导时期并无改变。

　　古风时代后期的希腊人对米诺斯文明没有任何直接的了解，但希腊人对待米诺斯人的态度受到了神话传说的影响。**神话**是后代口口相传的传统故事，

50　古典时代

图 2.3　大地女神与蛇。约公元前 1600—前 1580 年。彩陶，高 34 厘米。克里特，赫拉克里翁，考古博物馆

这个崇拜偶像发现于诺萨斯王官的宝藏。她那三角形的服饰以及围裙和镶边裙子与留存下来的壁画中克里特青年的服饰很相像。

这些后代试图解释一些他们基本的政治、经济或宗教实践和思想。他们经常在解释时相互探讨，相互宽慰，并且经常提出一些有关人们思维方式的深邃见解。例如，克里特岛历来是宙斯（Zeus）神的出生地。米诺斯人崇拜的宙斯降生在一个洞穴里，长大成人后就死去了。他们供奉宙斯出生的地方，把他当作一个孩童来敬拜。但是，后来的希腊人却认为宙斯永生不死，是奥林匹亚（Olympian）诸神的父亲和统治者，他们对米诺斯人认定宙斯神死掉的想法很恼火。我们或许能从这个故事中解析出以下的事实：虽然希腊人最终在外在的意义上控制了克里特岛，但米诺斯宗教的成分却伺机渗入了后来希腊人的信念；因此，从某种意义上来说，奥林匹亚诸神是在克里特岛诞生的。也许我们还可以从语言、社会结构和经济事务等方面找出克里特对希腊的影响，虽然古风时代的希腊人并不把往昔的米诺斯看作自己遗产的组成部分。

2.2　开端：迈锡尼文明（公元前 1900—前 1100 年）

考古学家将巍然耸立的迈锡尼城堡城市命名为迈锡尼文明，这个文明发源于崎岖不平的希腊半岛南部，即所谓的伯罗奔尼撒半岛。迈锡尼人是一个侵略成性、尚武好战的民族，可能来自南俄草原，也可能来自两河流域，大约在公元前 1900 年左右抵达伯罗奔尼撒半岛，到公元前 1500 年前后，他们统治了整个半岛。人们对迈锡尼人的了解比对米诺斯人的理解更多。考古学记载更为丰富，挖掘出了几个宫殿遗址和无数件辉煌的艺术品。但是，文字书写也很重要，表现在两个各不相同的方面。首先，迈锡尼人将克里特的线性文字 A 采纳进他们自己的语言，形成了最初形式的希腊语，他们制作了成千块**线性文字 B**（Linear B）陶板。这些陶板刻录了可以帮助了解迈锡尼政府管理的行政和商业文件。其次，很晚以后出现的《伊利亚特》（*Iliad*）和《奥德赛》（*Odyssey*）两部史诗以迈锡尼时代为背景，包含了大量的原始信息。

图 2.4　迈锡尼的狮门。约公元前 1300 年

狮门是由四块巨石建成的巨型建筑——两块是立柱，一块是横梁，横梁上还有一块三角形的巨石，上面雕刻着两只 2.7 米高的狮子和中柱。迈锡尼的巨石城堡给后世的希腊人留下了如此深刻的印象，以致他们把这些城堡叫做"巨人堡"（cyclopean），坚信只有巨人族（Cyclopes）才能建造出这些城堡。

据《伊利亚特》来看，迈锡尼是一个贵族等级制的社会。由无数自行其是的国王组成的联盟有时会接受其中一人为他们的首领。例如，在特洛伊战争中，迈锡尼的阿伽门农是全体希腊人的领袖。迈锡尼的考古发掘，尤其是其给人印象深刻的狮门（Lion Gate，图 2.4）的发现，表明了国王们的权势和财富。文字和艺术的描述显示这是一个以军事才能为荣的社会。线性文字 B 则揭示了其官僚制度擅长征收税赋。迈锡尼世界有一些商人，但大多数民众都是农民。奴隶制是存在的，但其意义究竟有多大却不太清楚。

考古发掘表明迈锡尼人对精美物件非常欣赏，也达到了高超的技术水平。在迈锡尼城堡内曾发掘出 6 个**竖穴墓**（shaft graves），其中一个墓穴中出土了一个奇异的金质殡葬面具（图 2.5），人们习惯称之为"阿伽门农面具"。在发现这件文物时，德国考古学家海因里希·施里曼（Heinrich Schliemann）向柏林发电报称："我看到了阿伽门农的脸。"也许并非如此，但这是一个好故事。这些墓穴表明，迈锡尼人对死者的躯体怀有极大的敬畏。我们大可以假设，他们是

图2.5 阿伽门农的面具。约公元前1500年。雅典,国家考古博物馆。镀金,直径约30厘米

虽然迄今为止只发现了这一具迈锡尼随葬金面具,但很可能一些地位高的人(特别是国王)在其墓穴中都会有这样的面具。在石棺上安放随葬面具与埃及显贵死后制作成木乃伊有着异曲同工之含义。

从埃及人那里学到这种做法的。在斯巴达附近,考古学家出土了一对精美的饮杯(图2.6)。其上描绘的人物神态逼真,显而易见,打造这对饮杯的佚名艺术家具有高超的技巧。

迈锡尼人在征服米诺斯人之后,将他们的劫掠和贸易活动扩展到了整个东地中海。在公元前1250年左右,他们攻打富庶的战略重镇特洛伊城(Troy),该城位于现今土耳其西海岸的达达尼尔海峡附近(地图2.1)。认为海伦那美丽的脸庞促使千帆齐发是令人愉快的,但是特洛伊战争只是一场激烈的贸易纠纷引起的。虽然以往多次类似的征讨曾令迈锡尼人满载而归,但这一次旷日持久的奔袭却让他们耗尽元气,完全暴露在一些更勇猛部落的征服面前。具有讽刺意义的是,这场特洛伊城的围困战或许激发了不朽的荷马(Homer)史诗《伊利亚特》和《奥德赛》。迈锡尼文明在来自北方的多利安人(Dorians)的冲击下衰败了,到公元前1100年前后,迈锡尼时代结束了。

米诺斯克里特和迈锡尼的技术

最早的爱琴海文明——即米诺斯文明和迈锡尼文明——建立在此前近东样板的青铜技术(参见第1讲)之上。如同此前的米诺斯人喜欢用黄铜一样,迈锡尼工匠喜欢用青铜作为金属材料,当然他们也使用黄铜、锡、白银和黄金等材料。这些金属中除了锡来自英伦诸岛外,其他的都可在地中海盆地找到矿藏。克里特人和迈锡尼人自始至终都用青铜铸造兵器和日常用品,但这两个社会都在公元前1200年左右铁器时代来临之前就崩溃了。

在军事技术方面,米诺斯人和迈锡尼人都效仿其近东的邻居,但也作出了一些改进:

1. 青铜兵器:匕首、剑、矛和标枪;盔甲:如盾、头盔和护膝、护腕。

2. 公元前2000年时引进了马匹和马拉的战车。

3. 公元前1300年时重新设计了战车,采用了六根车轮辐条以替代四根辐条,车轴置放在后车座底下,这样便提高了战车的平稳性和驾驶的灵活性。

4. 造船方面的进展:提升了桅杆的高度,加大了船帆的尺寸,重新设计了船桨的形状以增强其划力。

图2.6 瓦非俄(Vapheio)饮杯。约公元前16世纪。雅典,国家考古博物馆

这只金杯是在希腊斯巴达附近瓦非俄的一座墓葬中发现的两只金杯之一,杯面上刻着一个人力图捕捉一头公牛的景象。在画像的底部,那位猎人张开手臂撒网,试图罩住公牛。公牛牛背的弧线恰好形成画面的边框;而公牛庞大壮硕的身躯显得它将在这场人兽激斗中获胜。这只饮杯被认为出自迈锡尼时期,因为其制作工艺比起另一只饮杯(被认定是米诺斯风格,本书未选登其图片)的精美手艺来要粗糙得多。但是,两位金匠所用的技法是相同的,即从杯子内部敲打出图画景象。

2.3 希腊的黑暗时代

随着迈锡尼人的沉沦,一段被称为黑暗时代的时期开始了,生活回复到了比较简单的模式。人们生活在相互隔离的乡村社团中,只制造一些最基本的工具和生活用品。各社团之间的贸易和社会交往本来就因山陵地形而显得颇为艰难,现在则变得更加艰险了,与东地中海诸王国之间的联系几乎完全中断了。

然而也有一些根本性的变化在慢慢发生。政治权力逐渐从王国转到了豪门望族首领的手中,从而为一种新的政府形式打下了基础;铁逐渐取代青铜用于工具、兵器和其他物件的制造,这样就结束了青铜时代,开始了希腊的铁器时代。许多迈锡尼人逃亡到了小亚细亚沿海地区(那里后来被叫做爱奥尼亚[Ionia]),从而为日后环爱琴海和环地中海的大希腊社会之形成准备了条件。

2.4 古风时代（公元前800—前479年）

公元前800年前后，希腊人摆脱了他们积年累月停滞不前的状态，跨入一个充满政治革新和文化实验的时代。希腊人虽然分散在各处且互不往来，但他们还是拥有一种共同的认同感，这种认同感乃基于他们共同的语言、英雄故事和民间传说、神话和宗教实践、贸易和商业利益。他们宣称有一个共同的始祖赫楞（Hellen），他生了三个儿子——分别是希腊三大部落爱奥尼亚人（Ionians）、埃俄利亚人（Aeolians）和多利安人的祖先；他们因此称自己为赫楞人（Hellenes，汉译转音为"希腊人"），称自己的国土为赫拉斯（Hellas，汉译转音为希腊）。在随后的三个世纪里，希腊人将重建他们的政治和社会制度，发展新的艺术和建筑风格，发明新的文学体裁，并对人类行为和宇宙的本质作首次正式的哲学探究。

政治、经济和社会结构

到古风时代开始之时（古风时代［Archaic］一词来自希腊文，意思是"古代"或"开始"），各自孤立的农业社团已演进成了"波里斯"（polis，复数作poleis），即范围明确的小城邦（city-state）。约200个城邦分散在希腊陆地和海外。虽然每个城邦都各有特点，但都有以下这些共性：

1. 卫城（acropolis，图2.7）：即建于高处的堡垒，通常是统治者们的居住地和神庙所在地。
2. 广场（agora）：基本上是一个集市区，城邦的政治、社会和经济生活在这里展开。
3. 原野（chora）：四周腹地的农田，它使一个单纯的波里斯成为了城邦。

城邦是相当灵活和富有创造性的机制，它把各种不同的人糅合进了一个真正的社会。城邦在其市民中激发了巨大的自豪感和忠诚感。

在公元前800年左右，随着城邦的兴起，政治制度也发生了一种根本的变化。拥有大部分土地和兵器马匹的贵族首领们业已将国王废黜。这些富裕的武士建立了**寡头政权**（oligarchy），也即由少数人统治的政府。寡头们虽然追求他们自己的利益，但也展现了堪称模范的领导艺术、公民的理想主义和对文学艺术的大力赞助。然而，由于一些不期而然的、意义深远的军事和经济变化，大多数寡头政权最后都垮台了。新的军事技术淘汰了乘坐马车作战的贵族武士。步兵在战斗中显得更有威力——他们手持长矛，用盾牌和盔甲护身，排列成密集的方阵（phalanx）作战。这些步兵，或称重装步兵（hoplites），从自耕农、

图 2.7　雅典卫城。从西向东观望
卫城在 21 世纪的今天依然俯瞰着雅典城，正如它在古代一样。在古代，它是雅典礼仪和宗教生活的中心。今天，它是雅典文化遗产的巍巍标志，也是当地旅游业的核心。卫城是城市规划历史上的一个里程碑，从古代罗马到文艺复兴时期的佛罗伦萨，再到现代的巴西利亚，所有精心设计的城市环境都以卫城为榜样。

商贩和工匠中招募而来，这些群体同样也从这种扩张型经济中获益。随着这些平民的军事价值逐渐得到显现，他们很快也要求在政治决策中发挥作用。

人口的增长开始使有限的农业资源显得紧张。公元前 6 世纪中，许多城邦试图采取改革措施以解决这些根深蒂固的问题，但都无能为力；这些倍感沮丧的城邦便转而赋予统治者以非常大的权力来推行猛烈的经济和社会变革。这类统治者被希腊人称为僭主（tyrant），他们中的许多人对社会进行了重组，允许更多的公民从日益增长的经济中受益、在社会阶梯中提高地位并参与到政治进程中去。然而，也有一些僭主通过继承或政治联盟使自己的统治长期化，他们多年实施严厉的统治，从而使"僭主"这一简单的名词赋有了现代的贬义。

人口的增长及随之而来的紧张局势导致了另一个反应：殖民。希腊人派遣公民加入他们先前在爱奥尼亚已有的定居地，并在西班牙、北非、俄罗斯南部（即黑海）、西西里和南意大利各地沿海建立新的殖民地，这些地区逐渐被称为大希腊（Magna Graecia）。希腊人期望殖民地为其母邦（metropoleis）提供资源，尤其是食物。对外冒险和商业扩张增加了新生中产阶级的财富，也增强了他们谋求更多经济机遇和更大政治影响的欲望，但盘踞着强势地位的贵族阶级阻隔了他们获取权力的道路。殖民解决了一些问题，却又引发了另一些问题。

从政治上来说，古风时代之所以重要有三个原因。第一，在此时代城邦产生了。第二，此时出现了政治参与急剧扩张的趋向，其中经常伴随着城邦之间及城邦内部的暴力冲突。第三，这个殖民时代将希腊的思想、制度和艺术成就传播到了整个地中海世界。

希腊城邦：斯巴达和雅典

在希腊各城邦中，斯巴达和雅典显得鹤立鸡群，这一方面是因为它们相互形成鲜明对比的生活方式，另一方面是由于它们在随后的希腊历史上所起的作用。以多利安文明为主体的斯巴达选择通过严格的、毫不妥协的政策来确保自己的完整和未来。雅典则建立了一个日益开放的体系。由于土地紧缺和人口压力，斯巴达征服了他们的邻邦，奴役邻邦人，将其沦为希洛人（Helots）——即国家奴隶。希洛人的人数是斯巴达人的十倍，为了防止叛乱并控制住希洛人，机警的斯巴达人不得不枕戈待旦。斯巴达的男孩通过养育（agoge）训练得强壮、勇敢、机巧、自立。所有年龄在30岁以上的斯巴达男子均属于一个议会，该议会可以向一个由60岁以上斯巴达公民组成的小委员会提出政策建议。此外还有两个国王和五个每年选举产生的官员，他们依据立法机构给予的法定权力行使职权。斯巴达的制度融君主制、寡头制和民主制于一体。

沿承爱奥尼亚文化的雅典人之历史反映了古风时代希腊城邦普遍的变化模式（历史分期表2.2）。贵族们最初通过议事会和集会统治雅典。只要农业和商业还供养得起逐渐增长的人口，贵族们就可以安然地行使统治。但在公元前6世纪初，许多贫困的农民被债务压得喘不过气来，面临着被投入监狱或沦为奴隶的威胁。农民们在政府中没有发言权，于是开始抗议在他们看来是不公正的法律。

公元前625年左右，一位名叫德拉古（Draco）的贵族编纂了雅典的法律。他的法律苛刻严厉——故有"德拉古峻法"（Draconian）之称——但由于这些法律是公开颁布的，因此法律（而非仲裁决定）统治了国家。大约在公元前590年，雅典人授予了一个名为梭伦（Solon）的贵族以特殊的权力来改革经济。他废除债务，保证农民的自由身份，彻底检修司法制度，并将法律编纂成文。梭伦还修改了宪法，给与较低阶层的自由人（即那些没有名望或高贵门第，但却有一些财产或比较富裕的人）参与政府的权利。

梭伦的主要继承者是克利斯梯尼（Cleisthenes），他于公元前508年初在雅典建立了民主制度。克利斯梯尼认识到，根深蒂固的阶级利益构成了公众参与政治事务的巨大障碍。也就是说，他知道要让小农、工人、商人和土地贵族进行合作是非常困难的。因此，他创设了一个新的委员会，将来自各个群体的人集中到这个委员会中，以此来强迫他们进行合作。

历史分期表 2.2　希腊的古风时代（所有年代均系公元前）

	约 800		600	590		508	490	479
黑暗时代	扩张和殖民			雅典的梭伦	政治、社会和经济改良	雅典的克利斯梯尼	希波战争	希腊时代
	政治和文化活动复兴							

克利斯梯尼发起的民主改革是预示"古风时代"之终结和"希腊时代"（Hellenic Age）之开端的两大事件之一。另一个重大事件便是希波战争，它不仅对于希腊至关重要，而且对于整个西方文明也极为关键。如果由贵族统治的、追求帝国扩张的波斯打赢了战争，那么，希腊人正在构建的民主制度、人文价值和文化丰碑就将付诸东流了。

到公元前 6 世纪中叶时，波斯人统治了一个庞大的近东帝国，它囊括了古代世界的大部分地区，也包含了希腊人在爱奥尼亚建立的诸城邦。当公元前 6 世纪后期的波斯国王大流士（Darius）向爱奥尼亚的希腊人索要税收时，希腊人便揭竿而起并向他们的故土寻求援助。包括雅典在内的少数城邦派出了远征军，但被大流士击败。为防止日后希腊人再行叛乱，大流士入侵希腊半岛，并于公元前 490 年在雅典附近的马拉松（Marathon）登陆。雅典军队打败了庞大的波斯军队。

然而，波斯人很快又有了一位意志坚定的新君主，大流士的儿子泽尔士（Xerxes，一译薛西斯），他横扫了希腊北部的大部分地区。在斯巴达的统领下，希腊人计划在北方的德摩比利（Thermopylae）山口（温泉关）伏击波斯人，但他们被泽尔士的军队全歼了。泽尔士乘胜南进，洗劫了雅典，雅典居民跨越萨洛尼克湾（Saronic Gulf）逃亡到萨拉米（Salamis）岛。雅典人将波斯海军吸引到海湾的狭窄处，在那里，更加轻快的希腊战船打败了笨重的波斯战舰。在目睹了麾下舰队的毁灭场面之后，泽尔士返回了波斯。残余的波斯军队于公元前 479 年在普拉泰亚（Plataea）被击溃，这场对希腊的巨大威胁就此结束了。希腊人对强大的波斯人的最终胜利在雅典人中激发了一种欢快的情绪，并为随后的希腊时代拉开了序幕。

雅典水手的巨大贡献为他们自己赢得了充分参与城市政治生活的权利。战争之后，雅典人甚至引进了为参与公共服务提供报酬的做法，这样，参与公共服务就不再局限于那些空闲的富人了。雅典有一个虚弱的行政机构和一个强势的立法机构。古代政治思想家对雅典的政府体制怀有非常复杂的情感，他们既赞美其兼容并蓄的特性，但也批评其反复无常、动荡不安的状态。

斯巴达与雅典之间最令人惊讶的对比是妇女地位和作用的不同。斯巴达妇女通常在户外活动，可以自由地与男子交谈；而雅典妇女则被束缚在闺阁之内，同自己的丈夫都很少交谈。斯巴达妇女能够如此独立的最重要原因是，维持这个武士社会需要有强壮的男子，而刚强的斯巴达妇女则是这些男子的母亲。正是出于这个目的，在希腊各城邦妇女中，只有斯巴达妇女接受了公共教育，包括合唱和舞蹈以及体育，在体育活动中，她们像希腊男子一样全身赤裸。斯巴达妇女的另一个独特之处是她们能够拥有土地并掌管她们自己的财产。

文字资料表明，雅典妇女把获得人们敬重当作追求的理想，这意味着她们应该结婚生子，足不出户地料理家务。现在还不清楚，在日常生活中这种理想对她们的束缚力有多大。在雅典戏剧中，有许多女性角色抱怨她们自己的软弱无力，比如当某个妻子被丈夫遗弃之时，或是某个女子在战争期间独守空房之时。但是，一些花瓶绘画却描绘了妇女们积极地参与宗教仪式、节日庆典和婚丧活动的场面。妇女们参与这些活动被认为是社会的平稳运行所必不可少的。

图2.8 希腊三桨船

这种船只在公元前525年时出现了，此时，爱奥尼亚的希腊人用这种船只来反抗波斯人。三桨船体型大，航速快，但也易于操纵。

古风时代的技术

古风时代的希腊人属于铁器时代文明（虽然有些匠人继续在雕塑等少数一些领域使用青铜作业）。在古风时代开启之时，希腊人以此前克里特和迈锡尼文化的技术为基础，主要是使用铁和精铁铸造兵器和盔甲。冶炼匠人懂得如何用炭炉从矿石中提炼铁，他们使用脚踩鼓风器旺火以提高温度。由于铁比铜和锡更硬、也更容易获取，所以，到公元前500年时，铁替代了较软的金属得到普遍使用。

同样重要的是希腊人对航船的改进。在公元前800—前450年之间，希腊人对基本用划桨驱动的船只做了几项改良。他们一开始使用的是排桨船（unireme），这是一种航速很快的小船，两边船舷各设置一排划桨。此后逐渐发明出了三桨船（trireme），即一种带甲板的船只，两边船舷各配置三排划桨（图2.8）。大约从公元前700年起，三桨船配备了一个鹰钩型的冲撞装置用于海战。这种装置从此改变了海战的特征。此前的船只是设计来运送士兵登陆作战的；现在，它们本身就被用做作战场所。希腊船只变得比以往更快更大。对于商人来说，船只的吨位和航速有着重要的意义，他们得以用来更快地运送更多的物品。

2.5　希腊天才的涌现：对形式的把握

希腊人在古风时代探索了各种各样的文学、哲学和艺术形式，用来探究宇宙和人类生存的意义，抒发他们对于生命的欢愉感受。这些文化成就，如同更早的近东诸文明的成就一样，与宗教信念和实践联系在一起，这些宗教因素在希腊的生活和历史上扮演了重要作用。事实上，希腊人相信，创造力本身就是来自**缪斯**（muses）的神赐之物，所谓"缪斯"即九位艺术灵感女神（表2.1）。在缪斯神的引导下，希腊人创造了许多不朽的艺术、文学和戏剧作品，每部作品都具有全球性的感染力。然而，希腊经验的关键在于其在宗教诠释之外探求对事物的理解。

宗教

对希腊人来说，宗教是他们个人和公共事务中一个不可或缺的组成成分。的确，城邦和宗教是分不开的，因为在希腊人眼里，每个社团的命运都掌握在该社团供奉的神祇手里。公共的典礼和庆节活动把公民聚集到一起，向他们注入公民自豪感，让他们记住他们的共同传统。在古风时代，希腊的宗

表 2.1　九位缪斯及其司职领域

名字	艺术或科学
卡利俄珀（Calliope）	史诗
克利俄（Clio）	历史
埃拉托（Erato）	情诗和哑剧
欧忒耳珀（Euterpe）	抒情诗歌和音乐
墨尔波墨涅（Melpomene）	悲剧
波吕许尼亚（Polyhymnia）	颂歌
忒耳西科瑞（Terpsichore）	舞蹈与歌唱
塔利亚（Thalia）	喜剧
乌拉尼亚（Urania）	天文

教——它是一种混合物，将来源于原居民和出自入侵者及外国人的各种神祇都囊括了进来——演进成了两大类：即奥林匹亚诸神和大地诸神。**奥林匹亚诸神**（Olympian deities）居住在天上或山顶上，他们与荷马史诗中的英雄和贵族们联系在一起。而**大地诸神**（chthonian deities，源自希腊语的"chthon"，意为"大地"）则生活在地下，与农耕生活、季节和自然界循环及丰盈的物产等联系在一起。

奥林匹亚宗教有着一些与古代近东的多神崇拜一样的特征，其中包括以下这些观念和信条：诸神会干预凡间的事务、神祇在许多方面与人类相似、存在着一个男女众神的殿堂。希腊人赋予他们的神祇以有形的身躯和各自的个性，这些神祇有着令人迷惑的混合性格，融魔力与残忍、美丽与淘气、热爱正义与率性胡闹于一体。这个神仙家庭里桀骜不驯、任性固执的成员相互争吵不已，由着自己的性子赐恩给崇拜他们的凡人。希腊人面临着这种神祇之间的偏心眼，他们因此培养起自己强烈的道德感。他们逐渐相信，只要他们承认诸神的威力并且不向他们挑战（向诸神挑战将成为**傲慢**［hubris］的牺牲品），他们就能生存下去，而且经常会兴旺发达。

天神宙斯是神仙中的第一位，他身为君王统治着奥林波斯山（Mount Olympus），主持诸神会议，抛掷雷电。他既繁殖了神祇，也繁殖了凡人，因为他好色无度。赫拉（Hera）也许就是此前诸文化中的大女神，转型成了宙斯的姐姐兼妻子。她监视着众多乞求她帮助的妇女，并紧盯着她那位到处闲逛的丈夫。宙斯的两个兄弟掌控宇宙的其他部分：波塞冬（Poseidon）统治大

表2.2　奥林匹亚诸神及其司职

神祇的名字	司职
宙斯（Zeus）	主神、奥林波斯秩序的维持者
赫拉（Hera）	母神、妇女的保护者
波赛冬（Poseidon）	水域的主宰
哈得斯（Hades）	地底世界的看护者
赫斯提亚（Hestia）	炉灶的保护者
阿波罗（Apollo）	智慧和节制之神
阿耳忒弥斯（Artemis）	帮助妇女的处女神
阿瑞斯（Ares）	缺德的暴力与战乱之神
阿佛洛狄忒（Aphrodite）	欲望、爱情与美丽女神
赫淮斯托斯（Hephaestus）	匠人的保护者
雅典娜（Athena）	智慧与战争女神
赫耳墨斯（Hermes）	商人和窃贼之神、神祇的信使

海、所有水域和地震，而哈得斯（Hades）则守卫着冥界。宙斯的妹妹赫斯提亚（Hestia）守护炉灶及其神圣的火焰。宙斯的一对双胞胎子女阿波罗（Apollo）和阿耳忒弥斯（Artemis）分别象征着太阳和月亮。宙斯宠爱的儿子阿波罗象征季节的声响。阿耳忒弥斯则看护婴儿降生并监视野兽。宙斯的一个儿子阿瑞斯（Ares）时常撒谎，好斗嗜杀；作为战神，他脾气急躁，缺乏道德。他与宙斯的女儿、爱情与美丽女神阿佛洛狄忒（Aphrodite）是一对偷情的恋人。具有讽刺意味的是，荷马让阿佛洛狄忒嫁给了宙斯的另一个又丑又跛的儿子赫淮斯托斯（Hephaestus），他是一个精湛的铁匠，是工艺匠人的保护神。

奥林匹亚诸神名册上的最后两位是宙斯的另外两个孩子。智慧女神和雅典的保护神雅典娜（Athena），她与战争、艺术和工艺相关。她被当作一位处女神来崇拜。赫耳墨斯（Hermes）是商业和好运之神，也是窃贼的保护神，当然，他最有名的是作为一名给其他神祇传递信息的信使（表2.2）。

大地诸神可能从古代的土地神和丰收神衍化而来。他们最初只是由较低阶层的人供奉，但随着普通公民的影响日益扩大，供奉大地神的仪式也扩展开来，很快融入了城市的庆节日程。然而，祭奠大地诸神的仪式只对正式的信徒开放，新加入的信徒要宣誓保持沉默；由此，大地神祭祀被称为了"秘宗"，

图2.9 埃色基亚斯（Exekias）.《狄俄尼索斯跨越大海》。约公元前535年，陶艺，直径30厘米。慕尼黑，州立文物博物馆

画在一只圆形饭碗的底部。画中的酒神狄俄尼索斯驾驶着一艘鱼鼻形的帆船。埃色基亚斯是古风时代最负盛名的艺术家之一，他的这件作品反映了他把握空间的卓越能力——将一个令人愉悦的图画人物画在一个预定的空间上，例如一只壶罐或一个墓室，这是那个时代最好的器皿绘画的特点。狄俄尼索斯斜躺在激荡的船帆下休息，周围是一些嬉戏的海豚。从船上长出一棵挂满葡萄串的葡萄树——这是酒神的标志。

源于希腊语词mystos，意为"秘而不宣"。神秘崇拜构成了希腊宗教中的人格因素。

供奉大地诸神的习俗最初是祈求大地的神力保证耕种有成、收获丰裕。希腊的两大作物——分别是用于做面包的谷物和酿酒用的葡萄——导致了两种主要的祭拜，即得墨忒耳（Demeter）崇拜和狄俄尼索斯（Dionysus）崇拜。宙斯的姐姐得墨忒耳是丰收女神，她生有一个女儿珀耳塞福涅（Persephone）。珀耳塞福涅被哈得斯诱骗到了他的地下王国。按崇拜传说，得墨忒耳最终救出了珀耳塞福涅，但在这之前哈得斯诱使珀耳塞福涅吃下了一颗令她每年返回冥国团聚一次的果子。这样，大地在冬季一片荒凉，但当珀耳塞福涅与得墨忒耳在一起之时，大地又丰腴肥沃、万物生长了。在亚提加的一个小村庄厄琉西斯（Eleusis），得墨忒耳是一种秘宗仪式的祭拜对象。希望加入进来的人从希腊各地来到这里，显然想得到长生不老的许诺。

得墨忒耳的信徒是以一种崇敬的方式来供奉她，而狄俄尼索斯的供奉者则希望通过狂舞豪饮的方式让他们的神给他们注入活力并获得再生。在希腊人看来，狄俄尼索斯逐渐代表了人性中无理、冲动和不加节制的方面。与之相对的理智、冷静和节制等方面则与阿波罗相联系。分别由狄俄尼索斯和阿波罗代表的这两个方面被认为是既相互冲突又相互补充。最后，狄俄尼索斯崇拜在雅典兴起了，雅典的供奉者们每年举行一些仪式来敬拜这位酒神的力量（图2.9）。

随着岁月的推进，这些仪式变成了城市的庆节；接着，这些庆节又在公元前6世纪的雅典衍生出竞赛式的悲剧演出。

文学

古风时代的希腊人创作了一些西方遗产中最伟大的文学作品，这些讲述历险、娱乐和感人故事的作品文笔细腻，结构缜密，饱含许多我们今天仍然珍视的价值观。

史诗 人们历来认为，发明**史诗**（epic poetry）的主要惯例的人是荷马（生活在约公元前800年前后），他是一位**吟游诗人**（bard），也即边弹奏一把弦琴边吟诵诗句的诗人。在《伊利亚特》和《奥德赛》中，荷马讲述了特洛伊战争之前、期间和之后的一系列事件，这些故事自迈锡尼沦丧以来已经在希腊人中流传了。荷马让那些急于表明自己与迈锡尼先辈有亲属关系的贵族听众们大感欣慰。许多年里，他创作的诗歌在其他吟游诗人中间口口相传，也许一直到了公元前7世纪才形成书面诗歌。说是荷马创作了这些史诗、甚至说的确有荷马这样一个人存在，都仅仅是依据传统而已；事实上，关于荷马的情况人们一无所知。但尽管如此，到古风时代结束之时，荷马史诗的魅力已经感染了所有的社会阶层，荷马在当时的权威，相当于现代社会里电视、莎士比亚和《圣经》加在一起的权威。

这种史诗体裁展示了一些特征。史诗总是用韵文写作，其语言典雅，口气严肃。史诗具有普遍化的特征——其所言内涵在任何时代和任何地方都是真实的，而不是只适合于某个特定时刻。史诗中的角色是实实在在的人，但就他们的非凡才能、智慧和机敏而言，他们比大多数人更伟大。荷马史诗有一些独特的特点，这些特点在希腊文化中屡屡重现。荷马乐于描述言语情节。他极其喜欢描写争斗，有时是唇枪舌战，有时是身体拼搏。在荷马史诗中，我们可以领略到希腊人对平衡、秩序、和谐和中庸的特殊兴趣。

荷马史诗最根本的感染力在于它们精心编织的情节，其中充满了戏剧性的场面和细致刻画的人物。《伊利亚特》以特洛伊战争为背景，描述了伊琉姆（Ilium，系特洛伊的别名）之战；而《奥德赛》则讲述了希腊人打败特洛伊人之后的事件。两部史诗中较早的一部《伊利亚特》集中描写了作为希腊男子汉之缩影的英雄阿喀琉斯（Achilles）。由于希腊统帅阿伽门农从阿喀琉斯那里夺走了作为战利品的女奴，阿喀琉斯大怒，在很长一段时间里拒不出战。由于当时城邦正在形成过程中，荷马史诗引发了关于爱国和忠诚问题的思考：你将如何划分自利与公益之间的界线？与《伊利亚特》讲述战场上的英雄事迹相反，《奥

生活片段
古希腊时期男人与妇女的世界

对以下这两首诗歌完全不同的视角做一比较，我们就有可能领悟到古希腊时期男子与女子的世界观之间的天壤之别。由于没有关于古风时代普通人的记载，因此，后人对古风时代生活的印象几乎全来自一些名人，如萨福和阿尔开乌斯。在以下的诗歌中，他们表达了穿越时空和阶级的人类情感，但他们述说的内容却相当不同。

萨福（约公元前600年）描述了她强烈的个人情感，在这篇颂词中书写的是一段失恋。相反，阿尔开乌斯（约公元前620—前580年）则吟唱出了他的极度悲怆，其时他被驱逐出了莱斯博斯岛米蒂里尼城邦的政治生活——米蒂里尼城邦恰好也是萨福的故乡。

《他看上去像个天神》
萨福（Sappho）

萨福的抒情诗是她个人内在激情的宣泄口。在这首颂诗中，她诉说了当她看到她的心上人回应另一个人的传情时她感受到的阵阵嫉妒和悲伤。

> 他看上去像个天神，
> 你紧靠着他，他面对着你，
> 机灵欢悦，笑意盈盈，
> 倾听你甜美的声音。
>
> 若我直视你的惊鸿一瞥，
> 将会立即爱上你的欢颜，

> 它令我胸闷、令我心结。
> 我有口难开，双唇紧闭，
> 全身肌肤下燃起温温火焰。
> 我双眼迷茫，
> 奇异嘶沙声响彻耳边。
>
> 冷汗淌出我的身体，
> 颤栗中我的脸色变得
> 比青草更绿。
> 我已不知是生是死，
> 只能在生死之间哭泣。
> 但我忍着，尽管爱是如此苦涩。

《思家》（*Longing for Home*）
阿尔开乌斯（Alcaeus）

与萨福不同，阿尔开乌斯抒写男人世界的情感。他的作品在古代就被编成十本书，但只有少数残篇流传至今。

> 置身野树丛，
> 生如乡间汉。

> 郁郁寡欢人，
> 渴闻集会唤。
> 赫赫元老院，
> 阿吉西莱达！
>
> 父祖俱老矣，

犹然在古邦；
无奈古邦人，
相煎乐不疲；
天不怜我兮，
怅然被逐离。

而今居斯土，
荒蛮放逐地；
雅典大首领，
奥诺马克勒，
亦因倾轧故，
凄凄如我境。
与……媾和
断然非明智。

为赴天神界，
踌躇黑暗地……
……我欲奋求生，

避却烦恼寻。
故邦俏佳人，
而今临斯地，
争相斗艳丽，
嘤嘤娇声起。
天神降福音，
盘旋选美地。
待我评点毕，
天神将……

解读本篇生活片段
1. 萨福在她的诗里表达的是什么情感？
2. 萨福如何描写她嫉妒时的身体反应？
3. 阿尔开乌斯在流放期间最渴望的是什么？
4. 阿尔开乌斯为何会离开家乡？
5. 萨福和阿尔开乌斯写的这些诗的语气与荷马史诗的语气有什么样的区别？

德赛》描述了特洛伊城攻陷后希腊勇士奥德修斯的漫游经历。此外，《奥德赛》还热情赞美了婚姻，因为奥德修斯尽管有一些艳遇，却始终思念着他的妻子珀涅罗珀（Penelope），她在伊塔刻（Ithaca）等待着他。

在两部史诗中，诸神都兴高采烈地介入了凡人的生活，改变和推延敌友的命运。例如，荷马描述宙斯这位挂名的卫道士始终处在其他神祇的围逼之下，他们希望帮助各自钟爱的凡人。荷马描述的诸神的淘气形象，不可磨灭地印在了全体希腊人的脑海中。荷马的权威是如此之高，以致他的作品使他成为希腊宗教的神学家。他关于男女众神的故事虽然没有完全取代其他的故事版本，但却成为了标准版本，流传于所有操希腊语居民居住的地方。

除了开创了诗歌体的形式和主题外，荷马史诗还使希腊的语言得以成型。将两个不同事物进行比较有助于形象地讲述故事中一些戏剧性的、奇异的事件。例如，荷马在塑造奥德修斯作为一个勇猛杀手的生动形象时把他比作一头狮子，"浑身是血，胸前和两肋鲜血淋漓"。在一个不太暴力的比喻中，荷马称阿喀琉斯把他的希腊同胞们比作"折翅的"小鸟，而把他自己比作哺养这些小鸟的母亲。荷马的象喻也提供了一个丰富的现成短语和比喻词语库，即所谓**荷马式描述**

语（Homeric epithets），例如"狡猾的奥德修斯"、"跑得快的阿喀琉斯"和"玫瑰花瓣色的黎明"等等。这些短语构成了现成的韵律词语（就像音乐中的节拍一样），使这位吟游诗人得以随口"谱写"他的诗作。

荷马史诗还充当了古风时代希腊人的行为准则。由于荷马史诗被编入希腊教学的课本，这些诗歌便发挥了伦理指导的功效。一个以阿喀琉斯或奥德修斯为榜样的小伙子将懂得去做以下种种事情：保重自己的身体、在与其他男子为伍时言辞滔滔、慷慨友善地待人接物、对挚友的去世当众痛哭流涕、爱慕女子的美貌、尊重其他贵族的物质财富、欣赏赞美勇敢的颂歌，以及（最重要的）维护自己作为一个男子汉和勇士的名声。另一方面，一个效仿珀涅罗珀（奥德修斯坚韧、忠贞的妻子）的姑娘将生活在较为封闭的天地里：纺线织布、操持家务、修身养颜、抗拒其他男人的侵扰。

抒情诗　在**里拉琴**（lyre，一种弦琴）音乐伴奏下吟诵的诗词，也即**抒情诗**（lyric poetry），成为古风时代后期最主要的文学表达形式，而且，抒情诗句从那以后也一直支配着西方的诗歌。抒情诗在史诗之后才产生，它表达的是作者个人内心的思想，虽然激发作者灵感的是缪斯神欧忒耳珀。公元前6世纪从史诗向抒情诗的转变与希腊城邦的变迁相吻合，在此时的城邦里，日益增强的民主精神鼓励了各种各样的声音表达出来。

在抒情诗的几种类型中，独唱颂歌（monody）也即独唱抒情诗（solo lyric）成为古风时代希腊最流行的形式。独唱颂歌的诗作者通过采用单行诗句或重复一小段诗句的模式达到了比较质朴的境界。与相对完整地流传下来的荷马史诗不同，现存的独唱抒情诗相当残缺。例如，残留下来的萨福诗作大部分是从后世评论家们的著述中收集来的零星句子，只有一到两首完整诗篇。至于音乐则全部失传了。然而，古代人却是把萨福（生活在公元前600年前后）看作是最伟大的独唱抒情诗人。哲人柏拉图（Plato）在他写的一首献给萨福的抒情诗中把她誉为第十位缪斯。作为一名真正的原创作家，萨福显然没有从荷马或其他任何诗人那里借鉴什么东西。她的作品是写给她故乡（爱琴海中的莱斯博斯岛[I. of Lesbos]）的一小帮贵妇朋友欣赏的。她完全凭自己个人的兴趣创作，主要是写她自己、她的朋友及她们相互之间的感情。萨福的诗句典雅、谨严，大多颂唱浪漫情感的心境：渴望的单相思、恍惚的心情、悔恨、无奈、嫉妒、满足。萨福的自感脆弱和她对真谛的热爱使独唱抒情诗成为忏悔写作的完美载体。

哲学和科学

促使古风时代希腊出现民主主义对现存权威挑战的部分原因是精神态度，

表2.3　古风时代的哲学家

哲学家	时间	成就
泰勒斯（Thales）	约公元前585年	第一位哲学家；哲学唯物主义的始祖
毕达哥拉斯（Pythagoras）	约公元前580年到约公元前507年	哲学唯心主义的创始人
赫拉克利特（Heraclitus）	约公元前545年到约公元前485年	第一位阐述辩证法的人；相信万物皆流

而这种精神态度也推动了思想家们去探究诸神的权力，并最终探究诸神的存在。正如民主人士构建了以人为本的国家一样，哲学家们也想象出了一个世界，在其中，人类心灵可以把握的自然进程发挥着作用。这些希腊哲学家创造了后世罗马人所称的**自然哲学**（natural philosophy），这个术语包含了我们今天所称的"科学"和"哲学"。科学和哲学之间的密切联系持续了2200年，一直延续到17世纪的牛顿革命（Newtonian revolution）。只有在牛顿之后，科学才纯粹是揭示自然界中所发生的事物，而不再去推测这些事物的目的。希腊人既问"如何"，也问"为什么"。

　　自然哲学　自然哲学的起源，如同抒情诗的缘起一样，隐藏在不完整的历史记载之中，并且被一些支离破碎的残存书简扭曲了；但尽管如此，我们还是可以确认，正式的西方哲学开始于公元前6世纪的爱奥尼亚沿海。在那里的米利都（Miletus）城邦，一批被称为"米利都学派"（Milesian school）的思想家们推断说，在持续变化的自然界背后存在一种不变的事物（表2.3）。

　　泰勒斯（活跃在公元前585年前后）是米利都学派的创始人，他论证基本的物质是水——这个观点使他成为一名唯物主义者，因为他认为一切事物都是由水组成的。从现代科学的立场来看，泰勒斯是错误的，他圈子中的其他人也认为他的观点不对，相反提出其他因素——空气和"无限"（the infinite）——是基础物质。但比他们关于事物的结论更重要的是他们确信宇宙是有规则的，人类的理性可以最终理解自然界的秩序。他们对理性的信念不仅决定了思辨论述的发展方向，而且也迈出了将引发物理、化学、生物和其他科学的最初步伐。这些最早的哲学家提出宇宙由自然法则支配，并进而质疑从神学立场解释自然事件的做法，这一思想发展引起了另外一些人的悲叹，那些人在宗教中找到了合意的解释。

遭遇
近东艺术与希腊陶器

希腊艺术的最大成就之一是花瓶绘画艺术,它在黑釉图风格(约公元前700—前530年)和红釉图风格(繁荣于公元前6世纪后期到公元前4世纪后期,参见图3.1、3.10和3.11)中达到了顶峰。在黑釉图形成之前,希腊人从近东艺术中获得了灵感;因此,艺术史家称此为东方化(Orientalizing)时期(约公元前700—前625年)。

贸易是近东与古风时代希腊之间文化交往的主要载体,而陶器则用于装载液体货物,如油、香水、软膏和酒。优卑亚(Euboea,爱琴海中最大的希腊岛屿)的商人率先在希腊世界中制作陶器,其证据是在安纳托利亚(今土耳其西部)遗址中发现了大量优卑亚陶器。安纳托利亚沿岸那些富庶的爱奥尼亚城邦以及希腊本土的雅典和柯林斯等城邦从这种货物交易中大获其利。

在创建**东方化风格**(Orientalizing style)时,希腊人借鉴了工艺技巧、器皿形状、装饰主题和对象。所采用的工艺技巧包括表现人物和动物的新方法。他们学会了绘作身体形象的方法:或是画出身体的轮廓,或是画出身体的剪影而头部则画出轮廓;他们学会了一种更写实的表现所绘对象特征的方法,即画出肌肉、肋骨和头发等细节。一些希腊艺术家还喜欢在他们已经绘好的形体上雕刻出一些细节特征,这一工序与

米利都陶酒坛(Milesian Oinochoe,列维或马赛陶酒坛)。约公元前640—前630年。高约39厘米。卢浮宫。最初在列维的收藏品里,1891年购买

这只陶酒坛是古代希腊很流行的陶罐造型。其形状特点是坛形宽大,坛嘴呈三叶形。这只陶酒坛的上部两行空栏上画有家畜和野兽,在下部五行区域画有一些神秘的动物。选择山羊为主画动物是因为这种动物的实用性,它可以产出羊肉、羊奶,还有奶酪。画中植物也深受东方影响,例如蔷薇花、荷花和交缠的葡萄藤。这只酒坛是在爱奥尼亚的米利都一家作坊制作出来的,它展示了艺术家所采用的东方化风格——用黑色线条画上轮廓,再刻出动物造型细节,然后加上白色和紫色来加强效果。

使用黑釉画轮廓的做法结合起来时，便直接引导出了黑釉绘画风格。

近东图案，如狮身人面像、半鸟女妖和狮身鹰面像等，现在进入了希腊传统。混合动物形象是近东艺术钟爱的表现物（参见图1.23），但希腊传统一般都规避它们，而倾向于用自然方式刻画人和动物形状。然而，希腊艺术家的天才和技艺将奇形怪状之物吸纳进了他们自己的神话、传奇和民俗中。例如，近东艺术中狮身人面的斯芬克司在俄狄浦斯传说中变成了一个让人猜谜语的带翅膀的女妖。近东神话中的半鸟女妖在奥德修斯故事中变成了一个带翅膀的破坏性女妖，她引诱水手自取灭亡。而近东故事中的狮身鹰面怪则成了希罗多德所述关于北方阿里马斯普（Arimasps）部落之传说的一部分。

希腊艺术从近东引进的最后一样东西是动物造型的雕带，这是东方化风格的标记。在这种雕带中，希腊人将花瓶外表用线条划分成几个条块，在条块里填上排列成队的动物，包括带角野兽、天鹅和野山羊等（见上页图）。野山羊的引人注目使这一类画面被称为花瓶画中的"野山羊风格"。

读"遭遇"，学知识

1. 解释贸易如何导致有关艺术风格的文化交流。
2. 希腊与近东之间的文化交流发生在什么地方？
3. 希腊艺术家采用了近东艺术中的哪些艺术元素？
4. 讨论希腊艺术因遭遇近东传统而发生变化的方式。

当公元前6世纪末波斯人征服小亚细亚之时，思想中心转到了雅典、南意大利和西西里，在那里兴起了一种挑战米利都学派的传统。西西里学派的领袖毕达哥拉斯（约公元前580年到约公元前507年）驳斥了基本物质的观念。相反，他宣称"万物皆由数字组成"，意思是说数学关系可以解释自然界中的基本秩序——这个观点使他成为唯心主义者，因为他认为一种非物质的原理是事物的根源。他可能观察过以下的现象：拨动一根琴弦会发出一种声音；如果将这根琴弦切成一半长再拨一下，该琴弦每秒钟颤动的次数将是前一根琴弦的两倍，而发的声音则比前一个声音高一个音阶。由此，数学比例决定了音乐的声音。毕达哥拉斯随后总结说，"数字"解释了"宇宙"（cosmos）中的一切事物，他所说的"宇宙"指的是包含天和地的有序体系。

第三位哲学家赫拉克利特（约公元前545年到约公元前485年）比古风时代希腊的其他任何哲学家都更吸引现代人。赫拉克利特开创了在不断变化中发现真理的哲学传统，正如他著名的观点所称：一个人不能两次跨进同一条河流。此外，赫拉克利特还发明了最早的逻辑推理方法，因为他推论出了一条逻辑思维的基本原则，即发展源自对立。这个独到的见解促使他坚称"争斗是正义"，斗争乃进步所必需。

后来的思想家开始探究知道的意思是什么，怎么才可能去知道。例如，一些人质疑，五种知觉——视觉、嗅觉、触觉、味觉和听觉——是不是真的能够确保获得关于世界的精确信息。其他一些人开始对语言发问：词语用来表述和沟通认识的能力之限制是什么？这些哲学家奠定了**认识论**（epistemology）的基础，所谓"认识论"也就是关于知识之本质的哲学分支。

建筑

神庙作为希腊人最高的建筑成就，成为建筑构件、装饰细节和审美原理诸要素的源泉，这些要素合在一起，深刻影响了从古至今的西方建筑。神庙在古风时代的希腊发端之时是一种神圣的建筑，可能是木结构的，旨在容纳公众崇拜的神祇之祭祀塑像。随着古风时代经济能量的不断加大和财富的日益积累，每个城邦都用石块重建了原有的木结构圣堂。

图解一座典型的神庙就能清楚地表明这种建筑物对西方建筑的影响有多大（图2.10）。一般的希腊建筑被称作**柱梁三角结构**（post-beam-triangle construction，也称柱梁架构［post-and-lintel construction］）。柱是指立柱；梁是指架在立柱上的水平构件即**额枋**（architrave）；三角表示在房屋上部两端的三角区域，称为**三角楣**（pediment）。其他一些共同的特点包括：

檐部（entablature），它指的是位于立柱和三角楣之间的所有部分；
檐口（cornice），架在檐部上的水平构件；
柱基（stylobate），即立柱摆放其上的基座上部。

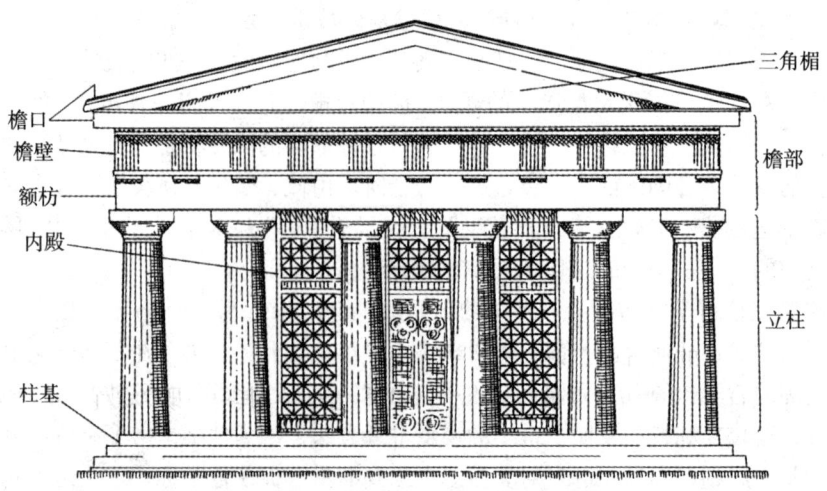

图2.10　希腊建筑的要素

解读艺术

构图：画面抓住了两个人物的激烈动作。阿喀琉斯大体被画成了侧面像，从而把观者的视线引向了画成正面像的彭忒西勒亚。两个人物的名字都标了出来。

主题内容：埃色基亚斯根据不可知的来源——这个取自特洛伊战争的片段不见于荷马史诗——描绘了该场景，其中，举手准备一击的阿喀琉斯惊叹亚马孙女王彭忒西勒亚的美丽而爱上了她。但他还是杀死了她，随后又为她深深哀悼。

艺术家的用意：在众多公元前6世纪的器皿画家中，埃色基亚斯是唯一一位在作品上落款的人，或许是为了博取声望，扩大销量。

风格：画家采用了黑色图形风格，人物画成黑色，用尖笔刻划细节。简单烧烤出的陶罐底色为红色，可能是涂釉的效果。

形状：这只双耳油罐体积不大，但很可能是富家拥有的。普通人家使用的双耳油罐可能不会画上人物形象，而只有一些几何图形。

背景：像这样的器皿画，连同寇洛斯和刻勒（参见图2.14—2.17）一起，是古风时代希腊文化的重要内容；一般来说，创作内容取自荷马史诗，史诗中的重要角色在城邦的普通人生活中有着巨大的影响。

落款为埃色基亚斯：《阿喀琉斯杀死亚马孙女王彭忒西勒亚》。约公元前530年，陶罐，高40.6厘米。伦敦，大英博物馆（B210）

这是几乎唯一一幅绘在陶制器皿上因而得以留存下来的古希腊绘画。到公元前6世纪时，黑色图形的器皿成为一种主要的艺术形式。埃色基亚斯（参见图2.9）在一只雅典的双耳油罐上绘制了这幅画。

典型的神庙四周都有立柱，它们围住一间带墙体的屋子，称为**内殿**（cella），里面摆放供奉的神像。每座神庙都面向东方，小屋的门也向东开，这样，庙门打开时，东升的旭日就照射到神像的身上。

希腊最早的神庙风格被叫做**多利克式**（Doric），其得名既因为它发源于多利安诸城邦，也因为这种风格简洁的设计和缺少细节装饰的特点反映了多利安人冷峻的品位（图2.11）。多利安式的立柱带有平顶，或称**柱头**（capital），柱头直接架在柱基上，不带任何中间柱脚。在多利安神庙的檐部上有一条雕塑

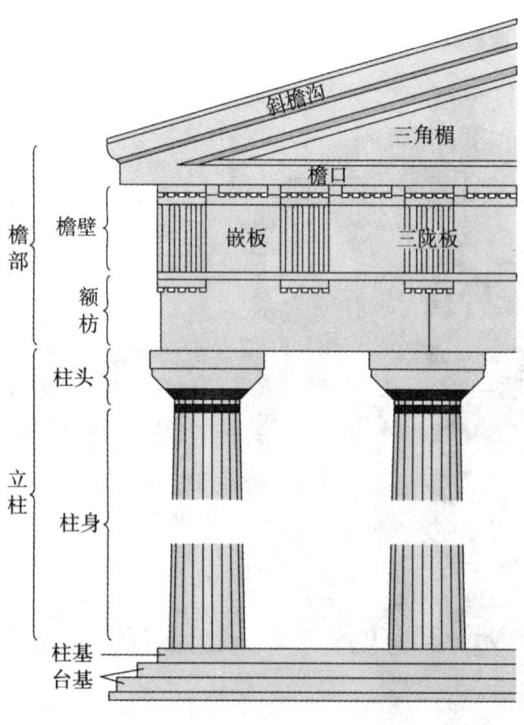

图2.11 多利克风格的希腊建筑

镶带，称为檐壁（frieze），它要么做成三棱槽型，称**三陇板**（triglyphs），要么做成平板，称**嵌板**（metopes），嵌板或是空白着，或是塑上**浮雕**（relief sculpture）。三陇板令人想起神庙最初是木结构建筑，其跨顶横梁用的是一些用青铜镶包起来的大圆木。

古风时代多利克风格的卓越典范是位于南意大利波赛冬尼亚（Poseidonia，现今为帕斯塔姆[Paestum]）的赫拉神庙（Temple of Hera，图2.12）。赫拉神庙是该处三座圣殿中最古老（约建于公元前550年）也保存最完好的一座。这座巨大的神庙用当地出产的粗糙石灰石建成，外观显得有些难看，部分原因是额枋太巨大而立柱间的空间又太小。建造者试图通过在设计中加

图2.12 帕斯塔姆的赫拉神庙。约公元前560—前550年。石灰石

这座用厚重敦实的立柱支撑的庙宇不仅是古风时代希腊建筑的样板，也是希腊财富与扩张的一个见证。公元前7世纪和前6世纪，来自希腊本土的殖民者定居到了被他们认为是"大希腊"的意大利南部，他们给这里带来了奥林匹亚男女众神的传说和修造庙宇来供奉他们的观念。

入一些修饰来纠正这一缺陷（但不成功）。立柱的柱身中间加粗了，这样看上去很结实牢固，撑得住额枋，这种技术被称为**凸肚**（entasis）。工匠们还沿柱身刻制了被称为**柱糟**（flutes）的垂直槽纹使立柱外表显得典雅精致，立体感也更强。

经过无数实验，希腊建筑师最终克服了早期多利克风格的笨拙，他们认识到了庙宇的美观是由算术比例决定的。由雅典的邻邦和宿敌埃吉那（Aegina）公民建于公元前510年的雅菲亚神庙（Temple of Aphaia）似乎就体现了这一原理（图2.13）。这座神庙的建筑师采用1∶2的比例，在神庙两端各树6根立柱，而在两边各树12根立柱，从而获得了悦目的效果。雅菲亚神庙以其和谐的比例和典雅的立柱成为此后半个世纪多利克风格广泛模仿的标准。

图2.13　埃吉那的雅菲亚神庙。公元前510年

埃吉那的雅菲亚神庙成为整个多利克风格神庙的典型，该风格一直到公元前440年才被雅典的帕特农神庙风格取代。雅菲亚神庙用当地的石灰石建造，外面涂上灰泥并画上画，它的地址也是精心挑选，从而显得像一颗俯瞰大海的璀璨珍珠。这座神庙的建造者和装饰者密切关注艺术典雅，例如其纤细的立柱和栩栩如生的雕塑等，这使得这座神庙成为古风时代建筑顶峰的代表。

雕塑

与美索不达米亚和埃及的艺术一样，希腊雕塑植根于宗教实践和信念。希腊雕塑家雕刻男女众神的形象摆放在神庙中，或是用作供奉对象，或是装饰三角楣和檐壁。希腊雕塑发展中意义较大的是**寇洛斯**（kouros，复数为寇来［kourai］）和**刻勒**（korē，复数为刻来［korai］），分别为可挪放的青年男女塑像。在公元前600年之前，这些塑像从众神的形象演化为已故英雄的形象，最后又演化为普通人，即贵族或获胜的运动员。

使**古风时代**（Archaic）青年男女塑像与埃及和美索不达米亚艺术泾渭分明的因素是希腊人对人体美感到愉悦。希腊人在表现人体时摒弃了埃及人和美索不达米亚人强调常规姿态和刻板姿势的神圣方法。相反，希腊雕塑家创作了

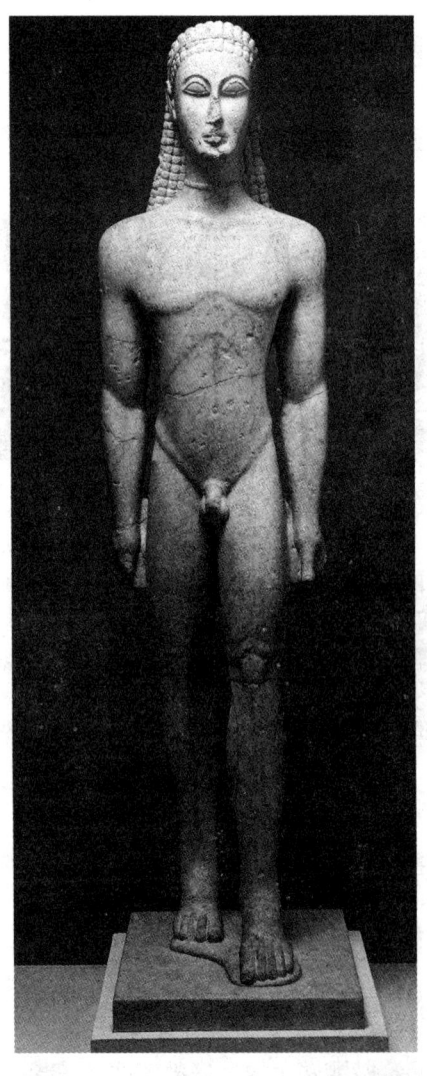

图2.14 纽约寇洛斯。约公元前615—前590年。大理石，高1.87米。纽约市大都会艺术博物馆藏。弗莱彻基金会1932年捐赠（32.11.1）

纽约寇洛斯是约公元前6世纪初开始创作出来的许多类似雕像中的一座。在该世纪中，男性和女性雕像从刻板、单调的模式逐渐向自然的、合乎人体比例的样式演变。

矫健、威武的男子形象和活泼健美的少女形象。在希腊人看来，雕塑对象的健康美丽与塑像的宗教目的一样重要。

古风时代的第一批青年男子塑像受埃及传统的巨大影响，但希腊雕塑家们逐渐抛开了其源流。一件早期的寇来型雕塑样本是"纽约寇洛斯"（New York Kouros，图2.14），得名于它目前的收藏处纽约市大都会艺术博物馆（New York City's Metropolitan Museum of Art）。这尊青年男子的大理石雕像左腿前跨，手握拳头，面朝前方——这些特征表明它是设计成从前面观看的；从艺术上来说，它显示了埃及的影响（参见图1.16）。但是，希腊雕塑家超越了埃及的技巧，进而结合进一些使人像更生动的变化，例如试图表现膝盖的正确形状，并雕刻真人的嘴巴造型。最后雕塑出的这具人物形象是逼真的还是理想化的，这一点不太重要，重要的是雕塑家用肉眼研究了人体，并力图精确地表现出来。希腊人通过创作诸如纽约寇洛斯一类的突破性作品，开创了一种生气勃勃的传统，后来的艺术家们将对这一传统作持续的改造。

在纽约寇洛斯以后，新一代雕塑家们表达了他们对男性人体美的新观念，创作了诸如阿纳维索斯寇洛斯（Anavysos Kouros，图2.15）一类的作品。这尊雕像或许是一件供献给男女众神的祭品，它依然展示出强烈的埃及影响，但它向更强的生动感迈出了一大步。其伟岸挺拔的身躯令人信服地再现了一位奥林匹克竞技者的健壮体格，而该寇洛斯的面部表情（即所谓的"古风式微笑"）则使这尊大理石人像具有了某种神秘的气质。

刻来雕塑与青年男子的塑像一样，也经历了从单调、刻板的风格向更逼真形态的演化，虽然在希腊雕塑的这个阶段妇女从来不雕塑成裸体状。最早的穿着衣服的刻来雕塑将美索不达米亚和埃及传统与希腊观念糅合在一起，有时产生了一种有意思但笨拙的效果。这类早期作品有"奥克赛勒刻勒"（Auxerre Korē，图2.16）——得名于法国的奥克赛勒博物馆——她那圆柱的形状模仿自美索不达米亚，而其古板的姿势、卷曲的头发和细细的腰肢则借鉴自埃及。希腊雕塑家给塑像添加了阔大的嘴巴和饰有回纹图案的希腊式宽长袍（一种宽松的外套）；奥克赛勒刻勒虽然细节部分颇有吸引力，但不免失诸刻板和呆滞。

宽长袍的刻勒（Peplos Korē，图2.17）晚了约一个世纪，它优美地表现了古风时代后期雕塑中发生的令人振奋的变化。这尊塑像上身穿一件短袖上衣，外披一件束腰宽长袍。雕塑者用一种更优雅的姿势替代了僵硬的埃及式姿势，例如，人物抬着左手。涂漆的项圈痕迹依稀可见，因为宽长袍刻勒与所有的希腊雕塑一样，都要涂上油漆以便使人像尽可能显得逼真。经常显得有点拙劣的古风式微笑在这里更是表现得淋漓尽致，使得这位可爱的女子表现出某种贵族的气派。

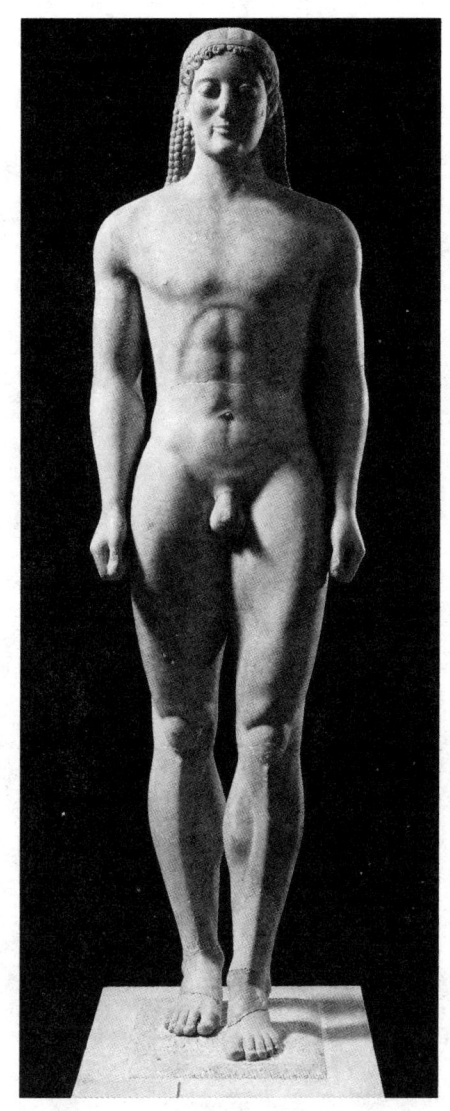

图2.15　阿纳维索斯寇洛斯。约公元前540—前520年。大理石，高1.93米。雅典，国家考古博物馆

阿纳维索斯寇洛斯拥有所有寇洛斯的突出特征：正面像、注重身体细节、庄重典雅。然而，它也有一些细微的创新，与图2.14相比，雕像的肌肉表现得更精确、更生动，这预示了希腊雕塑的风格。

图 2.16 奥克赛勒刻勒。约公元前 675—前 600 年。石灰石，卢浮宫

奥克赛勒刻勒代表了这种女性雕像造型发展中较早的阶段。雕像较小的尺寸（约 0.75 米高）表明，它可能是陪葬品中的一部分。雕像上黑色颜料的残迹表明这尊刻勒曾被涂上颜色以便显得更生动。

图 2.17 宽长袍的刻勒。约公元前 535—前 530 年。大理石，高 1.22 米。雅典，卫城博物馆

这尊穿长袍的年轻女子的雕像在古风时代非常流行，而古风时代为后世的希腊艺术树立了标准。本图中的宽长袍的刻勒有着秀美的脸庞、优雅的衣着和期待的神情，它代表了这种早期风格最高的表达水平。同阿纳维索斯寇洛斯一样，这尊雕像传达了一股生动的生活气息。

图2.18　埃吉那雅菲亚神庙东三角楣的重建草图。慕尼黑，古代雕塑展览馆，根据简森仿福尔特文格勒设计图画成。大理石，高约12.2米

这幅草图展示了三角楣雕塑原来的样子是什么。请特别注意雕塑家是如何将他雕塑的人物布置进一个复杂的三角形空间的：他将每个雕塑人物按比例渐次放大，直到接近三角形的顶端。

图2.19　跌倒的战士。埃吉那雅菲亚神庙东三角楣。约公元前510年，大理石，高1.83米。慕尼黑，古代雕塑展览馆

这位濒死的战士赢得了更多的尊敬而非怜悯。的确，我们看到的他是跌倒还是在努力站起来？

希腊人表现裸体男子和穿衣女性的传统贯穿于整个古风时代，并延续到随后的希腊时代（Hellenic Age）。希腊人愿意接受男性的裸体，他们在战场、运动训练场、奥林匹克竞技场等场合见惯了男子裸体，这种接受反映在他们的艺术中。但是他们对女性裸体却感到不太自在（在斯巴达除外，那里的女性也作裸体运动），因此妇女一般绘制成穿衣服或披长袍。

古风时代希腊文明的遗产

希腊的古风时代是艺术和人文历史上一个宝贵的时段。古风时代的希腊人继承了新石器文化流传下来的技术,延续了美索不达米亚和埃及的城市生活方式,更为重要的是从米诺斯人和迈锡尼人那里汲取了精神和心理营养,在此基础上,他们养就了一种独特的意识,这种意识通过原创性的艺术和文学形式表达了他们对神祇、凡人以及神人之间如何交往等问题的观念。古风时代希腊人创造力的一个标志是:他们在发明史诗、抒情诗、柱梁三角式庙宇、刻勒和寇洛斯雕塑、自然哲学等事物的同时,参与建设一种新的、更好的城邦生活方式。

这种由古风时代希腊人发明的新的生活方式激发了我们(在作历史回顾时)所称的人文(humanities)——也即那些使希腊文明卓尔不群的原创性艺术文学形式。但是,这个光辉时代的文化迸发与希腊人孜孜不倦地体验生活的极致和他们高度关注人的力量是不可分割的。发明了诸种文化形式之后的希腊人热切地相信,个人只要应用这些形式的范本(或是去研究它们,或是去创作新的作品),就能成为更优秀的人。就此而言,古风时代希腊人的艺术和人文充满了伦理的内涵,从而对某些人(尤其是哲学家)来说意味着一种可以替代宗教事务的生活方式。

在这个时代的各个方面,我们都能看到创造性动力,这种动力乃是各个时代的西方文明都具有的特征。虽然不同的文化形式在古风时代中并不是同步地发展——比如雕塑就没有抒情诗那样强的表现力——但这些早期的艺术努力与此前近东诸文明的努力有着根本的分野。古风时代希腊人所发展的人文风格之试金石是他们对人类智慧和身体力量的信念。事实上,荷马(他是这个时代响亮的文学声音)被后人一遍又一遍援引的话是他以下宣言:凡人和神祇系同一家族的组成部分。不太自信的民族在听到这个论断时可能会争辩说,人类是局限在他们尘世的希望之内的。但在古风时代的希腊人看来,荷马的意思是说,人也有能力像神祇那样作为。古风时代希腊人对所有值得注意的功绩(无论是在诗歌创作中,还是在战争或奥林匹克竞技中)都表达尊敬,这证明他们对人类成就的基本价值深信不疑。

以上对古风时代雕塑的讨论将引出两幅图,这两幅图把两个已经遭遇的主题拉到了一起。图2.18展示了重建的雅菲亚神庙东山墙(参见图2.13),它描绘了雅典娜监督希腊人与特洛伊人之间的一场战斗。雅菲亚的雕像现在存放于慕尼黑博物馆——事实上,希腊的三角楣雕塑没有一件还保存在原处。这个重建的三角楣透了一种神奇的感觉,许多三角楣都应该显示出这种感觉的。在图2.19中,一尊东三角楣上的雕像塑造了一个濒死的战士。在波斯战争的前夕,希腊人提醒自己要记住此前一场抗击来自东方之敌的战争。请注意在重建设计中一组人物雕像所具有的美妙的平衡、秩序和对称。在观赏那位单独的濒死战士雕像时，要注意他的高贵和人性。这里躺着一个以身殉职的人。当然，他的躯体雕刻得非常精美——甚至比那些寇洛斯雕像还要美。如同在几乎各个生活领域一样，雕塑领域也取得了飞速的进展。

文化关键词

檐壁（frieze）
线性文字A（Linear A）
神话（myths）
竖穴墓（shaft grave）
缪斯（muses）
大地诸神（chthonian deities）
史诗（epic poetry）
荷马式描述语（Homeric epithet）
抒情诗（lyric poetry）
认识论（epistemology）
柱梁三角结构（post-beam-triangle construction）
额枋（architrave）
檐部（entablature）
柱基（stylobate）
多利克式（Doric）
三陇板（triglyph）
浮雕（relief sculpture）
柱槽（fluting）
刻勒（kore）
人文（humanities）

壁画（fresco）
母性崇拜式（matriarchal）
线性文字B（Linear B）
寡头政权（oligarchy）
奥林匹亚诸神（Olympian deities）
傲慢（hubris）
吟游诗人（bard）
里拉琴（lyre）
自然哲学（natural philosophy）
东方化风格（Orientalizing style）
三角楣（pediment）
檐口（cornice）
内殿（cella）
柱头（capital）
嵌板（metope）
凸肚（entasis）
寇洛斯（kouros）
古风时代（Archaic）

批判性思考提问

1. 米诺斯文明的成就是什么？讨论米诺斯文明对古风时代希腊的影响。
2. 迈锡尼文明的成就是什么？讨论迈锡尼文明对古风时代希腊的影响。
3. 讨论希腊的"人文观"，说明这种人文观怎样使希腊人不同于美索不达米亚人和埃及人。
4. 比较和对比史诗和抒情诗。哪些受众会被这两种诗歌体裁所吸引？
5. 古风时代希腊是如何为西方文明奠定基础的？

3 古典希腊文明

希腊时代

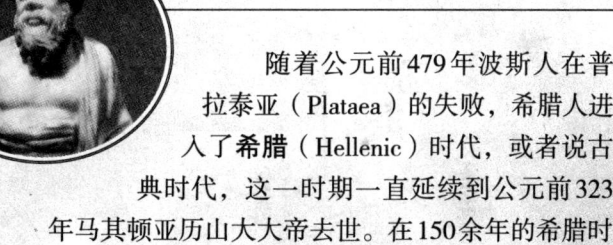

随着公元前479年波斯人在普拉泰亚（Plataea）的失败，希腊人进入了**希腊**（Hellenic）时代，或者说古典时代，这一时期一直延续到公元前323年马其顿亚历山大大帝去世。在150余年的希腊时代，希腊人第二次打败了波斯人，并在长达一个世纪的毁灭性内战之后幸存下来，只是最终臣服于马其顿人。但是，在整个这些动荡的岁月里，希腊人对他们优越生活方式的崇高信念从未动摇过。

尽管希腊世界由坐落在希腊大陆、爱琴海岛屿、小亚细亚沿海、毗连地中海和黑海的陆地的许多城邦组成（地图3.1），但雅典成为了其文化中心。希腊时代是古典文明的第一阶段，是古代希腊人的最高成就。尽管城邦间存在多样性，希腊时代的希腊人有着一定的共同特征。竞争和争斗依然是主要特征，同样，在一个依然是压倒性农村天地的文化中，城市色调也愈来愈浓郁（图3.1）。

◀ 苏格拉底雕像。约元前200—公元100年。高26.7厘米，伦敦大英博物馆

民众对奥林匹亚诸神的态度也在不断变化，公祭开始被纳入城市节日。这个时代的伟大艺术在诸如雅典保护神雅典娜女神殿帕特农

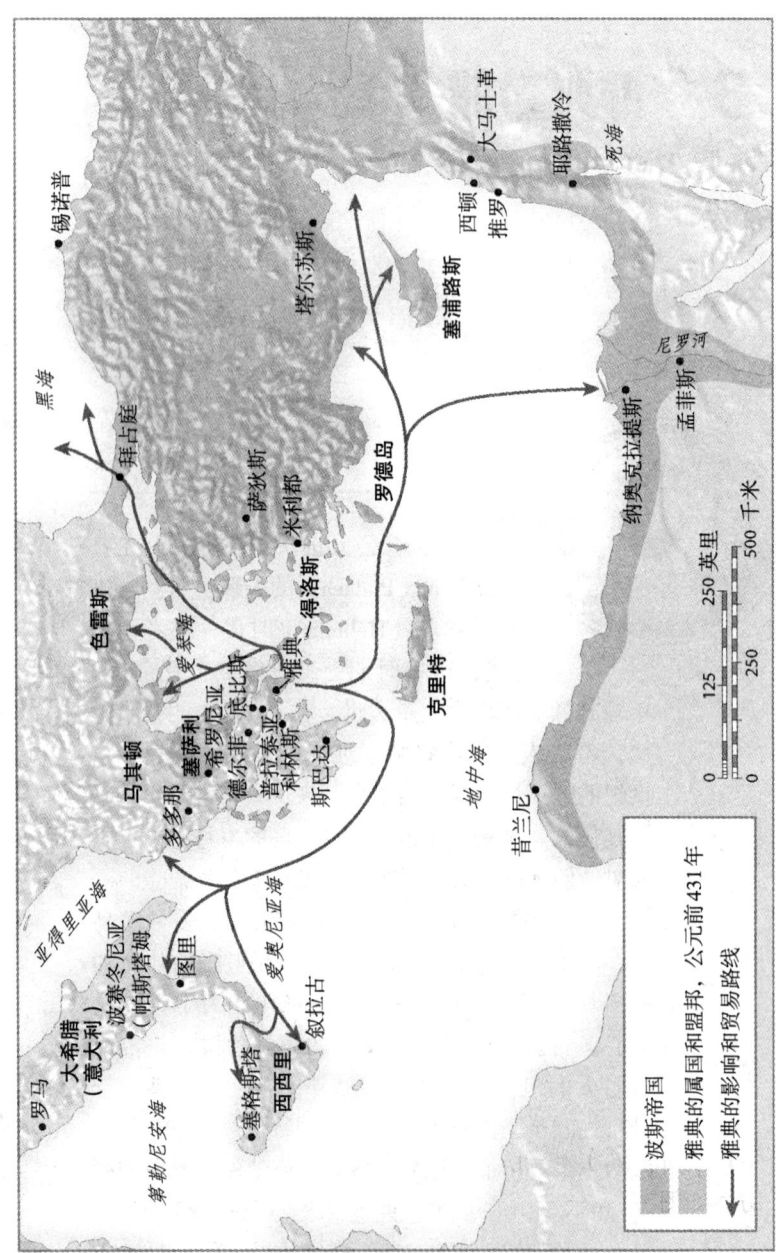

地图 3.1 公元前 431 年的雅典帝国

这幅地图展示了伯罗奔尼撒战争前夜的雅典帝国和波斯帝国。1. 就其规模、海陆结构对雅典帝国和波斯帝国作一比较。2. 注意雅典和斯巴达在东地中海的不同影响。3. 雅典和斯巴达的地理位置如何影响它们各自的海陆军政策? 4. 西西里与雅典之间的距离以何种方式影响伯罗奔尼撒战争的进程? 5. 注意马其顿之邻近希腊有助于它在公元前4世纪后期的征服。

图 3.1 《火炬接力赛》。约公元前 430—前 420 年。陶制杯。高 35.6 厘米。收藏于马萨诸塞州坎布里奇哈佛大学艺术博物院阿瑟·M·萨克勒博物馆，戴维·M·鲁宾逊遗赠

自公元前 800 年左右即古风时代的黎明时分起，体育，尤其是竞技体育成为希腊生活不可分割的一部分。在希腊时代，艺术家们以体育竞技为主题，一如这幅描绘也许是在帕纳蒂尼亚节期间的一次火炬接力赛的绘画所示。这幅花瓶彩绘以红色图案风格制作，与图 2.9 和第 71 页图所示之黑色图案风格正好相反。相对整齐不乱的设计，三个人物没有多少细节描绘，这完全适合于双耳喷口杯（krater）这一调酒器皿上的小画面。

（Parthenon）神庙（图 3.2）一类作品中反映了城市节日和祭神之融为一体。随着男女神祇在希腊生活中越来越扮演庆典的角色，宗教变得非神秘化，在人民生活中失去了它的涉及个人的价值。而且，战争、政治倾轧和挑战性的哲学新理念减弱了宗教解释日常现实的能力。

古希腊的古典文明试图确立均衡生活和取之有度。在雅典的悲剧中，一个重复出现的主旋律是财大气粗和位高权重的危险。按剧作家们的说法，财富与权位滋长骄气，招致其他市民的妒忌，或者更糟，招致神灵的妒忌。有节制的生活是个人消灾弭祸的万全之道。

希腊人还在人性的两个对立的极端之间寻求平衡，这两个极端的标志是节制之神阿波罗和暴戾之神狄俄尼索斯。阿波罗是理性思想、道德规范和美学平衡之神（图 3.3）。反之，狄俄尼索斯是酒神，酗酒闹宴，纵欲无度，疯疯癫癫。人称**米娜德**（maenad）的迷情狂女们追捧他，膜拜他，经常发酒疯撕活畜。到希腊时代，这些过分的行为仅限于农村地区，因为狄俄尼索斯式的冲动不断地为阿波罗精神和城市生活所驯化。在雅典，对狄俄尼索斯的豪饮祭拜变成了**城市节日：酒神节**（The Dionysia），由此诞生了悲情戏剧，悲剧也许是希腊道德风尚的最高表达方式（图 3.4）。

古典（Classic 或 Classical）这个词寓有各种各样的含义。首先，古典意谓"最佳"（best）或"卓绝"（preeminent），希腊文化往往被视为实际上整个西方人文史上的最高阶段。古典一词还意味着具有"永久的、公认的重要意义"；一

图3.2 《雅典娜处女神像》。依据公元前5世纪菲狄亚斯雕刻的雕像的大理石复制品。高1.05米。雅典的希腊国家博物馆收藏

菲狄亚斯的大于真人实物的雕刻作品充斥于帕特农神殿的内殿,这种雕刻品在古代便消失,但有许多复制品幸存于世,这座小雕像便是。雅典娜身着披肩状连衣长裙(peplos),束腰,所戴头盔饰有狮身人面饰品,它的两边是两匹振翼之马,她的左手按着一块盾牌,盾上描绘有希腊战斗场景。该雕像由黄金和象牙各部分合成。对雅典娜头部的仔细考察彰显了从古风时代到希腊时代雕塑风格的变易,因为该雕像并没有古风时代雕刻中的笑容,其外貌特征是理想化的。

部经典作品树立了一种衡量其他作品的标准。就这第二个意义而言,希腊文化的艺术价值和艺术形式一直为西方历史的所有以后阶段研修和仿效。引申言之,"古典作品"(the classics)就是希腊罗马流传下来的作品。

　　古典也指通过希腊罗马的艺术和文学表现出来的一整套美学原理,即世称**古典主义**(Classicism)的学说体系。源于古希腊时代的古典主义第一阶段强调简朴而不尚繁复,重匀称或对称而轻不对称;尚节制而不尚过度。古典主义的核心是求索完美,求索理想形态——无论是表现在大理石建筑之神殿的

图 3.3 阿波罗雕像。见诸奥林匹亚的神殿之西三角楣,作于约公元前 460 年。大理石雕刻品,高 3.1 米。收藏于奥林匹亚博物馆

在这尊精心制作的头像中阿波罗安详的面部表情衬托出他作为节制之神的形象。作为奉劝人们"过犹不及"(nothing in excess)之神,阿波罗是同袭扰希腊人的破坏性冲动作斗争的强大力量。这尊雕像是朴素式或者说希腊古典式的第一阶段风格的制作,这种风格显见于头部向右侧转。但是,其假发似的头发表明了古风风格的残留影响。

图 3.4 《狄俄尼索斯和他的追随者》。约公元前 430 年制作。收藏于柏林德国国家博物馆

此幅绘画围绕一只香水瓶呈卷轴形,描绘蓄须的狄俄尼索斯坐在右侧,同他的追随者在一起。在他的 12 名信徒中,11 人是米娜德,即年轻的迷情狂女;第 12 位是蓄着胡须的塞莱纳斯(Selinus),他是狄俄尼索斯的养父和前小学教师。塞莱纳斯被画在下面左侧,刻画他通常的醉酒失态的状态。

比例上，或是表现在青铜铸像的人体解剖学标准上，或者表现在运用逻辑得出的哲学结论上。古希腊的古典主义表现在许多领域：戏剧、音乐、历史学、自然哲学、建筑和雕刻。

希腊时代的希腊公民对他们自己的城邦感到自豪，在城邦里，他们参加市政集会和宗教仪式。然而，尽管希腊城邦间共同点很多——语言、祖先、历史和荷马史诗——但它们从未有过政治上统一的希腊世界。

3.1 内外事务：战争、和平和马其顿的胜利

在希腊时代的前夜，希腊人打败了波斯人以后，只是在他们不断反抗波斯和敌视任何企图控制其他城邦的城邦的斗争中团结在一起。尽管它们在服务于共同利益的短期目标上进行合作，一旦具体目的达到，城邦间的善意便烟消云散。这个时期虽然以分裂、对抗和冲突为标志，但它总的来说也是很繁荣的。财富使辉煌文化的某些方面成为可能，它们往往反映冲突，但从未被冲突扭曲。

希腊时代的诸政治阶段

希腊时代可以分为四个不同阶段：

（1）提洛同盟（Delian League）；
（2）希腊境内的战争、希波战争及继后的三十年和平；
（3）伯罗奔尼撒战争；
（4）斯巴达和底比斯霸权（Spartan and Theban hegemony）和马其顿的胜利（历史分期表3.1）。

在打败波斯人以后，希腊人认识到建立一个共同防御组织是防止波斯人新的进攻的关键。公元前478年，许多个城邦组成防御性联盟即提洛同盟，以雅典为盟主。但雅典人旋即开始将这个自愿组成的同盟变成雅典帝国。随着雅典政策压迫性质的出现，雅典的独立邻邦惊恐起来。

然而，雅典的强权受制于同斯巴达的紧张关系，受制于波斯的不断威胁，受制于极其不稳定的提洛同盟。当谈判最终解决了波斯人之诉求时，提洛同盟便土崩瓦解了，剩下雅典易受希腊大陆诸敌的攻击。先是底比斯（Thebes）后是斯巴达领导了对雅典的进攻。战争拖了很长时间，但在公元前445年，斯巴达出乎意料地撤退，雅典赢得速胜，迫使它的敌人坐下来谈判。

历史分期表3.1　希腊时代的历史分期（所有年代均系公元前）

478	460	431	404		323
提洛同盟	希腊境内的战争和希波战争	三十年和平	伯罗奔尼撒战争	斯巴达和底比斯霸权	马其顿的胜利

接下来的三十年和平（只持续了十四年）将希腊时代的雅典送上它的巅峰。雅典民主扩大，就连最穷的公民也被授予充分权利（虽然妇女仍被排斥在外）。美术家和雕刻家们美化了卫城（Acropolis），三位伟大的雅典悲剧作家——埃斯库罗斯（Aeschylus）、索福克勒斯（Sophocles）和欧里庇得斯（Euripides）——活跃于各种戏剧节上。民众领袖和将军伯里克利（Pericles）凭借提洛财库为依托，推出一项豪华的建筑计划，该计划本质上是一项巨型公共工程计划（图3.5）。在一篇哀悼雅典阵亡将士的讲话中，伯里克利对雅典民主作了雄辩有力的辩论总结，赞扬其运用公众辩论来作决定，宽容不同信念，赞扬其爱美而不伤军事实力的能力。他的结论夸道,雅典是希腊的模范。

然而，那些并不倾慕雅典侵略的城市逐渐确信，战争是保护自己的唯一办法。雅典的对外政策及其扩张主义产生了一个联盟，该联盟如此微妙均衡，任何一方都不会允许另一方取得最轻微的优势。雅典的邻邦科林斯同希腊西部的克基拉（Corcyra，现今的科孚 [Corfu]）发生战争，克基拉求援于雅典。雅典起初的胜利令科林斯胆寒，科林斯领导人说服斯巴达人一起加入伯罗奔尼撒同盟（The Peloponnesian League）。伯罗奔尼撒战争（公元前431—前404年）开始。

伯里克利知道伯罗奔尼撒同盟在陆上占据优势，但认为雅典人能无限制

图3.5　伯里克利雕像。约公元前440年制作。大理石雕像，高50厘米。收藏于梵蒂冈博物馆

伯里克利雕像具有把雅典作为希腊世界政治、经济和文化中心的想象力。尽管这尊半身雕像是希腊原作的罗马复制品，但它传达了伯里克利坚强的领导和决心意识。

守住自己的门户并打赢一场消耗战。然而，公元前430年雅典爆发瘟疫，包括伯里克利在内的许多市民身亡。公元前421年，丧志兵败的雅典请和，伯罗奔尼撒战争的第一阶段甫告结束。

伯罗奔尼撒战争的第二阶段从希腊半岛移师遥远的西西里和西部——此举决定了雅典的命运。公元前416年，西西里的一个城邦乞求雅典提供军事援助。雅典人最终驰援，但在它试图远离本土打一场战争的过程中，雅典人丧失了他们的舰队，再也没有恢复其军事和经济实力。

在公元前4世纪的前几十年间，先是斯巴达后是底比斯成为居支配地位的城邦，但这些权力斗争只是进一步削弱列邦，使它们成为入侵者唾手可得的猎物。在文明化的希腊世界的北部边缘，该入侵者正在积聚力量。马其顿是一个原始的希腊国家，由国王统治，居民讲一口粗犷的希腊语方言。国王腓力

图3.6　亚历山大大帝雕像。约公元前200年制作。大理石雕像，高38厘米。收藏于伊斯坦布尔博物馆

也许在这尊半身雕像中理想化了亚历山大年轻、健壮的特征，使围绕这位历史上最有名的征服者之一的林林总总的传奇更加增色生辉。后来的统治者对照亚历山大衡量自己，亚历山大的一统世界之梦因其英年早逝而梦断。

（Philip）年轻时曾在底比斯当人质，他早已成为希腊文明的爱好者（Philhellene）。腓力是一位出色的军人，他把马其顿东扩至黑海。接着他挥戈南下，征服了希腊中部的城邦。中部列邦匆匆拉起一支军队，但腓力纪律严明的军队于公元前338年在希罗尼亚（Chaeronea）粉碎了他们。在马其顿与诸城邦之间建立同盟以后，腓力赐予希腊人除军事事务以外的一切自主权。于是他宣布对波斯的全面战争，但他在有可能发动第一场战役之前却被暗杀了。

腓力19岁的儿子亚历山大（Alexander）继承王位。著名的亚里士多德担任他的哲学业师，但亚历山大仍有一颗战士之心。底比斯和其他城邦试图趁腓力之死夺取控制权，亚历山大就把底比斯焚为平地，仅留下诗人品达（Pindar）的房子。亚历山大让一名将军坐镇希腊，自己则将目光转向东方（图3.6）。

遭 遇

黑人在希腊艺术中的写照

从古风时代起，希腊艺术家们就开始在他们的作品中描绘非洲黑人。在希腊历史上的其余时期以及继后在罗马历史上，艺术家们续操此业，于是描绘黑人成为古典艺术的一个重要特征。古典艺术中的这个变化只不过是多少世纪以来西方艺术受诸如风格要素、艺术象征和主题等非西方传统之影响的方式之一。

希腊人在其历史进程中遭遇到其他一些民族，但他们与非洲黑人的交往留下了最大的视觉遗产。从古风时代起，希腊艺术家就创造了一种黑人的造型，这种造型成为希腊传统中的一个经久主题。在艺术中表现黑人造型的特征包括黑色的皮肤、密集的卷发、阔大的鼻子、丰润的嘴唇和前突的下颚。黑人形象在引入之后，就在以后的希腊历史上始终红火（参见图4.1），并成为罗马艺术的组成部分。现在很难找到黑人造型的真人大小的塑像和头像，但创作于古希腊各个时期的数百件小型作品却反映了这种造型持久的流行性；这些小型作品是一些刻在下列物件上的黑人形象：小雕塑、花瓶、宝石雕刻、钱币、灯具、秤码、指环、耳饰、项链和面具。

希腊语中指称黑人的词是"埃塞俄比亚人"（Ethiopian），该词的原意是"脸被太阳烤焦的人"。当希腊人在国内和海外遇见黑人时，这个词逐渐被用来指称任何黑皮肤的人，与埃及以南的那个地区没有任何特别的联系。

黑人造型可能起源于瑙克拉提斯（Naucratis），一座由希腊移民于公元前7世纪在埃及的尼罗河三角洲建造的城市。那

雅典头状花瓶。公元前6—前5世纪制作。柏林德国国家博物馆编号F4049。承蒙柏林德国国家博物馆允准刊登

作为花瓶形状的头部展示了希腊艺术中黑人标志的典型特征，包括黑色皮肤、卷发、短发、大鼻子和厚嘴唇。这种花瓶流行于古风时代的雅典。

里的艺术家在与黑人的交往中获得了很深的印象，他们也许是希腊艺术中第一批描绘黑人形象的人。

在黑人造型的演化过程中，一个关键的日期是希波战争中波斯王泽尔士麾下黑人士兵进抵雅典（公元前479年）。此前，黑人造型已经出现在希腊陆地的艺术中，但泽尔士败军中大批的黑人则给了希腊人极其深刻的影响，因为他们亲眼看到了黑人。一些黑人也许最终沦为奴隶，从而一直存在于希腊生活中。还有其他一些黑人也到达希腊。他们中的大多数人是作为战俘前来，还有一些是作为士兵、外交官或商团成员，少数人是前来学习。许多黑人移民只有仆人的身份，但也有一些人是士兵、活动家和运动员。

希腊艺术中的黑人肖像源自艺术和科学方面的兴趣，而非来自种族偏见。与罗马世界一样，希腊世界中没有肤色偏见，这不同于现代世界。希腊人创造的众多黑人形象确凿地证明了在希腊历史的大多数时期希腊人与非洲黑人之间的交往。

读"遭遇"，学知识

1. 什么样的情况使希腊艺术家们得以在希腊世界遭遇非洲黑人？
2. 如果我们知道第一幅黑人图像可能出现在埃及的希腊城市瑙克拉提斯，那么，描绘黑人的作品以后在希腊文化中到处扩散的情形，告诉了我们有关希腊艺术和社会的哪些东西？
3. 黑人在希腊社会中起了哪些作用？
4. 希腊艺术家如何在他们的艺术作品中描绘黑人？

亚历山大梦寐以求的是一个统一在他名下的世界和一种由古希腊和波斯之根凝聚而成的文化。他的军队挺进小亚细亚、埃及和美索不达米亚，吞并了庞大的波斯帝国，然后往东横扫亚细亚直抵印度境内的印度河。随着征服，亚历山大摧毁和洗劫了东方文明各大中心，不过，他也建立了新的城市，传播了希腊文化。

亚历山大于公元前323年三十二岁时猝死，他的梦就此破灭。希腊人抓住亚历山大猝死所出现的机会造了马其顿压迫者的反，但很快就被制服。马其顿人于是占领了雅典并安插了一个贵族政府。就这样，在希腊，民主告终，古希腊文明终结。

3.2　古希腊时代的希腊艺术：追求完美

在这个政治气运斗转星移的时代，艺术和思想生活始终十分活跃。创造性干劲冲天的雅典是希腊世界的一颗明珠。在它的卫城顶上，错落有致的大理石神殿迎着爱琴海明媚阳光闪耀夺目（图3.7）。卫城下面的广场市场区里，哲

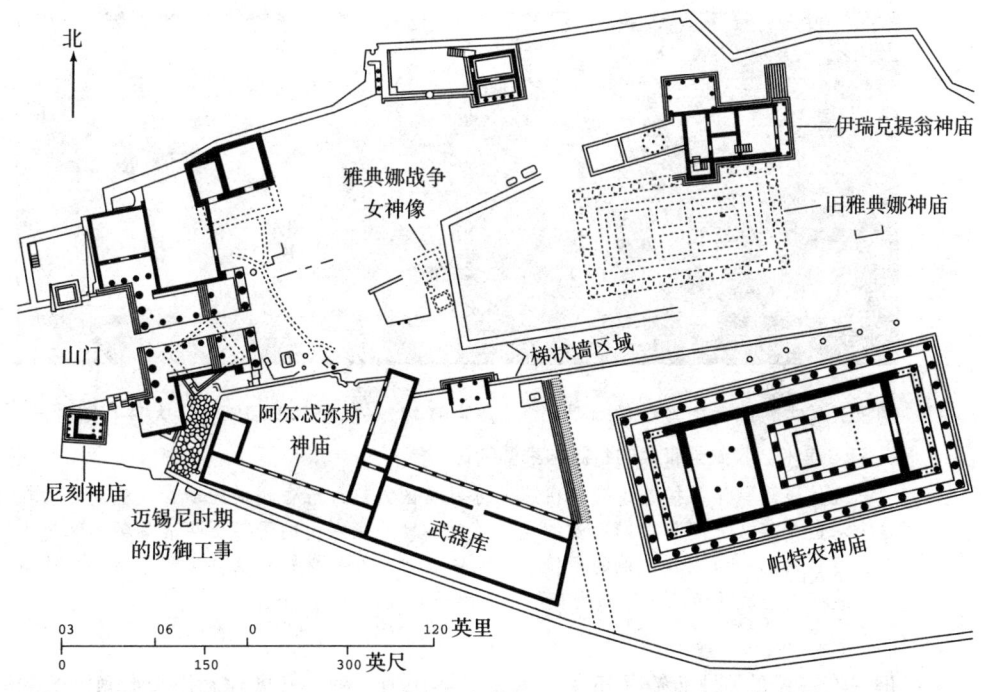

图3.7　卫城设计图

该设计图展示了帕特农神殿（图3.15）、胜利女神雅典娜神殿（图3.16）、埃列赫塞乌斯神殿（图3.17）等大型神殿的殿址。比照图2.7以获得全景视野。

学家们辩论着最深奥的人性问题。数百市民露天集合开议事大会，会上通过法律或推选陪审团进行法律裁决。赋闲的市民则为露天体育场里演练的运动员喝彩助威（图3.8）。在戏剧节里，倾城空巷共赏扣人心弦的悲剧或捧腹笑看最新的喜剧。

戏剧

希腊文明最杰出的建树之一是戏剧，其中，以**悲剧**（tragedy）闻名的戏剧形式达到了完美的境界。希腊戏剧源自同狄俄尼索斯祭拜的联系。希腊语中悲剧这个词意谓"山羊之歌"（goat song），这个词还可以指史前时代的一种宗教庆典，在这种场合，竞相比拼的男声**合唱队**（chorus）——歌咏队——醉酒欢歌狂舞以敬酒神；获胜者得到的奖品可能是一只祭献的小山羊。不论其确切的起源如何，在古风时代，雅典的戏剧已经采取了连台竞演的形式，每年3月庆祝大酒神节（Great Dionysia）期间推出。尽管我们已知许多悲剧作家的大名，

图3.8 《古希腊角力场中的运动员》。公元前475—前450年间制作。大理石雕刻品，高31.8厘米。收藏于雅典的希腊国家博物馆

这件浅浮雕作品描绘运动员在露天练习场区做热身准备运动的场景，观众可以在这个场区聚集在一起为他们喜爱的运动员加油助威。左边的青年正在准备参加竞走比赛，右边的那一位则检试他的标枪。中间的一对刚开始摔跤。这件浮雕作品原是雅典人在波斯战争后建造的一垛墙的有雕刻的墙基的一部分。

但只有三位的剧本保存了下来。喜剧最终作为一种公开展演和作为大酒神节的另一个组成部分，取得了同悲剧平起平坐的地位。只有一位喜剧作家的剧本尚存于世。音乐的发展一直很显眼，既有同悲剧相关而盛，也有独立发展。

起初，合唱队既是戏剧事件的集体演员，又是剧评者。后来，在公元前6世纪后期，据传诗人狄斯比斯（Thespis）——"演员（thespian）"一词即来自他的名字——推介一位演员与合唱队互动。戏剧诞生了。起初，演员的功能仅仅是向合唱队问问题。在希腊时代，演员的数目增加到三人，在公元前5世纪后期偶尔加上第四人。不论舞台上可能有多少个不说话的演员，但只有三个主要演员进行对话。公元前5世纪，合唱队完成了它作为演员与受众之间的中介人的古典功能。然而，随着时间的推移，合唱队的作用弱化了，而演员的重要性增强了，到公元前4世纪，演员成为戏剧的聚焦点。

因为悲剧的聚焦点原本是合唱队，要有一个适合他们跳舞唱歌之空间的必要性决定了演剧的具体形式。合唱队在一个叫做**合唱队席**（orchestra）的圆形场地内演唱，圆形场地的中央是一个用于祭典的圣坛，好让人们想起悲剧是一种宗教仪式。观众环绕三分之二个圆形场地坐在露天的木看台或石座位上，圆形场地的其余三分之一背衬着一座叫做**舞台**（skene）的木台或石台建筑。木台或石台可以涂彩着色以表示一个舞台，通过此台可以进场和退场（图3.9）。

如此简单布置的装潢呈现出略有一点现实主义，不过希腊戏剧不在乎现

图3.9 埃庇道腊斯的剧场。约建于公元前300年

　　这个保存最完好的希腊剧场是埃庇道腊斯的一个剧场。尽管悲剧只产生于雅典,但这种艺术形式深孚众望,致使在全希腊各地都建有剧场——这是雅典文化帝国主义的一个有力标志。这个古代剧场的观众席的音响效果非凡。整个剧场都可以清晰地听到演出者的声音,尽管是露天剧场,设有54排座位,可容纳14000名观众。

实主义,也不在意演员个人的表情,思想和语言都很粗俗。演员们——全是男人,甚至男扮女装——戴着精心制作的面具可以传声,脚蹬平底鞋,身穿长袍,这些都有助于依剧情带有永恒超俗的性质。

　　戏剧的四联剧形式在大酒神节期间连日出演。每一位参赛的剧作家提供情节连贯的三联剧(trilogy)在一天之内演出但未必同主旋律或主题相关,还要提供一部讽刺剧供之后演出。**讽刺剧**(satyr-play)通常描写追随狄俄尼索斯的色鬼淫棍——淫欲无度的半人半羊的森林之神——的淫荡行为和下流话,希腊人喜欢观看三部深沉严肃的戏剧接着再看一部充满诲淫诲盗的喧闹嬉笑的戏,这显示了他们豁达的情怀。

　　悲剧　希腊悲剧的精髓是深深感觉得到的信念:尘世凡人无法逃避痛苦和悲哀。剧作家们持有同荷马一样的洞见:"我等凡人都是可怜虫,神灵……把悲哀织进我们的生活样式。"尽管在悲剧中发生了可怕的事情——谋杀、乱伦、自杀、强奸、致残——但剧本对这些事的态度是非分明。暴力因其自身的缘故不是剧作家关心的问题,暴力从不被描绘到前台。

　　悲剧主要以王家传奇为依据——通常是底比斯、斯巴达和阿尔戈斯(Argos)的王朝——其渊源可追溯至荷马在他的史诗里诵唱的英雄时代。由于受众已经知道这些传奇,他们的兴趣聚焦于剧作家如何处理人们耳熟能详的故事,他关于这个故事的道德意义的理念,以及他怎样用语言来具体表达这些理念。剧情涉及不易解决的人类基本问题，如国家法令与个人良心的对立、神法与人法的对立。人们不得不作出艰难的抉择而没有能力预见到他们决定的后果。尽管如此，剧作家们断言，在潮起潮落的人类事务下面存在着一种基本的道德秩序。雅典的政治领导人承认并接受悲剧的道德意义和教育功能，从而把演剧变成城市景观。例如，观众由按选区而坐的公民组成，雅典军人的孤儿受城邦监护，他们享受殊荣观看演出。

希腊哲学家亚里士多德的有着巨大影响的悲剧理论《诗学》(Poetics)以他对古希腊时代戏剧的研究为基础，按照他的说法，悲剧的宗旨是要对观众产生一种宣泄的或净化的效应。"唤起怜悯和恐怖"，以便从灵魂深处驱除这些消极情绪。悲剧英雄是鉴诫而不是模范；教导观众去寻求有节制的生活，目标不要太高。

埃斯库罗斯　埃斯库罗斯（Aeschylus，约公元前525——约前456年）是其剧本尚存于世的三位剧作家中最早的一位，他在大酒神节十三次获得头奖。他创作了90部剧本，但只有7部尚存。他的名作《俄瑞斯忒斯》(Oresteia)是唯一幸存的三联剧，就连这部三联剧中也没有讽刺剧。构思的情节是希腊王阿伽门农（Agamemnon）从特洛伊回国，他牺牲了他的女儿以换取军事胜利从而犯了罪；他那图谋报复且与人通奸的妻子克莱坦涅斯特拉（Clytemnestra）谋杀了他；以及这一谋杀的悲惨后果。

埃斯库罗斯在《俄瑞斯忒斯》中对这些可怖事件的处理方法体现了古典主义的某些原则。首先，埃斯库罗斯避而不写那些使人分心的细小情节从而显得简朴无华：第一本《阿伽门农》描述这位国王之死和克莱坦涅斯特拉之胜利的故事；第二本《祭酒人》(Libation Bearers)讲述克莱坦涅斯特拉的儿子俄瑞斯忒斯（Orestes）复仇谋杀了她；第三本《复仇女神》(Eumenides)讲述了在奥林匹亚神雅典娜和阿波罗帮助下建立雅典法庭审理此类案件从而制止了复仇怪圈。这部三联剧是对称的，第一本里阿伽门农被杀是对他牺牲女儿的惩罚。第二本里克莱坦涅斯特拉之死是为她杀害阿伽门农报仇雪耻，第三本法庭戏赦免了俄瑞斯忒斯弑母之罪。

最后，埃斯库罗斯显得很有分寸，因为所有的死亡都发生在台后画外，合唱队或旁白者只是叙述这些死亡事件。然而，在雅典观众看来，《俄瑞斯忒斯》不独具有风格魅力而且蕴含道德意义。埃斯库罗斯把复仇三女神（Furies）从盲目报复杀人斗士变成了"仁慈的三女神"（Eumenides），从而在实际上证实了理性的奥林匹亚诸神在道德上优越于居住地宫的大地诸神（参阅第2讲）。在《俄瑞斯忒斯》中，埃斯库罗斯直面且解决了几对表面看来不可调和的两极

图3.10 《俄瑞斯忒斯杀死埃癸斯托斯》。约公元前6世纪晚期制作。收藏于维也纳奥地利国家历史博物馆

这幅花瓶红色人物绘画展示了描述阿尔戈斯所发生事件的不同于埃斯库罗斯三联剧《俄瑞斯忒斯》第二本剧《祭酒人》中所描写的版本。这位花瓶彩绘画家描绘克莱坦涅斯特拉手持利斧（左图）。这是埃斯库罗斯忽略的一个情节，俄瑞斯忒斯和他的母亲之间的那位姐妹不是《俄瑞斯忒斯》剧中名叫伊莱克特拉（Electra）者。然而，这位画家和那位剧作家都认为俄瑞斯忒斯杀了他母亲的奸夫埃癸斯托斯。

对立——奥林匹亚诸神与大地诸神、神的正义与人的正义、宗教祭拜与城市庆典、命运与自由意志（图3.10）。

索福克勒斯 索福克勒斯（Sophocles，约公元前496—前406年）是三位伟大悲剧作家中最多产的一位，他大约写了125部悲剧，但只有7部幸存。他在雅典人中深孚众望，他们在大酒神节授予他二十四次头奖。索福克勒斯的《安提戈涅》（*Antigone*，公元前442年）绝妙地表达了古典悲剧的原则。该剧情节简单，处理克瑞翁国王（King Creon）与他的侄女安提戈涅之间的冲突。它所探索的主要的尽管不是唯一的哲学问题是，人的法律与神的法律孰为优先。安提戈涅的两个兄弟为争夺底比斯王位自相残杀而死。克瑞翁颁布赦令称，埃提俄克勒斯（Eteocles）为保卫这座城市而死，予以厚葬，但叛贼波利尼塞斯（Polyneices）的尸体则抛诸荒野喂野兽。安提戈涅（Antigone）其名在希腊文里意谓"天生反对"（born to oppose），她违抗王命，按宗教教诲安葬了她的兄弟。安提戈涅被捕入狱，上吊自尽，克瑞翁的儿子和妻子也自杀身亡。国王克瑞翁醒悟了，但为时已晚；他放弃了王位，说道："除了我，没有人能承担这个罪责。"

这里有若干紧张关系待决。克瑞翁代表典型的僭主，他只关注"法律与秩序"。他的儿子希蒙（Haemon）是民主的声音，他反对他父亲的僭主意志。克瑞翁相信公共权力主宰国内生活，相信国家为自身谋求权力的必要性，战争高于爱的命令，男人有权控制女人。当这位国王试图说服其子放弃他对抗命的安提戈涅的爱时，父子俩就所有四个问题发生争论。雅典公民是站在克瑞翁一边还是站在希蒙一边，不得而知，但《安提戈涅》已成为两种权利彼此对峙的悲剧性困境的典型例子。索福克勒斯出于平衡的愿望赋予该剧的对立人物同等强有力的论点。

索福克勒斯在后几部有关安提戈涅的倒霉父王俄狄浦斯（Oedipus）的剧本中回归底比斯王朝的历史。在《俄狄浦斯王》（Oedipus the King）一剧中，索福克勒斯讲述了这位底比斯统治者如何在不经意间弑父娶母后又弄瞎自己以赎其罪。虽然命运在俄狄浦斯传奇里起了关键作用，但这位剧作家也强调这位英雄的软弱对他下台所起的作用。亚里士多德的《诗学》认为这部作品是希腊悲剧的典范。索福克勒斯在他的最后一部剧《俄狄浦斯在克洛诺斯》（Oedipus at Colonus）中描写这位前国王心平气和，随遇而安。

欧里庇得斯　到欧里庇得斯（Euripides，约公元前480—前406年）为戏台写剧之时，雅典人正在伯罗奔尼撒战争中为生存而战，古典戏剧的创始阶段也随他而终。欧里庇得斯的情怀同对这场战争后几年的怀疑情绪相一致，他写出了非正统的关于神话和传奇的剧本，揭露某些流行信念的愚蠢，还不时地揭露当时一些价值观之空洞无聊。公元前415年他把《特洛伊妇女》（The Trojan Women）搬上舞台时，雅典人不会不联想到，希腊人摧毁特洛伊城以后残忍地奴役特洛伊妇女同雅典人刚刚臣服的米洛斯岛（Melos）妇女的命运之间何其相似。

对于他的九十多部悲剧（其中十八部尚存），雅典人授予欧里庇得斯头奖的只有五次，这也许是因为他的非正统剧本激怒了受众。但在以后的岁月里，远离了希腊时代的压力，他的戏剧比较讨雅典人喜欢了。在尚存的作品中《酒神的伴侣》（The Bacchae）是他的杰作，讲述一个把狄俄尼索斯祭拜引进底比斯的令人讨厌的故事。在该剧中，酒神巴库斯的女崇拜者（狄俄尼索斯追捧者的别名）为宗教迷狂所迷惑，误认底比斯王为野兽而杀了他。欧里庇得斯的阴郁悲剧也许是对雅典市民的一种警告，要他们知道在宗教里和政治上，过分和

图3.11 《一出喜剧的剧情场景》

公元前4世纪中叶制作。花瓶高40厘米。收藏于伦敦大英博物馆。绘在花瓶碗状部位的这个场景描绘一出希腊喜剧的一个场面。左右两边的演员们全套戏装,上身是喜剧的奇异怪诞的戏服,臀部和外阴部位用衬垫。瓶座底部的装饰表示这些演员在前台。

压迫是危险的。

欧里庇得斯在《酒神的伴侣》一剧里遵循古典原则,运用单一情节、台后画外暴力和明确限定的冲突,但他也以他的非正统的乃至罗曼蒂克的语言和他对人们耳熟能详的主旋律的怀疑笔触,扩大了古典戏剧的视域。而且,欧里庇得斯在该悲剧的尾声将英雄的断头带到前台,从而指明了走向不同类型戏剧的道路。随着欧里庇得斯的老去,古典戏剧的创始阶段告终。

喜剧 同悲剧一样,喜剧也在大酒神节演出,喜剧也参加另一个叫做小酒神节(Lesser Dionysia)的节期里的竞演,小酒神节是在晚冬时节欢庆的。喜剧对任何人任何事都不予认真对待,喜剧的特点是滑稽动作,插科打诨,打打闹闹,满嘴诲淫诲盗,搞恶作剧逗笑,演员们穿着奇装异服,腹部或臀部衬垫得鼓鼓胀胀,以期产生滑稽哄笑效应(图3.11)。喜剧作家设计了他们自己的情节,聚焦于同代事务:政治、哲学、新的社会阶层、知名人物。就连神灵也受到嘲笑,被描绘成处境尴尬。

喜剧作家的自由只有在民主政体中才能存在。而且,自由仅限于高度仪式化的环境中——各种戏剧节里——这种场合允许甚至鼓励推翻规则,取笑传统,对不可言传之事的这种有控制的表达方式提供了一种净化,加强了城邦内的共同性。同时,剧作家们显示了他们对普通市民基本良知的信仰。

阿里斯托芬(Aristophanes,约公元前445—约前388年)的喜剧世称**旧喜**

剧（Old Comedy），即带有强烈政治批评成分的希腊喜剧的本源。阿里斯托芬总共创作了四十四部作品，其中十一部尚存。同欧里庇得斯一样，他为饱经战乱的雅典写剧本，他讽刺有名的同代人如思想家苏格拉底，说他是不可救药的不切实际的人。阿里斯托芬想必得罪了许多人，因为雅典人授予他头奖仅四次。

在《吕西斯特拉塔》（Lysistrata）一剧中，阿里斯托芬超越了喜剧形式的局限趋向于悲剧的永恒品质。《吕西斯特拉塔》是一部性描写直白坦露和狂欢的喜剧，指出旷日持久的伯罗奔尼撒战争之荒诞，言下之意，所有战争都是荒诞的。在该剧中，一位雅典主妇吕西斯特拉塔说服雅典和斯巴达的妇女们不要同她们的丈夫过性生活，直到他们签订和平条约。该剧充满性影射、海淫之举和暗指悲剧戏的滑稽引喻，而以促使希腊人想起他们的共同祖先、他们在本世纪早些时候联合战胜波斯人，以及他们敬奉同一些神灵的激动人心的提示，作为剧终尾声。该剧于公元前411年，即斯巴达赢得伯罗奔尼撒战争前七年第一次被推上舞台，对雅典人轻率地冲向灾难进行了评述但并未能够阻止。

经过伯罗奔尼撒战争和公元前403年更为严苛的民主政治复辟以后，言论自由在雅典遭到严厉压制，喜剧仍然依托于滑稽搞笑和打打闹闹，但其政治锋芒减弱，从一切实际目的看，希腊戏剧的伟大创始时代到此结束。

音乐

同古代近东的其他民族一样，希腊人把音乐既用于城市事务和宗教事务，也用于私人娱乐，不过，希腊人还赋予音乐新的价值，使音乐成为人文学科之一，与艺术、文学、戏剧和哲学并列。音乐是一种表现形式，它受制于规则、风格和理性分析。个中原委之一是，希腊人相信音乐在培养年轻公民方面可发挥道德功能。他们还认为，音乐起源于神灵。是九大缪斯之一欧忒耳珀（Euterpe）授与灵感的（因此才有音乐 [music] 这个词）。

尽管如此，希腊音乐这座巨库还是消失了，那里留下的是有关该失传遗产的知识，这些失传遗产也只能根据残存的音乐理论论文和其他著作中的引据部分地加以再现。这些有关失传遗产的知识显示了一种传统，这种传统成为西方音乐的基础，尽管有些差异，希腊音乐明显遵循毕达哥拉斯创立的全音阶总乐谱表（diatonic system），运用一个音阶八个音符，每个音符由它同最低音的数比来定音。希腊作曲家还设计了一系列音阶，叫做**调式**（mode），其功能大致类似后世西方音乐中的大小调。然而，调式不能同大小调的用法互换，因为希腊人相信，每一个调式都会对听众产生不同的情感和道德效应。因此，在情感效应上尚武、庄重的多利安调式（Dorian mode）被希腊人认为可使听众敢作敢为和有尊严；柔弱、哀伤的吕底亚调式（Lydian mode）使他们伤感和懦弱；

激情、狂放的弗里吉安调式（Phrygion mode）使他们亢奋和任性。柏拉图认为这种情绪操纵使自由公民难以治理，因而他实际上把整个音乐排除在他的理想国之外。现代研究能再现所有的希腊调式，但那些音乐依然是个谜。

尽管音乐在希腊享有崇高的道德地位，但它在古希腊时代的文化中不具有独立的作用。相反，音乐与诗融为一体，尤其是在英雄史诗和抒情诗里和在悲喜剧里，以里拉（lyre，一种弦乐器）和奥洛斯（aulos，一种管乐器）伴奏。

3.3 历史学、哲学、科学和医学

古希腊时代的最佳诗作见诸戏剧剧本。然而，新的文学形式，特别是散文，却成为该时代的标志。史学著作兴起，在技巧上达到很高水平。哲学之翱翔，远高于古风时代的成就，并开始与自然科学相区分。医学作家的成果将影响到以后近两千年的时光。

历史

历史研究始于公元前5世纪，那时，希腊人开始分析他们近期历史的意义，平铺直叙地写下他们研究（research）或historia——希腊语调查（inquiry）的意思——的结果。古典时期以前的希腊人对于他们的过去只有一种朦胧的感觉；他们所知道的东西来自荷马史诗、地方传说和神秘的迈锡尼遗迹。希罗多德（Herodotus，约公元前484—前430年）第一个把历史学作为独立学科对待，第一个以类似现代意识的方式从事历史著述，激励他这样做的是下列信念：现在的原因在过去，现在可以成为未来的指南。他所著的《历史》（*Histories*）记述并分析了希波战争，希罗多德把希波战争诠释为欧亚之争或东西方之争。由于他希望公平对待双方，他游历波斯，记载下他在那里的所见所闻。

《历史》一向备受批评，说它所用资料不可信、不准确，但是，希罗多德清澈流畅的散文风格、娴熟的讲故事技巧、对研究的关注、不偏不倚的态度、对历史因果的信念以及他力求为后世留下一份历史实录之遗产的心愿，恰恰使他赢得了"历史之父"的称号。

然而，尽管他各方面卓尔不凡，但同修昔底德（Thucydides，死于约公元前401年）相比，还是相形见绌。修昔底德的主题是他本人亲身参加的伯罗奔尼撒战争。修昔底德比希罗多德更喜欢怀疑和分析，尽管他对民主持保留看法，但却钦佩伯里克利，力求完全公正地记述伯里克利时代的雅典。他看到了他心爱的城邦的弱点，认识到帝国主义的有害后果。在他所著《伯罗奔尼撒战争史》

(*History of the Peloponnesian War*)中,他甚至客观地写到了他自己作为一次海战中险吃败仗的海军将领的作用。

修昔底德还用寻常事来证明人的动机和历史的基本因果。同希腊剧作家们一样,他指出,人的弱点和缺点造成他周围所见的现实生活的悲剧。他对人性的洞察力深刻透彻,因为他记述了个人如何转移忠诚并重新界定其价值以证明其行动有理。如同一位医学著作者一样,他也探究了政治肌体的健康状况。他超越叙事实录,进而教导后世千秋万代。他争辩说,过去发生的事件会以某种方式重演(当然他并没说历史事件本身会简单地重复),因此,历史若加以仔细研究,可以教导未来。

哲学、科学和医学

在希腊时代,哲学和科学经历了一场巨变。这两类学识都逐渐关注人类在社会中的地位,而不再仅仅聚焦于自然界的形成。人们越来越关注伦理道德、端正的行为和**认识论**(epistomology),所谓认识论乃是探究知识和认知的哲学分支。

希腊时代开启之时,自然哲学仍分裂成两大阵营:唯物主义者和唯心主义者(参阅第2讲)。唯物主义者承袭了泰勒斯和米利都学派的探究,他们相信,世界是由某种基本的物质构成的。与之相映成趣的是,唯心主义者发源于毕达哥拉斯和西西里学派,他们是非物质论者,认为有形世界是虚幻的,其背后是一个只有靠感悟才能进入的王国。

到公元前5世纪中叶,这个简单的格局不断受到新哲学的挑战,到公元前400年,发生了一次思想革命使以往的一切黯然失色。第一个攻击来自西西里岛,那里有个新的思想家学派,他们主张把唯物主义和唯心主义调和起来。接着是在雅典,一批被称为诡辩派(Sophists)的教师质疑哲学探究本身和绝对真理说,这些人的侵蚀性观点激怒了苏格拉底(Socrates)这位整个古代世界最革命的思想家,他奋起应战诡辩派的诉求。苏格拉底的生平标志着希腊思想的一个分水岭。他以前的所有希腊思想家现在世称前苏格拉底学派(Pre-Socratics),他以后的思想家——在希腊时代的希腊主要是柏拉图(Plato)和亚里士多德(Aristotle)——都效法他研究人类经验(表3.1)。

前苏格拉底学派 前苏格拉底学派的主要思想家们试图确定有形世界的性质。例如,巴门尼德(Parmenides,约公元前515—?年)和他在埃利亚(Elea)城邦的追随者认为,世界是一个单一不变不动的客体,其秩序可以凭人的理性而知之。这种要调和唯物主义与唯心主义的尝试,经巴门尼德的学生恩培多

表3.1 希腊时代的哲学

哲学	重点
前苏格拉底学派哲学	有形世界；自然；辩论唯物主义与唯心主义问题
诡辩派哲学	人文主义价值观；实践技巧，例如，公共演讲和逻辑
苏格拉底哲学	宇宙的恒久的精神和思想秩序；灵魂（心神/灵魂）；"知识即美德"
柏拉图派哲学	理念（范型）是万物之本；二元论，理念世界与日常生活世界之间的分裂；理性主义；道德严谨
亚里士多德派哲学	自然界是唯一的世界；运用观察、分类和比较的经验主义；道德"中庸"

克勒（Empedocles，约公元前484—前424年）加以修订，他宣称，一切事物，有生命的或无生命的，均源于土、水、火和气四大要素。这四大要素是不变的，但爱和斗争（Love and Strife）这两种对立的力量可能以不同方式与要素结合，从而有害或有益于人类。这本质上是对变化的形而上学解释，日后影响了亚里士多德。

前苏格拉底思想家的另一个学派是原子论学派，他们认为，万物皆由原子和虚空组成，原子是永恒的、看不见的、大小各异的物体，顾名思义，是不可能分成更小单位的，虚空则是原子之间的空间。原子论经色雷斯（Thrace）的德谟克利特（Democritus，约公元前460—？年）而得到最充分的阐发。原子的运动与状态不仅足以解释有形客体，而且能解释情感、滋味、洞察力、理念——简言之，能解释有形世界的各个方面。

诡辩学派 诡辩学派（The Sophists）——词意来自希腊词sophia（即"智慧"）——嘲讽前苏格拉底学派关于原子和要素的思辨不着边际，毫无用处。这些旅行教师（traveling teachars）声称能给他们的学生提供保证一生成功的知识（收取一定费用）。他们强调发展实用技巧，如有效的公共演讲技巧，致使他们的批评者斥责他们是犬儒主义（cynicism）和低级趣味，不过，诡辩学派对人文主义价值观的态度是极为认真并孜孜以求的。普罗塔戈拉（Protagoras，公元前481—前411年）是诡辩学派最知名人物，他宣称，"人是世间万物之尺度"，这就概括了诡辩学派的论点：人类作为天地万物的中心有能力对自己和他们的世界作出判断，他们自然而然地在看待一切事物时联系自己。诡辩学派有助于解放人的精神，使之具有批判精神和创造精神。如果说他们的教导有一种危险的话，那就是不受限制的怀疑论倾向。由于强调人类有能力左右世界，诡辩学派招致人们斥其为不敬神和破坏传统价值观，因为希腊人的传统观点认为神灵控制一切。由于戏剧家们的呼应，诡辩学派对规范、准则和绝对的否定给平民百姓留下深刻的印象。索福克勒斯谴责诡辩学派，而欧里庇得斯则接受了他们的许多理念。

苏格拉底革命 苏格拉底（Socrates，约公元前470—前399年）开创了一个哲学新时代。由于他狂热地确信天地万物之中存在着一种永恒的道德和思想秩序，他几乎反对诡辩学派的一切主张。但是，苏格拉底同诡辩学派有着一些共同的特征，例如，他拒绝对自然界进行哲学思考，他聚焦于人的问题，他希望赋予个人自己作出道德选择的权力。

苏格拉底达到真正的道德与思想价值观的方法简单得使人觉得受了骗，又难以捉摸得令人恼火。他的思想核心是灵魂（psyche，心神或灵魂）；灵魂不朽；认定灵魂比凡人和注定要死亡的躯体重要。人要有智慧，就得让他们的头脑充实最大量的知识，以保护、滋养和扩展其灵魂。灵魂所需要的知识，必须通过刺激性交谈和辩论以及靠对抽象美德和道德价值观的感悟才能获得。只有到了这种境界，灵魂才能接近于其最高潜能。

苏格拉底宣称，"知识即美德"；他的意思是说，一个人通过个人奋斗达到自我启蒙而知道了真理，他就不会去做坏事。这句道德格言也可以倒过来讲：做坏事的人之所以做坏事是由于无知。如果人们用灵魂更深刻更加条理清楚地去思考，他们就会过有道德的生活。苏格拉底关于人性本善和真知灼见之必要性的信念成为西方思想的核心信条。

指明了求知正道以后，苏格拉底将意犹未尽之处留给了他的学生们。他以正义的含义一类的问题向年轻学子们连珠炮似地发问，运用严密的逻辑驳斥惴惴不安的学生们意欲给出确切定义的一切尝试。于是———如我们所知道有关苏格拉底的主要资料来源即柏拉图的对话篇系列所示——陷入混乱的学生们承认他们的知识还差得很远很远。苏格拉底一步紧一步地提问题，间或穿插一些清雅幽默之词和讽刺挖苦之言，磨炼他的学生们的逻辑技巧，逼使他们以他们自认无知的姿态去求知。希腊罗马许多教师采纳了苏格拉底的教学方法，它至今仍是一种受尊敬的教学法。

这个时代的雅典人开始认为苏格拉底是对他们的生活方式的一个威胁。这个身材矮小、风度不雅、其貌不扬的男人———如保存下来的塑像所示——由于他的公开议论而引起这个城邦里的怀疑（图3.12）。雅典于公元前404年沦入斯巴达人之手时，对苏格拉底的反对情绪开始高涨。许多市民此时发现他的话和他的追随者的行为是颠覆，甚至是亵渎神明。伯罗奔尼撒战争结束后五年，苏格拉底被斥为不敬神、腐蚀雅典青年，一个陪审团宣判他有罪，判处他死刑。他从前的一位学生柏拉图深受苏格拉底雄辩有力但依然无效的抗辩之感动，也因为判他死刑之冤屈而激动，因此，这位年轻人以其余生致力于纠正错误，解释苏格拉底的哲学。实际上，柏拉图将他的四部著作敬献给苏格拉底的最后时日，其中一部是《斐多篇》（*Phaedo*），它以坚持灵魂不朽的辩护描述了临终情景。

柏拉图 苏格拉底的精神盘旋于其余希腊哲学之上，特别是萦绕在他最有名的学生柏拉图（Plato，约公元前427—前347年）的成就之中。柏拉图的哲学乃西方**唯心主义**（idealism）的源泉，唯心主义是一种思想体系，它强调精神价值，认为理念而不是物质是存在的万物之本原。**柏拉图主义**（Platonism）依据源自苏格拉底哲学的前提假设——心灵概念和回忆理论。同苏格拉底一样，柏拉图看重不灭不变的灵魂而看轻终有一死和多变的躯体。不过，柏拉图提出了一对新的两极，他赞成由范型（Form）或理念（Idea）构成的与物质世界相对立的看不见的世界。灵魂的真正归宿是范型世界。人生前死后灵魂都附在范型上——那时，灵魂在永恒的理念世界里游荡。相反，躯体只活在物质世界里，完全同化在感官生活里。灵魂一旦陷进躯体里，就只能通过回忆瞥见更高的现实，或范型。

尽管如此，柏拉图认为，经过一系列的内心修炼，灵魂就能回忆起它一度脱离的理念。灵魂的最佳修炼是研修数学，因为数学需要记号和符号来代表其他事物。掌握了数学以后，凭借逻辑的帮助，学生就迈向抽象学问的更高阶

图3.12 苏格拉底雕像。约公元前200年至前100年制作。收藏于伦敦大英博物馆

这尊希腊雕像原作的罗马大理石复制品佐证了苏格拉底的同代人对他的直言不讳的描述。那位无名氏雕刻家描绘这位哲学家发型轮廓渐渐往后秃顶，身材矮胖，使这位世界最杰出非凡的人物之一看上去十分普通平凡。

段，例如界定正义、美和爱的范型。柏拉图指出智慧只能来自于因理解绝对理念而渐入佳境的智力发展之后，从而驳斥了那些声称知识相对的诡辩学派。

柏拉图唯心主义的一个重大涵义是，灵魂与躯体不断斗争。灵魂要回忆失去之理念的尝试遇到躯体追逐权力、名声和物质享受的抵制，这种二元性使这位哲学家、智慧的爱好者感到烦恼；但这位真正的哲学家承认死后灵魂会自由地重返范型的世界从而寻求慰藉。

柏拉图把善的范型即终极理念认同为神，但柏拉图所说的神既不是世界的造物主，也不是绝对的和最后的权力。相反，柏拉图所说的神是他的唯心主义得以运作所必不可少的；在他思想里，神是得以超越自然界不完善客体的源泉。他同苏格拉底一样以相关的神学概念把邪恶的存在归咎于无知；但柏拉图又说，灵魂被误导的判断和肉体上贪得无厌的欲望是邪恶的其他一些原因。

苏格拉底之死刺激柏拉图去想象一种正义之花盛开的完美国家。根据柏拉图的思辨所产生的书——《理想国》（Republic）——阐明了他的模范国家，并随之启动了西方的政治哲学研究。柏拉图认为，只有所有社会阶级在一起共同为整体利益而工作，每个阶级完成分配给它的任务时，正义国家才能实现。由于灵魂的重要性，社会地位是由理性思考的能力决定的，不是由财富或继承权决定的。一小帮最有资格治理这种国家的精英，即贤明的男女国王进行统治，由于他们受了柏拉图学说的教育而拥有智慧，所以他们生活简朴，规避那些会腐蚀较软弱统治者的物质享受。

两个低一些的阶层由于他们的才智和所受到的训练，同样可以发挥他们在社会中的作用。中等集团提供警察和军队保护，第三个也是最大一个集团则经营经济。在柏拉图的梦想世界里，个人和社会均以善为目的，法律和制度则确保这个理想的实现。

亚里士多德 苏格拉底也许是革命的；柏拉图当然是富有诗意的；但亚里士多德（Aristotle，公元前384—前322年）却有着古代世界最博学的头脑。他的好奇心和博大才智使他涉足除了数学和音乐之外他那个时代各个主要研究领域。他出生于马其顿，同当时某些显赫的人物有联系。他先是在雅典师从柏拉图研修哲学，后担任日后成为亚历山大大帝的王子的老师。腓力征服希腊后，亚里士多德定居于雅典，开办了一所学校即吕克昂学校（Lyceum），很快就同柏拉图建立的学校即学园（Academy）相媲美。

尽管亚里士多德的哲学在很大程度上师承柏拉图主义，但他强调人的感官的作用。在亚里士多德看来，自然界是唯一的世界；不存在独立的看不见的理念王国。大自然可以通过对来自物质世界的数据的观测、分类和比较——即通过经验方法加以研究和理解。

亚里士多德不承认范型世界，因为他相信形式（Form）与物质（Matter）不可分，二者的本原均系大自然。每一个物质客体包含一个先定的形式，经过适当的历练或充实，这种先定形式就会进化为它的最后形式和终极目的。按照他的观点，这个成长过程有可能逐渐进化为现实，一如一个胚胎变成一个人，或一颗种子成熟为一株植物。于是，这位哲学家得以断言，万物皆有目的。

亚里士多德的思想维系于上帝概念，他将上帝等同于第一推动力（First Cause）。亚里士多德所说的上帝是一种逻辑的必然，不是什么仁慈之辈。亚里士多德摒弃柏拉图的二元论和它对灵魂的独尊，他设计出一种切实可行的伦理目标——健康人体内的健全心态——他称之为幸福（happiness）。他在他的《尼各马可伦理学》（*Nicomachean Ethics*）中劝告说，要达到幸福就要在两种极端行为之间取其中庸或平衡。例如，勇气是过于莽撞与胆气不足之间的中庸。他指出谋杀和通奸就其本性而言都是邪恶，因而斥之为无法取其中庸。尽管亚里士多德不承认柏拉图的许多想法，但他赞同他昔日良师之言：增益才智比养好身体重要。

亚里士多德的伦理学同他的政治学有联系，因为他教导说，幸福归根到底取决于个人在何种类型的政府治下生活，柏拉图的政治学依据于思辨性思考，亚里士多德与之不同，他经过细心研究以后才得出他的政治观点。亚里士多德收集了158部国家法规，在他的《政治学》（*Politics*）里加以分类和比较，而后得出结论说，最佳政体是由中产阶级治理的立宪政权。他对中产阶级的偏好源于他的如下信念：他们既不招惹穷人的嫉妒，也不招致富人蔑视，他们尊重所有人的利益并为之工作。

亚里士多德对西方文明的影响不可估量。在中世纪，基督教、穆斯林和犹太教学者们研究他的著作，认为他的著作包含着有关自然界的权威教导。如今，亚里士多德主义体现在罗马天主教会的官方神学之中，亚里士多德的逻辑学依然作为高等院校哲学课程之一予以教授。

3.4 视觉艺术

在建筑、雕刻和绘画诸方面，希腊时代的希腊人超过了古风时代他们的祖先。多利克式建筑达到了登峰造极的完美境界，之后又被新的爱奥尼亚式建筑形式超越。体现在青年男女雕像寇来和刻来中的新兴人文主义让位于美丽绝

图3.13　德尔菲圣坛空中俯视图。建于公元前6世纪晚期至公元前4世纪

阿波罗神殿的废墟——这里是一个地震区——揭示了一个长方形殿基和少数几根立柱。一条敬神朝圣之路蜿蜒上山直达圣坛。在公元4世纪，该旧址上建起了一所体校（少体校），一个剧场，一个体育场。

伦和自然主义的古典雕刻。最后，除了古风时代绘有黑、红图案的色彩斑斓的器皿外，又出现了精致优美的白底色器皿。

建筑

尽管神殿是希腊时代建筑的最高表现形式，但在有神殿之前，早已有了圣坛，圣坛被认为是祭祀男女神祇的地方。德尔菲的阿波罗圣坛是最古老最有名的（图3.13）。德尔菲被认为是大地的中心，是所有希腊人和出钱建此圣坛的所有城邦的圣地。圣坛内是阿波罗的女祭司神像——是唯一一被允许供奉在德尔菲的女性——来自全希腊各地的人无不带着疑问前来光顾。

到了希腊时代，希腊世界在神殿的设计上两极化，形成了东部（大陆和爱琴海诸岛）风格和西部（大希腊）风格，尽管这两种风格的神殿都是直线型和柱梁三角结构。由于受了毕达哥拉斯的通过数理规则以求和谐的影响，东部的建筑师们将神殿前后两端的完美柱数标准化为六根，而将神殿左右两边柱子的完美数目标准化为十三根，或两端柱数的两倍加一。这些均衡的比例，加上简朴的设计和谨严的装潢图案，使东部神殿威严地表达了古典理想。

希腊西部的建筑师，或多或少偏离了古典文化的中心，比希腊大陆的建筑更带有实验性。他们的建筑物背离了东部的理想。帕斯塔姆的第二座赫拉神

图3.14 帕斯塔姆的第二座赫拉神殿。建于约公元前450年。石灰石建筑

这座赫拉神殿是古代世界留存下来的保存得最好的神殿之一。由于赫拉兴许是一位住在地下的女神而后才成为奥林匹亚山宙斯神的配偶,所以,说这座多利克式神殿及其贴近地面的外观是为纪念她而作是合适的。

殿可以看到这一点,该神殿建于大约公元前450年,是用石灰石砌成的(图3.14)。该神殿在所有希腊神殿中保养得最好,这座多利克式建筑没有东部风格的那种和谐比例。尽管这第二座赫拉神殿在很大程度上受东部的影响,包括两端六根柱和门廊,但它在两边的柱子太多(十四根),柱子太粗,缓斜的屋顶使该建筑物显得矮墩墩。

公元前447年至前438年间,建筑师伊克提努斯(Ictinus)和凯利克拉特(Callicrates)在帕特农完善了东部风格的多利克式神殿,这座建筑在雅典卫城上的神殿供奉雅典娜(图3.15)。这座神殿竣工时树立了一个新的古典主义标准,两端八根柱,两边十七根柱,还有,整个神殿均使用9∶4的数比,例如,柱高与其直径之比就表明了这一点。在殿内,建筑师们设计了两个殿堂。东边一间供奉着12米高的雅典娜雕像。较小的一间是提洛同盟的财库。公元前405年最后竣工的卫城工程的其余部分包括山门(Propylaea),即通向圣坛的大门;胜利女神雅典娜(Athena Nike)的神殿,这是献给雅典的保护女神的,是为一次军事胜利敬谢她的(图3.16);埃列赫塞乌斯神殿(Erechtheum)供奉着三位神祇。

伊克提努斯和凯利克拉特把许多叫做精打细造(refinements)的微妙变异引入他们的设计中,这样一来,没有哪一个线条是笔直的、水平的或垂直的。例如,神殿的台阶呈现轻度弧形,使上下两端低些,中间高一些;地面略向边

图3.15 伊克提努斯和凯利克拉特设计的雅典帕特农神殿。建于公元前450年至前425年间。潘太利大理石建筑

帕特农神殿作为大型人文主义圣殿自其成为希腊的一个圣殿的时代以来已有悠久历史。它相继成为基督教堂、清真寺和弹药库,最后于17世纪末被意外炸掉。今天,有关国家正通过联合国教科文组织同希腊政府合作以维护这个宝贵的废墟。

图3.16 凯利克拉特设计的雅典胜利女神雅典娜神殿。建于公元前5世纪晚期。大理石建筑

这座小型神殿由帕特农神殿设计师之一的凯利克拉特设计,公元前427年以后动工,大概于公元前420年以前竣工。与帕特农神殿一样,这座神殿也是献给雅典城的保护女神雅典娜的,尽管在这里她被尊为胜利女神。这座神殿的简朴设计包括一个正方形的内殿,前后各有4根爱奥尼亚式立柱,和一个围绕外墙上部的、专门刻有神话中的和当时人间之战斗场景的檐壁。

生活片段
古代希腊成功婚姻的秘密

色诺芬（Xenophon）
选自《经济论》

本着他们无限的好奇心，希腊人关心如何玉成美满婚姻。色诺芬（约公元前445—前355年）的这篇文章表明了这一点。色诺芬是希腊一位著名的军事指挥官，也是一位历史学家、小品文作家、苏格拉底的弟子。然而，在这篇选自他论述家庭经济或家庭生活的小品文中，他对婚姻的探讨被认为是对当时富裕希腊人的婚姻理想的相当确切的写照。在这篇节录中，他通过对苏格拉底与富裕土地所有者伊斯克玛库斯（Ischomachus）的性格描述阐明了他的理念。

在古希腊时代，同近东和埃及的早期各族人民的成就相比，希腊人能读书写字的人增加了。有文化的人数增长主要是民主制兴起的结果。在民主制下，教育是公民的一个重要目标。不过，虽然有文化的人多了，但普通希腊人留下的书面记载却是零星点滴。因此，本篇"生活片段"选自一位希腊名家而非平民百姓之作。

我（苏格拉底）说："我很希望你告诉我，伊斯克玛库斯，你是亲自把你的妻子培养成了她应该成为的那种类型的妇女呢，还是在你从她父母那里把她娶为妻子时她已经懂得如何尽她的义务。"

（伊斯克玛库斯答道：）"在我娶她为妻时她能懂得什么，苏格拉底？她来见我时尚不足15岁，她在严密督导下虚度以往年华，使她尽量孤陋寡闻、少言寡语。……

"在她被充分驯服、安于家居，达到可以进行交谈时，我就或多或少有点质疑地问她如下：'告诉我，老婆，你有没有想过我为什么娶你而你父母又为什么把你嫁给我？说真的，也许对你来说是明明白白的，我们都不缺伴侣陪床，我这方面和你父母那方面，是考虑选择谁是管理家产和管教子女的最佳伴侣。我选择了你，你的父母显然从合格的人选中选定了我。如果有朝一日神使我们有了孩子，那么我们就要考虑怎样以尽可能最好的方式培养他们。因为这将是我们俩的福祉，终身有靠，晚年有养。但在现时，我俩共有这份家产。我继续付出我所有的一切以充实共同基金；你把你带来的一切存入共同基金。无须精打细算我们又投入了多少，但要明白：多做宝贵贡献者才是良伴。……

"'因为家内家外的任务都要干都要关心，我想神从一开始就设计好女人的天性是从事家内工作和关心家务，男人的天性是从事户外工作。因为神练就了男人的身体和头脑使之更能耐寒暑、跋涉和征战，所以神将户外工作分派给男人。因为女人身体承受能力差，所以我想，神不言而喻地把家内活分派给女人。……

"'因为男女都要有取有予，神就赋予男女同等的记忆力和关心能力。因此你就无法分清男性或女性谁在这方面更有能耐，

> 神还赋予男女同等的实践能力以及必要时的自制能力。……因为男女被赋予的同一些天赋不等，因此男女更加相互需要，男女结合更有益于夫妻双方，因为双方可以相互取长补短。'"
>
> **解读本篇生活片段**
>
> 1. 根据本篇节选，女性在古希腊时代婚姻中的作用如何？
> 2. 本选材中的妻子多少岁结的婚？
> 3. 这位妻子的青春年少对这宗婚姻的动力有什么影响？
> 4. 按照本篇的描述，讨论物质利益（金钱、财产和其他形式的财富）在希腊婚姻中的作用。
> 5. 交谈者伊斯克玛库斯对待男女智能的态度如何？
> 6. 为什么对婚姻问题的这个忠告出现在一篇论述家庭经济的文章中？
> 7. 比较对照本选材所言内容与现代人对待婚姻的态度。

缘倾斜；立柱从上下两端起向内倾。这些和其他一些精打细造决非偶然，而是为了纠正真实的或想象的视错觉而有意为之。帕特农的名声在以后的时代里发挥了权威性影响，因而这些精打细造，加上和谐匀称，逐渐标准化为希腊建筑的精华。

希腊建筑的第二种型式是爱奥尼亚式，起源于古风时代后期，而且，同多利克式一样，在古希腊时代日臻成熟。**爱奥尼亚式**（Ionic）较之多利克式更加超逸奔放，也更加脱俗典雅，反映了它在爱奥尼亚世界的根底；在传统上，爱奥尼亚人的丰富多彩同多利克人的简洁朴实形成鲜明的反差。爱奥尼亚神殿替换了多利克建筑物上相互间隔排列的嵌板和三陇板，代之以图案间隔重复出现的檐壁，檐壁上雕刻着人物。爱奥尼亚式的立柱，装潢多于朴实的多利克式，它们有着精致的柱基。柱的上端冠以柱头，显示其为卷轴的两端，或公羊的两角。加强爱奥尼亚神殿精致优雅印象的是它那修长而精致的立柱。

雅典人选用爱奥尼亚风格来建造这座耸立在卫城上的宏伟建筑群中最后一座神殿，即虽然形状古怪但精美雅致的埃列赫塞乌斯神殿（图3.17）。同爱奥尼亚风格相联系的艺术自由也许促使建筑师涅西克勒斯（Mnesicles）将地面设计得不对称，并引进了那么多设计变异，不过，更可行的解释是，涅西克勒斯需要将现存三个神龛统合在一座单一建筑物内——奥林匹亚神雅典娜和波赛冬、把马引进雅典的国王埃列赫塞乌斯（King Erechtheus）。涅西克勒斯采取异乎寻常的步骤来突出殿基的不匀称特性，为此他添加了两个爱奥尼亚式门廊和该神殿最突出的特征——处女雅典娜门廊（Porch of the Maidens）。凭借他的大胆设计，涅西克勒斯创造了一种同该时代的古典理想保持一致的神奇的和谐幻觉。

图3.17 涅西克勒斯设计的埃列赫塞乌斯神殿》。西视图。建于约公元前410年。大理石建筑,坐落在雅典

　　埃列赫塞乌斯神殿的建造,大概是为了安抚那些保守派,他们拒绝以雅典娜的新神殿即帕特农神殿作为雅典帝国主义的象征。埃列赫塞乌斯神殿反映了它与过去的联系,神殿内供奉着木头崇拜时代的雅典娜雕像,虔敬的雅典人相信雅典娜是从天上下来的。神殿的爱奥尼亚式门廊为优美雅致的爱奥尼亚式样树立了标准。处女雅典娜门廊——从外面是碰触不到的——位于南墙的前面。

雕刻

　　同样令人印象深刻的是希腊在雕刻上的成就。希腊人相信雕刻的任务就是描摹大自然,因而他们创造了男女神祇的形象,也创造男女众生的形象。这些形象自那时以来一直魂牵梦萦似地吸引着西方人的想象力。他们不仅打造了让后世雕刻家遵循的人体比例的原则,而且发展了有关身姿、手势和渐渐体现在西方艺术中的各种主题的全套技能。

　　在希腊时代,古典雕刻经历三个各自独立的阶段:**朴素式**(severe style),它开创了这个时期并延续到公元前450年;**全盛古典式**(high classical style),同雅典帝国霸权的鼎盛期不谋而合;**第四世纪式**(fourth century style),终结于公元前323年亚历山大大帝去世。

　　朴素式雕刻的灵感也许是由于它同丧葬习俗的联系所致,这种雕刻的特点是一种尊荣高贵的情感。《克里提俄斯男孩》(Kritios Boy)展示了人物处于完全静止的状态,这尊雕像乃是古典主义第一阶段的绝妙反映(图3.18)。这尊塑像的创作者据称是克里提俄斯(Kritios),他让人物嘴巴紧闭,改变了面朝正前方这一古风风格的特征,将头部稍稍偏向右边,上躯干微微转身。古风时期男青年雕像的平脚站姿让位于这样的身姿:身躯的分量落在一只脚上,另一只脚作为支撑。这种站姿叫做**对立平衡**(contrapposto)。这种站姿的设计加上对肌肉展现的把握促进了古典革命。据此,雕刻家们得以用更加自由放松的

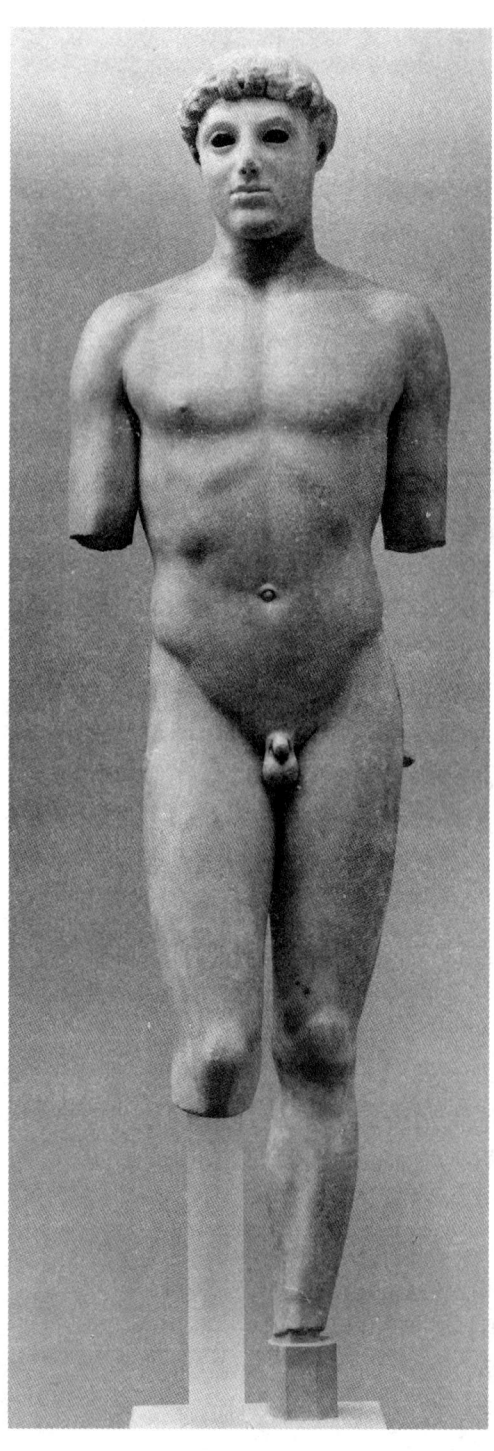

姿势来刻画人物雕像。

同一时期的另一雕刻作品,即所谓《鲁道维西王座》正中央的雕刻板块传达了一种安静凝重的气氛(图3.19)。主题可能是阿佛洛狄忒海上生明月似地降生,她两旁俯身曲背的两位护理侍女脚下的水晶石表明了这一点。这块浮雕反映了在古风时代后期的雅致(阿佛洛狄忒的卷曲烫发和古风式笑容的微露)与朴素式(半透明的眼饰和按透视法缩短了的三个人物的手臂所产生的令人信服的现实主义)的完美融合。

同接受泰然自若为标准的朴素式形成鲜明反差,全盛古典式执着于揭示静态环境中的动感这一美学问题。雕刻家们的解决办法是用很大程度上与悲剧作家从舞台上隐去暴力一样的办法,使动作失去动感,杜绝要刻画焦虑不安态势的冲动,这种办法逐渐成为全盛古典主义的核心。实际上,全盛古典式雕刻家们将时间定格不动,展现了一个理想的世界,在这样

图3.18 克里提俄斯男孩。约公元前480年制作。高84厘米,收藏于雅典卫城博物馆

这尊雕像或许是用阿提卡的潘太利山上开采的大理石雕刻而成。两个特征——对双眼的处理(原是用次贵重的石料制作的)和卷发——表明,克里提俄斯这位雕刻家习惯于使用青铜。人物的加以绝妙展现的肌肉和内心活动感宣告了希腊风格的来临;此处尚有节制地慎用的对立平衡站姿预兆着希腊雕刻后来的发展。

图 3.19　阿佛洛狄忒的降生。约公元前460年制作。高84厘米。收藏于罗马温泉博物馆

《鲁道维西王座》及其三个浮雕板块是一件有争议的作品,因为学者们对它原初是做什么用的,对它的浮雕板块的解释,乃至其制作年代等等意见不一。该作品系19世纪晚期在罗马被发现,它或许是在大希腊雕刻的,也许是供圣坛之用,在古代被运到罗马。阿佛洛狄忒这个人物是希腊大型雕刻作品所描绘的第一批裸露女性中的一个。这位女神是用柔和的曲线来刻画的——是对朴素式雕刻风格的明显偏离,预兆着稍后时期希腊艺术的美感趋势。

图 3.20　《波塞冬(或宙斯)》。约公元前460—前450年制作。青铜制品,高2.08米。收藏于雅典希腊国家博物馆

将希腊人关于他们的神祇高贵的概念展现得最充分的莫过于这尊大型波赛冬(或宙斯)青铜雕刻。魅力、勇力和智力在这尊成年神祇的威严形象中一气呵成。波赛冬的双眼原本该是次等贵重石料,将这尊雕像着色绘制本该是为了造成更加现实的效果。该雕像若是波赛冬,那他投掷的是三叉戟,若是宙斯,那就该是打霹雳。

114　古典时代

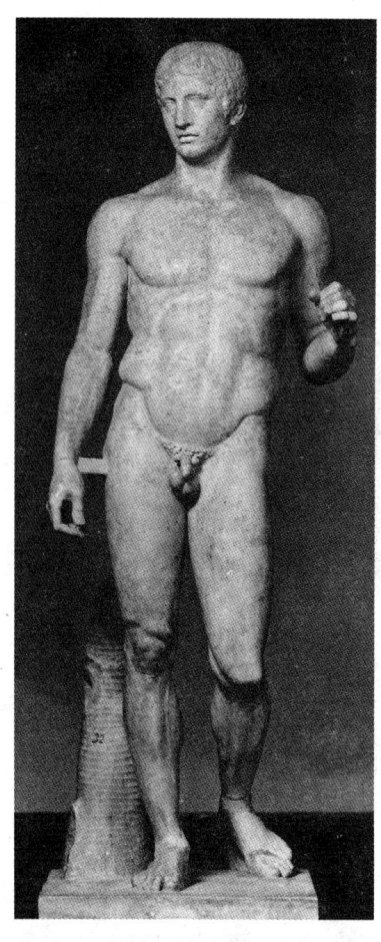

图 3.21 《持矛者像》。约公元前 440 年制作。波吕克利特青铜原作的大理石复制品，高 1.98 米。收藏于那不勒斯的国家考古博物馆

《持矛者像》表达了平衡恬静的古典理想。这位裸体人物把全身重量让右腿支撑着。左臂伸出去握持此时不在手中的长矛，同右腿保持平衡。左脚接触地面部位很少，同放松着的右臂保持平衡。除了反映理想化的恬静以外，《持矛者像》还被公认为人体美及其比例规则、线条和谐的肌肉组织和粗犷容貌的体现。

的世界里，安详的神灵和凡人虽经受压力而仍显得宽厚仁慈。全盛古典主义的这方面的惊人之作是发现于阿尔忒弥斯神庙海角附近爱琴海上的波赛冬或宙斯青铜铸像。它是全盛古典主义的阳刚之美理想的绝妙写照（图 3.20）。胡子和充分发育的身躯所显示的这位成年男神显然已摆好架势，准备掷向某个目标。在诸如此类的雕刻中，希腊人为他们的神人一家说找到了视觉隐喻。

全盛古典主义雕刻家们希望不仅仅限于描绘动感人物，有些人，尤其是阿尔戈斯的波吕克利特（Polykleitos）继续执着于表现理想的人物静止形态。波吕克利特寻求完美，他制作了具有如此力与美的男性铜像——《持矛者像》（*Doryphoros* 或 *Spearbearer*）——其比例渐渐被尊为准则，或一整套规则，为其他艺术家所仿效（图 3.21）。按照持矛者准则，每一部分肢体都同躯体的总尺寸保持一定的数量关系；例如，脚的长度是铜像高度的十分之一。持矛兵铜像所体现的全盛古典主义的其他原则包括微露凶相的面部特征，这是该形式的阳刚理想的典型，放松的均衡和有控制的肌肉。

希腊建筑在帕特农神殿上登临绝顶，同样地，古典希腊雕刻在这座驰名的神殿的浮雕和雕像上登峰造极。在雕刻家菲狄亚斯（Phidias）的严密的专业监督下，工匠们在建筑物的各部分刻上各种爱国主题和神话主题。作为一个整体来看，这些雕刻作品表明帕特农神殿是献给女神雅典娜的功德殿，也是颂扬雅典帝国主义的功德殿（参见图 3.2）。

在帕特农神殿的嵌板——多利克式檐

图 3.22 《半人半马的怪物与拉皮泰人的格斗》。嵌板XXX，帕特农神殿南面嵌板上的雕刻。约公元前448—前442年制作。大理石雕刻，高1.42米。收藏于大英博物馆

设计这种捉对搏斗场面是为了适配嵌板的框框，从而符合人物相互关系的比例以及人物与精确设计的小空间之间关系的比例。勇士与半人半马怪物相缠相搏的肢体显然表明了全盛古典主义的新自由。不过，这位拉皮泰人的极度痛苦的面部表情几乎是全盛古典主义独有的，预兆着下一个重要的艺术发展阶段即希腊化风格的更加表露感情的面容。

壁上面的长方形空间（rectangular spaces）——上，雕刻家们镌刻上流行的全盛古典式景色。嵌板的雕刻家们在一块块雕板上描绘着完美的人在争斗中显示克制的各种形态，例如，亚马孙女战士（Amazons）与男人之争，希腊人与特洛伊人之争，众神与巨人之争。南面嵌板上刻画着传说中的拉皮泰人（Lapiths）与半人半马的怪物（Centaurs）之间的格斗（图3.22）。在希腊人看来，拉皮泰人与半人半马兽之间的争斗象征着文明与野蛮之争，或者还可能象征着希腊人与波斯人之争。

在立柱的内侧，沿环形长带内的内殿上部墙边，是一条浅浮雕的檐壁（图3.23）。借鉴于爱奥尼亚形式，这条图案间隔重复出现的檐壁，

图 3.23　帕特农神殿雕刻位置图

这幅剖面图显示以欢庆雅典人之荣耀的雕刻覆盖的帕特农神殿的多利克式檐壁、爱奥尼亚式檐壁和三角楣上的嵌板。

图3.24　希杰索墓的墓碑。约公元前410—前400年制作，高1.75米。收藏于雅典的希腊国家考古博物馆

像这样的墓碑制作在雅典是奢侈的。或许有助于传播菲狄亚斯风格。希杰索是一位贵妇人，这块墓碑可能是她丈夫树立的。一如图3.22展现表情痛苦的拉皮泰人那样，这个墓碑则显示了亲切、专注和亲昵之情。这是希腊最人道的人文主义。

将更加生机勃勃的气息导入全盛古典主义。160米长的环形带上雕满了数百个男女，有行走的，也有骑马的，他们带着祭祀雅典娜和其他奥林匹亚神的牺牲。这个生动场面的主题是泛雅典娜（Great Panathenaea）节的列队行进，该庆节是雅典最重要的城市和宗教庆典，每四年举行一次。这幅激动人心的列队行进的全景画面的末端是十二位男女神祇的绝妙群像，他们威而不露地随便坐着等待着人间祭拜者。在一处场景中，蓄胡子的波赛冬轻拍阿波罗的肩膀，使阿波罗转过身来，而坐在画面右侧的阿尔忒弥斯心不在焉地整一整她的长袍。他们的安详面容，他们的恰然自得感和一片寂静，乃是成熟古典主义的标志。整个帕特农神殿的檐壁是希腊传统最雄心勃勃的雕刻作品。

希杰索（Hegeso）墓的美丽墓碑（图3.24）是菲狄亚斯风格的建筑。这位已作古的贵妇从她侍女手捧的珠宝盒中选取一串项链。呈波浪形飘垂的外套隐现出胳膊、双腿和胸脯。两人栩栩如生。人物本身与背景浑然一体，宛如身临虚空。雕塑家们此时已对外形驾轻就熟，可以专注于诠释了。

向第四世纪式的转型时期恰好是悲剧创始阶段告终，希腊世界解体，转归马其顿政治势力范围之际。雕刻仍有创新，因为每一代人似乎都产生了挑战流行美学规则的大师，自由表达仍然是第四世纪式雕刻的主导原则。但是这时的雕刻反映了一些新的理念，如为美而美，以声色为乐。早期古典主义强调人

图 3.25 普拉克西特利所作《赫尔墨斯与婴儿狄俄尼索斯在一起》。约公元前 350—前 340 年制作。大理石雕像,高 2.16 米。收藏于奥林匹亚博物馆

在这尊赫尔墨斯雕像中,普拉克西特利描绘了该神的躯体从而改变了古典艺术的面貌。例如,赫尔墨斯的小头长腿突出了普拉克西特利雕塑男性人物的准则。这位雕刻家还造成了赫尔墨斯的肌肉发达的身躯与他的柔和面容的巨大反差。作为普拉克西特利新想象力的一个直接结果,希腊化时代的雕刻家们愈来愈有兴趣对男女人物进行更为坦率的肉体描绘。

能超凡脱俗的观念,但在这个最后阶段却断言神人都贪恋人伦之乐。

这一新的聚焦点显见于普拉克西特利(Praxiteles)的《赫尔墨斯与婴儿狄俄尼索斯在一起》(*Hermes with the Infant Dionysus*)。这尊雕刻也许是古希腊时代保存下来的一位著名雕刻家的唯一原创作品,它刻画二神嬉戏其乐融融(图 3.25)。赫尔墨斯以一种悠然而又不失尊严的姿势斜倚着,在聚精会神的幼神面前大概是在摇晃葡萄。那平衡的身姿,赫尔墨斯的优美站姿被作为**普拉克西特利曲线**(Praxitelean Curve)得到广泛模仿。赫尔墨斯那给人以美的享受的胴体,他那目不转睛的凝视和他的惟妙惟肖的相貌,是第四世纪古典主义的标志;到下一个世代,普拉克西特利刻画男性雕像的方法取代了较为粗犷的持矛兵准则。

绘画

在古希腊时代,绘有红色图案的器皿要比黑色图案器皿更为流行,但这两

图 3.26 所谓阿喀琉斯绘画家所作《女主与女仆》。约公元前 440—前 430 年制作。高 41 厘米。收藏于慕尼黑州立文物博物馆

这个白底器皿可能是在雅典制作的,也许是古代希腊留传下来的最精致、精美的幸存绘画。比照《希杰索墓的墓碑》(图 3.24)。

种风格的器皿都继续产出(图 3.1、3.10、3.11)。到公元前 5 世纪结束时的新风格则是白底色器皿。幸存下来的例证几乎都是绘满彩色图案的油罐(lekynthoi,供殡葬用)。这种新器皿有两个引人注目的特征。第一,白底色器皿的风格与该时期的雕塑具有共同特征,但二者孰先孰后尚不清楚。试观希杰索墓碑(参见图 3.24)和所谓阿喀琉斯绘画家所作的《女主与女仆》(*Mistress and Maid*,图 3.26),二者都展现了同一种忧郁的场景,并用几乎完全相同的方法加以诠释。第二,白底色器皿的白色背景使画家有机会自由地作画和着色,让画中人物从看似虚空中出现。画家对空间效果的驾驭造成了一种强有力的三维感。这种对空间的驾驭是雕塑中的动感在绘画方面的延伸。

文化关键词

希腊(Hellenic)
酒神节(The Dionysia)
古典主义(Classicism)
合唱队(chorus)
舞台(skene)
旧喜剧(Old Comedy)
认识论(epistemology)

米娜德(maenad)
古典(Classic,Classical)
悲剧(tragedy)
合唱队席(orchestra)
讽刺剧(satyr-play)
调式(mode)
唯心主义(idealism)

古希腊文明的遗产

尽管雅典对希腊的政治霸权之梦破灭了，但雅典的奇迹却令它的同代人铭刻于心，以致雅典文化主导着古希腊时代。悲剧诗人、喜剧作家和自然哲学家们使雅典方言成为诗歌和散文的表达媒介。雅典卫城上的建筑物形象地表现了雅典风格的纯真和谨严。雅典民主是本邦市民的激励人心的导师，也是其他大多数希腊城邦的仰慕目标。但在希腊沦亡于马其顿后，民主理念声名狼藉。差不多过了两千年以后，欧洲一些人才有心要让民主获得第二次机会。

但是，雅典的另一个伟大创举，即**人文主义**（humanism），却留芳千古，成为西方有教养阶级修身养性的指南。雅典文化成为希腊化文明（Hellenistic civilization）遵循的教育课程的核心；这个楷模为罗马所采用，并以人文主义传统（humanistic tradition）的形式传到欧洲。对人文主义学问的研修与实践——文学、哲学、戏剧、音乐、艺术和建筑——终于成为西方文明的至高无上的光荣，对个人对整个社会影响深远。

而且，古典主义——古希腊时代人文主义成就的形式——对西方文明有三大影响。第一、希腊古典主义的原则——平衡、简朴和严谨——树立了标准，往往借此衡量其他时代的各种形式。第二、古典主义的实际作品成为西方文化的基本积木。在思想领域，柏拉图和亚里士多德的著作很快就博得了权威的光芒，直至17世纪依然熠熠生辉。亚里士多德的文学批评开创了一种新的写作体裁，他对悲剧的分析使这个剧种成为雄心勃勃的作家们的最大挑战。希腊悲剧本身——埃斯库罗斯、索福克勒斯和欧里庇得斯的悲剧——被许多人认为是无与伦比的。

阿里斯多芬的喜剧如今已不大为人所共知，但其精神却长留在历史喜剧和当代政治讽刺剧中。希罗多德和修昔底德所著史书作为他们各自所处时代的重要史料，其生命力永驻，尽管现代研究对他们的某些结论投下了疑云。在希腊的成就中，建筑产生了最强有力的影响；雅典卫城和其他各处的遗迹是希腊建筑遗产的永恒留念。最后，理想化的男女雕像，例如持矛者雕像，鼓舞着西方艺术家们怀着高尚人的理想去唤醒丰富多彩的人生。

古典主义对西方传统的第三个或许是最重要的贡献是一种植根于民主的怀疑精神。一如雅典人文主义宣称的那样，人文主义者说，人生的目标可以在根据市民需要而形成的城市里最好地予以实现，因而他们对一切僭主、等级社会和神权国家宣战——换句话说，对古代世界的主流秩序宣战。由于人文主义的这种批判精神，这份希腊遗产往往招致质疑，而在压迫时期则遭到抨击。然而，作为怀疑精神之特征的爱质疑、好探究的激情，却是西方意识的核心。

柏拉图主义（Platonism） 爱奥尼亚式（Ionic）
朴素式（severe style） 全盛古典式（high classical style）
第四世纪式（fourth century style） 对立平衡（contrapposto）
普拉克西特利曲线（Praxitelean Curve） 人文主义（humanism）

批判性思考提问

1. 探讨伯罗奔尼撒战争对雅典及其市民文化生活的影响。
2. 界定古典主义并说明希腊悲剧如何体现它。
3. 探讨苏格拉底在希腊哲学中的关键作用。
4. 比较柏拉图和亚里士多德对待真理的态度。
5. 全盛古典式为何意？探讨见诸希腊雕塑中这种雕塑风格的例证。

4 希腊化时代的文明和罗马的兴起

希腊化时代从公元前323年亚历山大大帝去世延伸至公元前31年罗马在地中海世界的最后胜利。这个时期谓之**希腊化**（Hellenistic）时代以表明该时代大不同于古希腊时代，其后嗣和受益人亦大不相同。该时期在文化上并非纯希腊文化，因而可以称之为"仿希腊式的"（Greekish）。希腊化世界的主要动力是希腊文化与从波斯到西地中海地区各地方文化的非同寻常的融合。尽管希腊元素到处都居支配地位，使这个时代具有凝聚力和整体性，但希腊化文化却是**世界主义的**（cosmopolitan），这个词把世界（cosmos）想象为一个城市（polis），把这个城市想象成一个世界。希腊化时代是多文化的、开放的和宽容的，其程度先前的文化不曾有过，后来的文化也不会有，直至20世纪晚期。

希腊化世界辽阔而多样，但可以从一系列的共同视角去观察它。在政治上、外交上和军事上，有三大史话要说。第一，亚历山大征服之后形成了三大新王国。第二，随着这三个王国式微，一

◀ 市场老妇像。公元前3或前2世纪制作。青铜塑像原作的大理石复制品，高1.24米。纽约大都会艺术博物馆收藏

图4.1 黑人青少年像。公元前3—前2世纪制作。青铜塑像。收藏于纽约大都会艺术博物馆

从古风时代起,希腊艺术家们偶尔在他们的作品中描绘非洲黑人。在希腊化时代,由于移民和增加使用奴录,雕刻家们便经常选择黑人作为作品主题。这尊非洲青少年小青铜像说明了希腊化世界的种族多样性。尽管人物夸张地半蹲着,这尊小塑像大概并非意在表现一位运动员,因为并没有把他描绘成全裸。注意系在腰间的腰带,腰带的末端部分顺着大腿挂下来,该塑像更有可能意在表现一位从事某种工作的工人,他手里握着的东西(画面上未显现)反映了这一点。

些新的较小王国从它们身旁崛起。第三,罗马人统一了意大利,接着系统地征服一个又一个民族,直至他们全面占据统治地位。

在社会上和经济上,有三个关键问题要考量。希腊化世界富有、奢华,半因王室宫廷挥霍无度,半因高贾、银行家和生产者令人难以置信地发财致富。生活的情调由城市而定,有时是诸如雅典或安条克一类的古老城市定调,有时是亚历山大里亚一类的新兴城市定调。对于人们迁移流动,普遍宽松自由,无论是商贾四海为家,抑或是军士换防调动,无论是学者周游列国,还是工匠行走四方,这就有助于促使人们较少扎根于特定的城市,纵然生活的总体特征具有浓厚的城市特色。这同古希腊时代蜗居城市的希腊人相比是多么迥异啊!奢侈、多变和不停地迁居流动最终有助于旧的道德和社会习俗的松弛。

希腊化世界的文化极其复杂。它可以反映王室宫廷的堂皇威严,也可以反映城市街头的淫猥下流。古希腊文化的均衡、秩序和克制多半已被抛弃。文学变得更加戏剧化和娱乐化。雕塑更加偏重于喜怒哀乐和声色犬马。平民百姓成为戏剧、诗歌和雕像的主题(图4.1)。古希腊哲学家试图弄懂大自然,而希腊化哲学家却专注于缓解忧虑和疏远的情绪。他们的作品一向被称为治疗之作,意谓使人感觉舒坦些,而不是要使人懂得多一些。

历史分期表 4.1　希腊化时代（年代均为公元前）

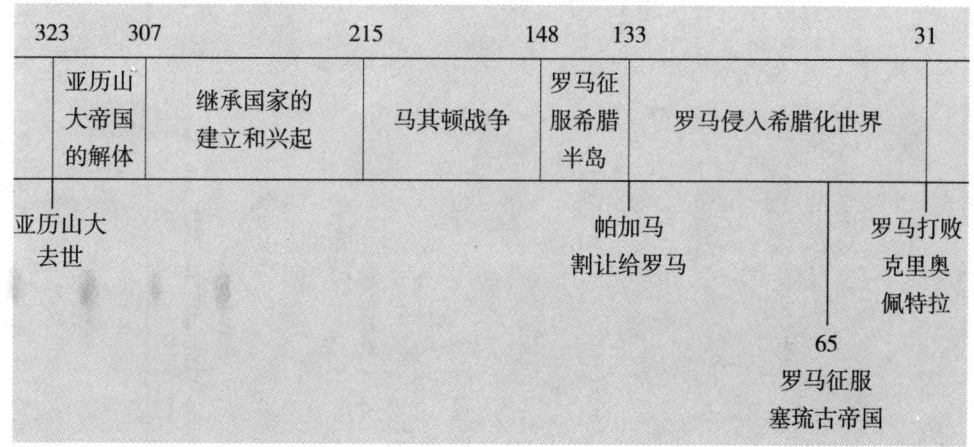

4.1　不断变化的政治框架

亚历山大大帝于公元前323年猝死，他对他的王位继承问题没有作出任何规定。他的三位主要将领瓜分了这个由亚历山大征服但从未真正治理过的辽阔王国。他们各自建立庞大而还算成功的王国，这些王国最终分崩离析，而后降服于罗马军团。到希腊化时代结束时，罗马已建立了比亚历山大的帝国和波斯的帝国还要大的帝国（历史分期表4.1）。

希腊化时代的君主国

历经一场内战之后，三位实力雄厚的军事指挥官安提柯（Antigonus）、塞琉古（Seleucus）和托勒密（Ptolemy）最终在他们之间瓜分了亚历山大的帝国。安提柯的份额是马其顿和希腊。他和他的继承者花了将近50年时间来确保权力，即使到了那时，他们也还不得不在某种形式的联邦结构里与各种各样的希腊城邦分享统治权。塞琉古占据安纳托利亚南部、巴勒斯坦和叙利亚、美索不达米亚及前波斯帝国。塞琉古人经常在他们的东部边境进行战争，逐渐丧失了对帕提亚（Parthia）和巴克特里亚（Bactria）的控制（地图4.1）。他们以小亚细亚的萨狄斯（Sardis）、叙利亚的安条克（Antioch）和美索不达米亚的塞琉西亚（Seleucia）为中心进行统治。在塞琉古王朝统治下，安条克成为希腊化世界的第二大城市。托勒密占有埃及和毗邻的北非沿海。这些地区的国王们不时地对抗，经常同塞琉古王国和托勒密王国的统治者打仗。托勒密王朝的国

126 古典时代

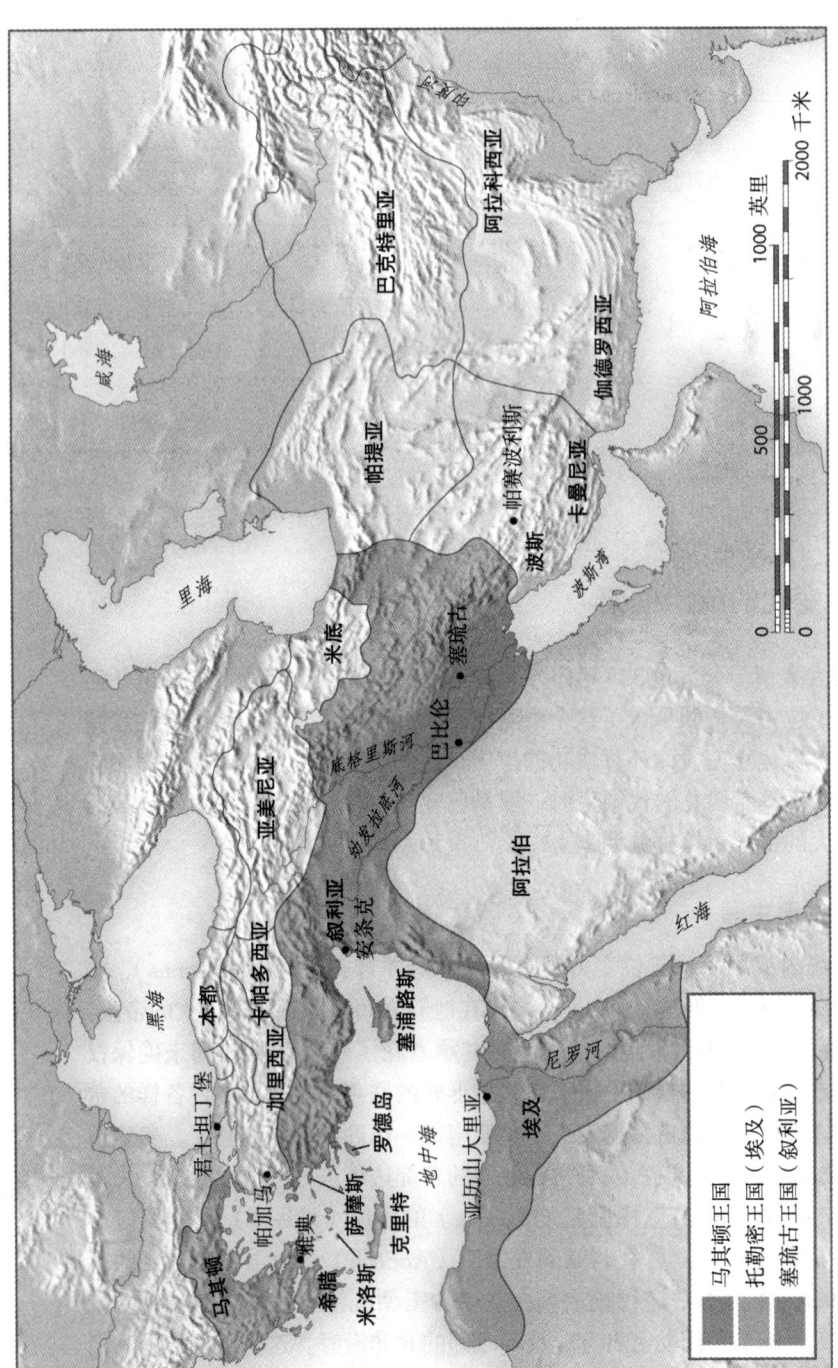

地图 4.1 继承国家与希腊化世界

这幅地图展示亚历山大大帝的帝国崩溃以后出现的希腊化世界和继承国家。1. 注意各继承国家的不同规模和各自控制的地区。2. 考量一下地理位置和地区文化传统对三个继承王国的影响。3. 定位三个继承王国的重要城市。4. 亚历山大里亚在埃及的位置怎样有助于把它建成希腊化世界的最主要城市?

图4.2　帕加马的卫城。建于公元前2世纪，H·施利夫（Schlief）根据遗址遗迹加以复制。收藏于柏林德国国家博物馆

　　帕加马建筑系希腊风格，但该城混合型的居民和经济使它成为一个希腊化王国的商业和政治中心。在攸门尼斯二世治下，这个都城和这个国家在公元前160年前后达到其权力的顶峰。

势由盛而衰，这是因为托勒密朝诸王必须对埃及本地人作出让步以便征召他们去参军打仗，也是因为某些托勒密统治者之无能。尽管如此，托勒密王朝还是把亚历山大里亚建成当时最大的城市。

　　大的王国无法阻挡某些较小王国的崛起。这些小王国中最突出的是小亚细亚西部的帕加马（Pergamum）。帕加马的统治王朝阿塔卢斯诸王（Attalids）精心装点他们城市的卫城，在卫城修建了一座光耀夺目的宫殿，一座仅次于亚历山大里亚图书馆的图书馆，以及一座祭祀雅典娜的大理石神殿。在卫城下面的山麓地带，神龛、市场和较富裕市民的私宅星罗棋布。在山脚下，交易商、工匠和奴隶生活在一起拥挤不堪（图4.2）。

罗马的兴起

　　罗马城出现于公元前1000年左右，是一批建在俯瞰一块沼泽地的七座小山丘上的拓居地，该地沿台伯河（Tiber）而上距海边大约24公里，周围是拉丁平原（Latium，罗马人的语言拉丁语〔Latin〕即由此得名），它提供了肥沃的农地，台伯河很容易在罗马附近涉水而过。根据罗马的传说，该城建于如今指为公元前753年的那一年。长期以来，罗马人在政治上和文化上由其他两个民族所统治。往北是伊特鲁斯坎人（Etruscans），一个有创造力的民族，它起源于何方则不得而知。他们有艺术家的天赋，也精于治理之术。他们统治着伊特鲁里亚，大致即今托斯坎尼（Tuscany）。往南是大希腊（Magna Graecia）的希腊人（参见第2、3讲）。正在崛起中的罗马人同这两个民族都有正常的商业和文化交往，有时也同他们打仗。公元前7和前6世纪的大部分时期里，罗马人其实是由伊特鲁斯坎人统治的。

按照罗马传说，公元前509年，最后一位伊特鲁斯坎人国王被驱逐，罗马人建立了一个独立的共和国。在以后的两个世纪里，罗马人控制了意大利中部的大部分地区。随着他们向南推进，他们遭遇希腊人，卷入了同迦太基人的纠纷。迦太基是北非沿海的一块腓尼基人殖民地，在整个西地中海地区有着重大的外交和贸易利益。公元前264至前146年间，罗马人打赢了三次布匿战争（Punic Wars，由Poeni［紫色］而得名，Poeni指腓尼基有名的紫色染料）。

罗马先是同大希腊后是同迦太基的遭遇产生了三个显著的后果。第一，罗马成为西地中海地区的支配力量。第二，罗马开始谋取帝国，这个帝国将会不停地扩张，几达四个世纪之久。尤其是，罗马于公元前241年夺取西西里、萨丁尼亚和科西嘉诸岛，于公元前146年夺取北非各地区，并开始在西班牙谋求利益。第三，罗马渐渐同希腊化诸王国难解难分了。

伊庇鲁斯的国王皮洛士（King Pyrrhus Of Epirus，公元前319—前272年）在巴尔干西部建立了一个较小的希腊化王国，南部的希腊人乞援于他，他在公元前275年打了一仗输给了罗马人。此战产生了一个术语"皮洛士式胜利"，因为罗马人尽管获胜，但损失惨重以致难以为继。在罗马人与迦太基之间的第二、第三次战争（公元前218—前201年，公元前149—前146年）期间，安提哥那王朝（Antigonids）给予迦太基人一些支持。罗马认为此举是一种挑衅，乃着手对希腊和马其顿的系统征服。塞琉古王国和托勒密王国的统治者又转过身来驰援安提哥那统治者，罗马也就开始同这两国长期算账了。帕加马的阿塔卢斯三世国王在公元前133年去世而无后嗣并自愿将他的王国交给罗马，这时，整个地中海地区的前途便一目了然了。公元前31年的阿克提乌姆（Actium）海战，罗马人击败了克利奥佩特拉——托勒密王朝的末代国王——的军队，确保了罗马人在希腊化世界的统治。同时，形形色色野心勃勃的罗马政治家着手征服西班牙和高卢（Gaul）。往后的胜利是朱利厄斯·恺撒（Julius Caesar，公元前100—前44年）的业绩。希腊化诸王国的时代告终，罗马帝国统治着从大西洋到美索不达米亚的疆土（地图4.2）。

第 4 讲　希腊化时代的文明和罗马的兴起　129

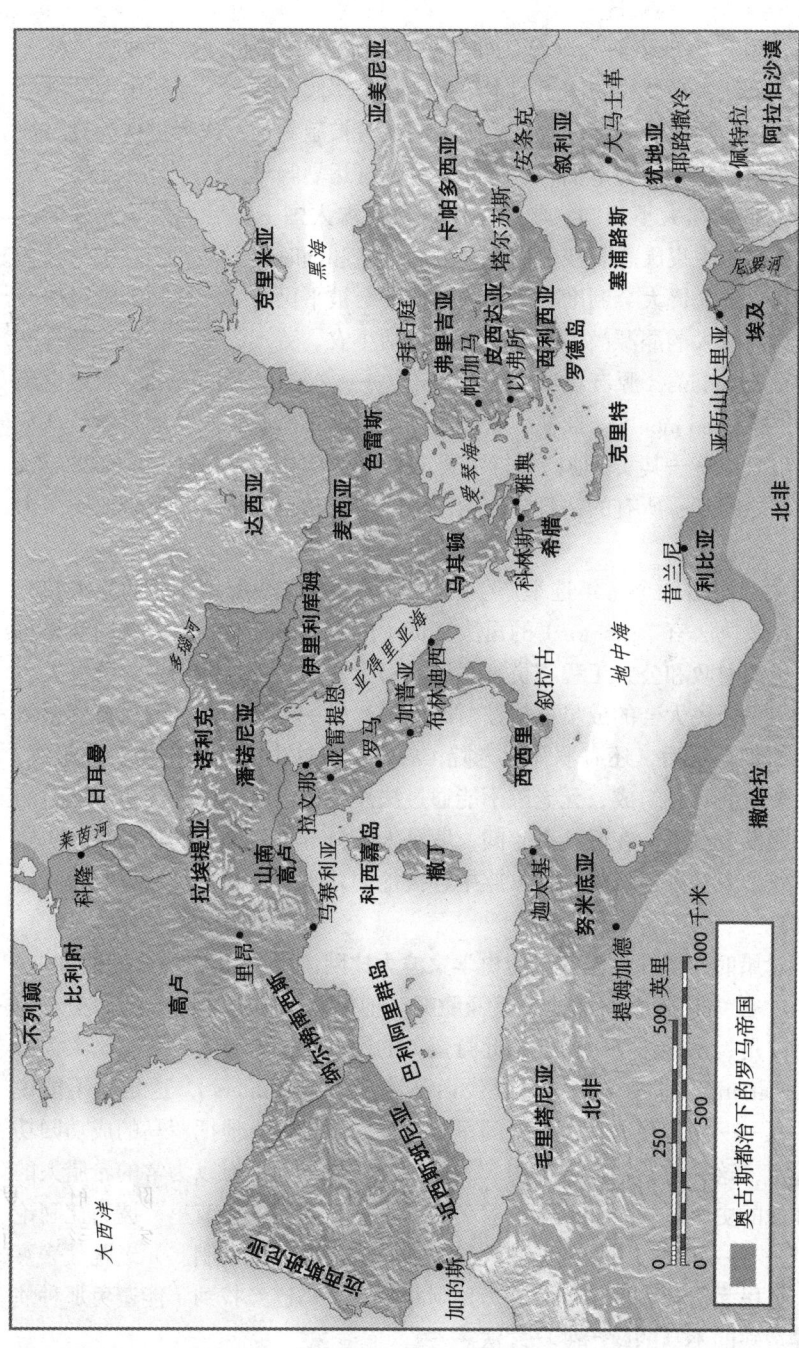

地图 4.2　奥古斯都治下的罗马帝国，公元 14 年

这幅地图展示了创立者奥古斯都去世时的罗马帝国。1. 注意并入罗马世界的广袤土地。2. 将这幅地图与地图 1.1 和地图 4.1 作一比较，看看哪一个古代文明此时被包括在罗马帝国之内。3. 这些古代文明对罗马文化生活有什么影响？4. 地中海在罗马帝国发挥了什么作用？5. 罗马的地理位置怎样帮助和妨碍罗马作为帝国政府的所在地？

政府的性质

希腊化世界出现了两种政体，即神授君主制和共和制，这两种政体将要影响好多个世纪。马其顿的国王们本质上一直是军阀。然而，亚历山大的继承者将军事领导与神权君主结合起来。国王们或者被敬为神，或者被认为只对神负责。哲学家们将王国的幸福和稳定同国王的气运划等号。

罗马人走的路大不相同。驱逐了伊特鲁斯坎人国王以后，罗马人逐渐产生了对君主制的由衷厌恶。在他们建立自己的共和国时，罗马人创立了一整套行政职官和立法公民大会制度。早期的罗马社会被平民与贵族之间的阶级冲突所撕裂。这两派人的渊源尚不明了。平民包括小农、劳工、工匠，也许还有商贾。贵族（Patricians，源自 Pater 即 "father"——"父亲"，Patricians 意谓世袭贵族 [well fathered men]）。起初，贵族实际上保留了所有官职并躬自参政。平民三次退出政治——其实，他们举行了罢工——以要求改革。到公元前287年，这两个阶层之间几乎所有的往日分歧均已消除，罗马至少从学术上讲成了一个民主国家。

罗马共和国由两个每年选举产生的执政官（consul）和两个（后来人数有所增加）叫做执法官（praetor）的司法官员（judicial officers），以及同样是每年选举产生的财政和公共工程官员来领导。每个罗马人都是两个立法公民大会的成员。一个公民大会的成员资格按财产而定，另一个公民大会的成员资格依居住资格而定。最后，还有罗马元老院（senate）。这个机构原本由贵族组成，但后来逐渐由前官员组成，元老院不能通过法律，但它可以而且确实对当时的最重大问题发表意见。在好几百年间，罗马人十分尊重元老们的观点。除了敬重元老以外，罗马人还从一小批家族中选拔他们几乎所有的官员，直至公元前2世纪告终。

征服希腊时，罗马人俘获了历史学家波力比阿（Polybius，约公元前200—前118年）。波力比阿思路敏捷，笔锋酣畅，他撰写了他那个时代的历史。他感到惊奇的是，一个 "不久前还如此野蛮" 的民族——希腊人视非希腊人为野蛮人（barbarian），这个词按字义是说话不清楚者（babblers），这是指不能说希腊语的人——而且在这么短的时间里竟然征服了世界。他把罗马的成功归功于政治稳定，这种政治稳定或许引起了他这位对故土动乱习以为常的希腊人的注意。在他的史书的一个深刻影响着美国的开国元勋们的章节里，波力比阿论争道，罗马有一部 "权力均衡的" 大法。执政官代表君主专制。元老院代表寡头政治。公民大会代表民主制。波力比阿相信，罗马已经找到了能避免那种使希腊世界遭殃的不断的政治变迁之法。

尽管波力比阿如是观，罗马共和国还是在内战和近乎无政府状态下崩溃

历史分期表 4.2　罗马共和国（公元前509—前31年）

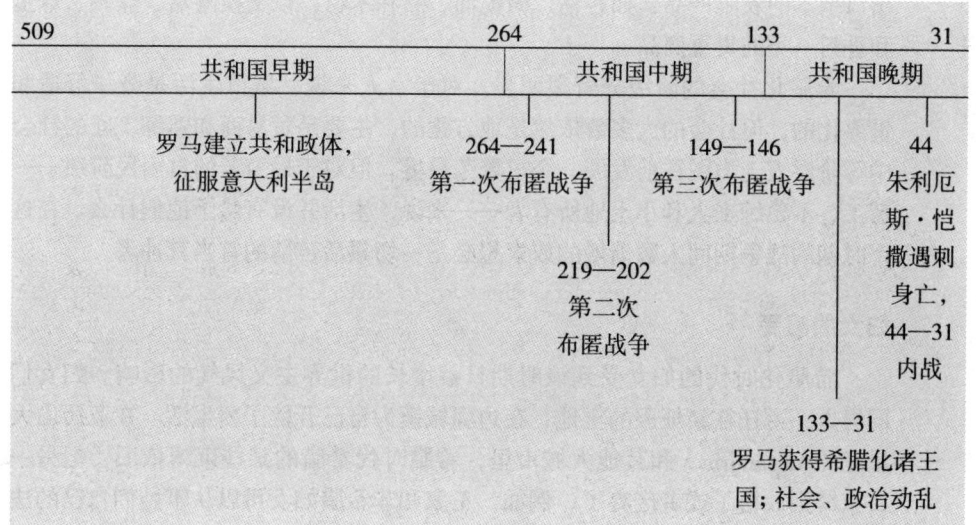

了。这是怎么一回事？几个世纪的战争和征服使一个把自身想象为由市民—士兵—农民组成的社会不堪重负。帝国带来了不可思议的财富。城乡居民之间，农民与商人之间、贫富之间的阶级冲突撕裂了稳定而温良恭俭让的罗马政治结构。"新人"——这一罗马术语并非阿谀奉承之词——开始谋求权势家族长期垄断的官职。帝国为个人野心提供了早先时代无法想象的机遇。各派都试图通过贿赂、暴力、接管军队或者通过所有这些手段的某种结合，往公民大会里充实人员，以图控制国家，各派一个接一个，你方唱罢我登场。历经数十年内战，最后剩下的不倒翁是朱利厄斯·恺撒收养的侄子屋大维（Gaius Julius Caesar Octavianus）。正是他打败了克利奥佩特拉，使最后一个希腊化大王国寿终正寝。公元前27年，罗马元老院的残余部分把几近绝对的权力授予奥古斯都·恺撒（参见第6讲）。具有讽刺意味的是，罗马共和国打败了一个又一个君主国，只是为了以军事专制来结束它自己的生命（历史分期表4.2）。

4.2　生活的一般趋向

　　规模庞大的王国的建立破坏了古希腊由市民指导城邦事务的政治秩序。除了罗马以外，各地各处的市民都成了臣民。希腊化经济秩序维系于奢侈品专门工艺、专门职业、国际贸易和银行业，以及充裕廉价的奴隶供应。大港埠进出口基本的农副产品，如谷物、橄榄油、酒和木材，以交换陶器、丝绸、珠宝和香料一类的贵重商品。

希腊化社会的阶级分野很明显。对于富人来说，城市生活是豪华舒适和世界化的，但社会的大多数依然是地方化的，主要是贸易商和熟练工匠的社会中等阶层人士力图往前发展，企求繁荣昌盛。但对于最穷苦的自由民阶级——劳工、不熟练工人和小土地所有者——来说，生活并没有给予他们什么。在这个时期的战争期间人数渐增的奴隶想必是一切累活苦活的首当其冲者。

妇女的感受

希腊化时代的妇女受到该时期日益增长的世界主义风气的影响。妇女们同男人一道迁往新征服的土地，在边疆城镇为自己开辟了新生活。在亚历山大里亚（Alexandria）和其他大城市里，希腊时代希腊的某些束缚依旧，但另一些束缚则放松了或者废弃了。例如，王家和非希腊妇女可以从事她们自己的法律和经济事务，虽然非王家希腊妇女在此类事务中仍不得不用男性保护人。婚嫁财礼仍是希腊家庭的习俗，不过，受人尊敬的未婚女子这时已经可以选择文科学艺了，例如当诗人、哲学家，也可以从业当艺术家和医生。希腊化文学反映了世风之变，描写脱离丈夫或父亲视线自由自在的妇女。在经济事务中，有些妇女靠自己富裕起来，而且她们也效法男子做慈善遗赠，立墓碑扬名。尽管有这些变化，希腊化社会仍由男性思维主导（图4.3）。妇女从属角色的最确凿标志是，同希腊文明一样自古有之的希腊杀婴习俗依然作为家庭抛弃多余无用的女性的一种办法而持续存在。

城市生活

亚历山大留给希腊化世界的最不朽的遗产是他创立了城市新形象。城市同文明一样悠久，因为城市生活顾名思义是一种组合式的文明化存在。对于亚历山大来说，城市是把他的多样而辽阔的帝国联结在一起的基石——用作治理、贸易和文化的中心和把希腊—东方文明传播到内地。亚历山大让人称道的是，他在征服期间建造了70多座城市，其中许多城市以他的名字命名。

希腊化世界的新兴城市彰显了该时期与日俱增的阶级分野。随着农村人云集城市去找工作，千方百计地想改善他们的经济状况，有些人成功了，另一些人则陷入贫困和绝望的境地。他们的失败造成贫富分野；从而加剧了阶级冲突。农村来的移民如何适应城市生活方式的问题，也影响着当时的，特别是形形色色的哲学和宗教的价值观和信念（参阅"哲学和宗教"一节）。在日常生活中，向上流动的城里人中出现了一种新的生存战略作为避免阶级冲突的办法。这种生存战略就是抛弃他们土里土气的生活方式和种族身份，接受城里人的世界主义（Cosmopolitan）——这个希腊术语意谓一个城邦的市民要放眼普世或放眼全世界——的理想。

希腊移民对希腊化文化构成了特定的挑战。离开自己原居城邦到亚历山大帝国的继承国去淘金谋出路的希腊人影响着生活的方方面面。想要成为商人、银行家和海员的希腊人被吸引来到遍布东地中海各地的城市和港埠，传播他们的生活方式，影响当地文化，从而促进了该时期种种社会的融合。许多人成为政府官员——职官、顾问、外交官——或者成为士兵和海员。然而，大多数人经营工商和从事职业生涯，或者寻找视觉和表演方面的工作。他们的人数和在人们心目中的高超形象确保了希腊文化和价值观在希腊化的思想和艺术中发挥突出的作用。

在这种丰富多彩的文化氛围中贸易的扩张让希腊人和非希腊人一样得利获益。这个时期的国王们抓住机会使自己发财，使他们的国家致富，他们延伸和改善了现有的陆上贸易通道，将这些贸易通道同印度连接起来，并伸向非洲各地。埃及的国王弄清楚印度洋

图4.3 欧马希雅雕像。公元1世纪中期制作。大理石雕像，收藏于那不勒斯意大利国家博物馆

这尊欧马希雅雕像是在庞贝城发现的，它表明罗马主妇参与了公共生活。雕像底部的铭文赞扬她捐献城市广场上的一座建筑物供参与制作毛织品的漂洗工使用。她的这尊雕像是漂洗工协会为感谢她的馈赠而出资制作的。她的理想化的面容反映了公元1世纪奥古斯都统治时期人们喜爱的希腊理想。

图4.4　古代亚历山大里亚城设计图。制作于公元前3世纪

　　由亚历山大的私人建筑师、罗德岛的戴诺克拉特（Deinocrates）设计，亚历山大里亚被安排在由纵横交叉的通衢街道构成的网中。整座城市以城墙围绕着，主干通衢的尽头有四个城门可以进出。城北是两个港口，使该城成为地中海最重要的港埠。两个港口由一个外岛护卫着，岛的尖端耸立着法洛斯岛的灯塔——现已遗失。这个灯塔因其高大而明显可见，被认为是古代世界的奇迹。

的季风以后，同印度的正常的海上贸易开始了，这就确保了尼罗河上游的城市科普托斯（Coptos）作为海上贸易西部终点站的重要地位。

　　希腊化第一城是埃及尼罗河河口的亚历山大里亚，该城为亚历山大在公元前331年所建（图4.4）。在托勒密王朝统治下，亚历山大里亚发展成一个世界级城市，既吸引着寻找机遇发迹的雄心壮志之士，亦令惟愿茕茕独处的与世无争之辈神往。人们心向往之的种种诱人处所，据说此地应有尽有，犹如在21世纪不断涌现的城市里一样。到公元前1世纪末，亚历山大里亚的人口或许上升至百万，该城分为五大部分，其中一个部分为王族独占，与埃及人和犹太人的居留区分开，犹太人是被这个城市的机遇和宽容氛围吸引而至。古希腊时代的城邦是小国寡民式的，居民成分相对单一，而亚历山大里亚的种族和族群多样化的群体因经济利益而联结在一起。亚历山大里亚有着繁忙的港湾，熙熙攘攘的市场，还有国际银行，成为商业金融事业的中心，类似于现代港口城市。

亚历山大里亚的经济活力同它的辉煌的文化成就并驾齐驱。世界第一所大学——供奉缪斯的博物馆——建在这里，那是学者研修和交流思想的殿堂，近旁是有名的图书馆，馆内工作人员搜集希腊文明典籍，其中有柏拉图和亚里士多德的著作，埃斯库罗斯、索福克勒斯和欧里庇得斯的悲剧作品；阿里斯托芬的喜剧作品；希腊化时代哲学家的科学论文。公元前1世纪末期罗马征服时期，该图书馆保存了将近70万个卷宗，是古代世界最大藏书。到此时，亚历山大里亚已成为伟大思想家的灯塔，他们因这座城市丰富的思想生活和世界主义氛围而心向往之。

罗马价值观

罗马人作为一个固执守旧、内向的民族进入希腊化世界。逐渐地，先是罗马精英，后是愈来愈多的人们接受了希腊化文化的方方面面。尽管罗马人并非天生的世界主义，但随着时间的推移，他们便愈来愈变成世界主义的了。罗马同希腊化文化的接触导致偏爱旧方式者和渴望新方式者之间长达一个世纪之久的冲突。

罗马人首先是一个务实的民族，主要对有用的东西感兴趣。他们具有男子气概的道德感，倾向于以怀疑的眼光看待辉煌思想。而且，罗马的权威人物培育了一整套相互紧密关联的价值观：

1. 虔敬（pietas，piety），但确确实实忠诚可靠。
2. 庄重（gravitas，或 gravity），意谓"根深蒂固的严谨持重"。
3. 坚定不移（constantia，constancy），即坚韧不拔，一心奉献。
4. 宽宏大量（magnitudo animi，或 magnanimity），即"心灵高尚"，不在乎财富地位。

按希腊标准，罗马人是一群呆笨之徒，过分自制，不敢想象。但是，罗马人在吸纳借鉴来的文化形式方面机灵精巧，具有经世治国的天赋。

早期的罗马是由牧人和农人在意大利中部台伯河畔七座低平小山丘上建立起来的一个小城邦。在他们崛起成为世界领导的漫长过程中，罗马人大大地改变了，但他们从未放弃以扎根农业为荣（图4.5）。罗马的道德和罗马法律都强调自然界的重要性和凭自己本事维生的重要性，从而与农业道德相呼应。罗马的书面文化也深深地浸透着对农村往昔的敬崇。在罗马繁荣起来时，许多作家哀叹奢侈的腐蚀力量，诉诸罗马缔造者的耕织价值观。

图4.5 一位罗马人的头像。制作于约公元前80年。大理石雕像,大小与真人相似。收藏于罗马托洛尼亚宫

这尊罗马人头像是始于大约公元前100年的罗马共和国晚期盛极一时的高度个性化描绘的极好例子。请注意光秃秃的头,深深的皱纹和累累伤疤的脸庞,凹陷的双眼和紧咬的牙关——这些都是极端现实主义风格的标志。就文化而言,这尊雕像将该时期对高龄、不虚荣和自律作了人格化的描绘——这些都是罗马人的传统美德,得到统治精英们的大加赞扬。就艺术而言,面容的个性化反映了丧葬面具的使用,这是该期间的共同习俗。随着公元前31年以后帝国的来临,现实主义风格便愈来愈不明显了,因为罗马人探索了较早诸阶段的希腊艺术。

罗马的另一个重要价值观是家庭神圣观。在共和时代晚期以前,离婚从未听说过,即使是共和时代晚期,家庭价值仍受到德操之士的颂扬和领导人的推崇。在罗马家庭里,角色是严格规定的,家庭由父亲主导,父亲是一家之主(paterfamilias),对整个家庭成员包括配偶、子女、亲属、仆役和奴隶,操合法的生杀予夺大权(图4.6)。一家之主行使较之希腊的一家之长更大的权威。不过,形成鲜明反差的是,一家的主妇较之希腊的闭门不出的主妇更为自由,也更有实际影响力。总之,罗马主妇是社会中引人注目的存在,同她的夫君一道出席和主持集会,监督的她子女后代的教育。

4.3 希腊化时代的文化

希腊化文化也反映了该时期不同国家的口味和需要。希腊悲剧一旦脱离了独立城邦之根便失去了生命力,而喜剧对于寻求消遣的品位高雅的城市受众有吸引力。非戏剧的文学更加矫揉造作，因为作者潜心于完善其风格或追逐外来学问。新的哲学和宗教兴起以呼应许多人体验到的城市生活的孤立和孤独氛围。最后，宏伟的建筑说明了贵族统治者的宣传上的需要，现实主义风格的雕刻则反映了越来越城市化、世俗化的文化。

尽管如此，希腊化文化的价值并没有在多大程度上取代希腊古典主义的标准，虽然他丰富并精加工了旧的理想。实际上，希腊语是大部分地区和人民所使用的主要语言。学者们讲一种当时的通用希腊语，这是在希腊时代逐渐成为主流的阿提卡希腊语的精简版本。早期的罗马作家甚至用希腊语写作，部分是为了吸引观众，部分是因为他们认为拉丁语太简陋，不适用于高等艺术。希腊化风格描绘物质世界的现实而不是在幻想或抽象中寻找真理。希腊化时代的艺术家和作家同意他们的古希腊时代的先驱的看法：艺术应当服务于道德目的，而这是借助内容和形式编排表现出来的。

戏剧和文学

在希腊化时代，希腊喜剧逐渐类似于现代喜剧。演员们披戴的奇形怪状的衬垫被贴近现实的戏装所取代；假面具被重新设计为代表所塑造角色的面具；演员占据高于合唱队的主导地位。喜剧成为民间娱乐的一种形式，希腊化时代的剧作家形成了一种世称**新喜剧**（New Comedy）的流派，以吸引成

图4.6《手捧祖先（罗马公民巴贝里尼）半身雕像的罗马贵族》。公元1世纪早期制作。大理石雕像，高1.65米。收藏于罗马守护神宫

这位无名氏贵族和他的祖先的严峻而布满皱纹的脸庞所传达的信息是典型的男性一家之长威而不露的尊贵地位和权威。某些学者认为，这两个半身雕像因其逼真的现实主义是死者面具的样板。

生活片段

希腊化时代埃及的街景

忒俄克里托斯
选自《牧歌》,公元前3世纪

在希腊化时代的埃及,两位上流社会的主妇戈耳果(Gorgo)和普拉克西娜(Proxinoa),各自带着她的侍女欧蒂奇丝(Eutychis)和欧娜(Eunoa),穿过亚历山大里亚拥挤的大街小巷前往托勒密二世的王宫去赏听一位阿多尼斯节歌手的演唱。

(戈耳果:)来,穿上你的礼服,披上你的外套,
让我们前往托勒密王宫
到这个阿多尼斯节去瞧瞧。
我听说,女王要把节日办得体面堂皇。
普拉克西娜:哦,那再好不过了,但愿节日永葆美好。
戈耳果:不过你去观赏时就想一想,你能告诉那些毫不知情者什么。得了,该出发啦。
普拉克西娜:懒人天天过节。

* * *

(走在大街上)
哟,多么拥挤啊!挤死啦!
究竟怎么穿过街去呢?
人多得像蚂蚁!人头攒动密密麻麻,数不胜数!
唉,托勒密,自从你的父王归天
你已经帮了我们很多忙了。
我们现在不要这些无用的东西了
这些东西是在街上悄悄塞给我们的,
是变埃及戏法的,这是他们惯用的伎俩,这些流氓!
这一帮坏蛋,个个都坏,全都该死!
亲爱的戈耳果,我们会变成什么?

这儿是国王的马!当心,
我的先生,别踩着我。
那会马上踩坏人们栽种的东西
瞧它多么野!它会踩死它的马夫!
欧娜,你这傻瓜,退回来!
感谢上帝,我把那孩子留在家里。
戈耳果:别担心,普拉克西娜。
我们现在落在他们后头了。
它们归队了。
普拉克西娜:此刻我很好。
从我做姑娘时起就怕两样东西——马和凶残的长蛇。
快走,这个人流大潮会把我们淹没的。

* * *

戈耳果:看哪,普拉克西娜!门口那么多人!
普拉克西娜:多么奇妙啊!戈耳果,把手伸过来。
还有你,欧娜,抓住欧蒂奇丝别松手
当心,你们不要彼此丢失。
我们要走一起走,紧挨着我们。
噢,不,戈耳果,我的外套!它被撕成了两半!
我的天哪,先生,在你乐极时,请别弄坏了我的外套!
陌生人:这不是我的过错,不过我会小心的。
普拉克西娜:好大的人群!像猪一样攒动。
陌生人:别担心,太太,我们会安然无恙的。
普拉克西娜:先生,你没事吧!谢谢你照顾我们。
多好的人!欧娜在哪儿?
她快被挤扁了,来吧,姑娘,往前挤!

> 好啦!"全都平安地进来了。"
>
> **解读本篇生活片段**
> 1. 这则大城市生活故事的"情节"是什么?
> 2. 女士们穿过亚历山大里亚的大街小巷时遇到哪些事件?
> 3. 这则故事中女士们的心情如何?
> 4. 概述这篇简短描写,亚历山大里亚社会里的妇女地位若何?
> 5. 说明一下女士们与其女奴之间的关系。
> 6. 谁是这篇诗作的受众?
> 7. 同这个阿多尼斯节类似的现代故事有哪些?请解释。

群结队到戏院找乐的观众。新喜剧避免政治批评和不正经的诲盗言行,而是表演源于中产阶级生活的举止文雅的讽刺场面。

喜剧剧本一般说来是一些滑稽好笑的浪漫传奇故事,其主旋律如初恋受挫或丈夫误解,尽管结局不可避免地是欢快幸福的,而且有过多的公式化写作手法——或多或少有点像今天电视喜剧的情形——但喜剧还是反映了全方位的希腊化风格。例如,角色是来自丰富多彩的希腊化社会的家喻户晓的类型——名妓、奴隶、逢迎拍马的食客。然而,新喜剧依然保持其中产阶级的色彩不变,尽管传统的社会秩序到头来总是占上风。例如,新喜剧的一种得意的剧情设计的要旨是揭示一个表面看来出身低微的人物角色其实出身于尊贵的——往往又是富裕的——名门望族。

古代和现代的评家们倾向于认为米南德(Menander,约公元前343—前291年)是新喜剧的领衔作家。他为雅典的酒神节编写了一百多个剧本,赢得八次喜剧头奖,人们把完善**风俗喜剧**(comedy of manners)的功劳归之于他,风俗喜剧是一种幽默剧,它聚焦于人们在社会里互动的方式。这些戏剧能提醒我们希腊化时期人们对日常生活中的普通场景的关注(图4.7)。

《萨摩斯女子》(*The Woman from Samos*)是他的作品的一个强有力的例证。这部喜剧写于大约公元前321年,该剧涉及一个幼小孤儿的身份,描写普通人物:一个名妓、一个年轻的情人、一个年长的情人、一个幽默的邻居、两个滑稽好笑的奴隶。米南德首先展现了一家人,父亲认为他和他的儿子都在追求同一个女子,而实际上,儿子恋上了邻家的女孩。于是,当一个弃儿出现时,荒唐的误解发生了,提出了子虚乌有的指责。该剧以所有角色的和解而愉快的告终,儿子娶了他真正的恋人,父亲和情人在欢快的婚礼上结了婚——这是典型的新喜剧大结局。若没有米南德,西方喜剧是不可想象的。他的风格被罗马喜剧所吸纳,罗马喜剧则把他的作品的精神传输到意大利文艺复兴的戏剧,由此又传入莎士比亚和莫里哀(Molière)的喜剧。

图4.7 《街头乐师》。约公元前100年制作。43×41厘米。收藏于那不勒斯意大利国家博物馆

这幅镶嵌图可能是描绘一出喜剧的一个场景。三个戴上面具的人物跳舞、敲鼓、击钹，而一位戴面具的女性人物则吹奏古笛或者是吹双簧管。这幅镶嵌图发现于庞贝城的所谓西塞罗别墅。

亚历山大里亚的两位作家尤其出色：诗人忒奥克里托斯（Theocritus，约公元前310—前250年）和阿波罗尼乌斯（Apollonius，公元前3世纪）。忒奥克里托斯创立了一种新的诗歌体裁，即**田园诗**（pastoral），它将影响后世欧洲古典和现代的文学。田园诗以多少有点艺术夸张和理想化的手法描述牧人和农夫的生活。忒奥克里托斯根据他早年在西西里农村的回忆进行形象描绘，他那娓娓动听的怀旧诗句吸引了许多同样远离了平静的乡村生活进入骚动不安的希腊化城市的人。忒奥克里托斯还写了他谓之**牧歌**（idyll）的诗篇（按希腊文意谓"小画面"［little picture］)，牧歌描绘了希腊化生活的小画面。其中有些诗展现了许多日常事务，指明了共同关心的问题和世世代代的企望——爱情、家庭、宗教和财富。忒奥克里托斯尤其充满同情地创作了有关一个女子爱上一位男士的生动描写。

阿波罗尼乌斯的最著名诗作是浪漫传奇故事诗《阿尔戈英雄传》，描写伊阿宋（Jason）与阿尔戈英雄觅取金羊毛的故事，故事充满奇思幻想、冒险、格斗和爱情。伊阿宋的情人美狄亚（Medea）在故事中是多方面令人爱慕的人物。阿波罗尼乌斯用她的头脑来反衬伊阿宋的膂力。阿波洛尼厄斯创作这篇传奇故事诗作实际上是开创了一种文学体裁。《阿尔戈英雄传》在罗马大受欢迎。

渐渐地，罗马人对希腊化文学从接触到吸纳而后对它作出贡献。罗马的语言即拉丁语，起初是一种毫无想象力的功能性语言，只适合于法律文件、财政记录和军事指挥。但是，随着共和国早期法律和雄辩术的发展，语法标准化了，词汇增加了，词义清楚明确了。随着罗马人的征服，他们把拉丁语变为国语，讲希腊语的东方则除外。到帝国晚期，拉丁语播及整个文明化世界，成为大多数罗马公民的通用语言。拉丁文学在共和国中期（公元前264—前133年）开始繁荣起来，抒情诗、史诗、喜剧、悲剧起初全是希腊风格，不过作家们开始形成一种特有的罗马风格。早期的罗马作品，值得一提的是它的强烈的希腊韵味，而就某些作家而言，是它的浓厚的道德情调。这个时期还有罗马戏剧传统的兴起，这一传统既受张扬狂放的伊特鲁斯坎人宗教庆典渊源的影响，又受到与希腊戏剧接触的影响。这一时期许多受过教育的罗马人能讲希腊语，许多人在旅行期间观看了悲剧和喜剧的演出。

普劳图斯（Plautus，约公元前254—前184年）是一位平民，他以将近130个剧本开创了罗马喜剧的伟大时代。他的天才在于往借鉴自米南德和其他希腊化时代新喜剧作家的陈腐情节和俗套角色中注入了新的生命。在他的笔下，阴差阳错的人物身份、用词引起的误解和粗制滥造的构思设计，似乎都焕然一新。罗马的另一位重要的喜剧作家是泰伦斯（Terence，约公元前195—前159年），他是迦太基奴隶，被带到罗马，受教育并获得自由。尽管他只写了六个剧本，却赢得了罗马有教养精英的喝彩，这也许是因为他的作品的纯正希腊语调和主旋律，泰伦斯极其优雅的风格后来启迪了地方行政官西塞罗（Cicero）。

随着罗马喜剧开始衰落，大众所要求的宏伟壮观将其取代，两大诗人带着不同特色的个性和天赋登场亮相：卢克莱修（Lucretius）和卡图卢斯（Catullus）。两人均深受希腊的影响。卢克莱修（约公元前94—前55年）在自荷马以来文学指导性人物的长列中岿然挺立。卢克莱修是一位天才诗人，以其恰到好处的希腊短语和富有想象力的生动语言写下了《物性论》（*De Rerum Natura*），说服读者相信伊壁鸠鲁主义的真理。伊壁鸠鲁哲学基于科学原子论，否定神对人类事务的干预（参阅下文）。

同卢克莱修的长诗相映成趣，卡图卢斯（约公元前84—前54年）的特点是简短，这是希腊化时代亚历山大里亚学派的标志之一。卡图卢斯的小型史诗、讽刺短诗和爱情诗也缜密地摹仿亚历山大里亚学派的学术特征和传奇特征。卡图卢斯最令世人难忘的是他的爱情诗，它取材于他在罗马的出身高贵、激情奔放的圈内人士的生活，表达他的愿望、失落、嫉妒等内心情感。作为一位典型的希腊化诗人，卡图卢斯创作诗歌所用的语言既有庄重严谨的，也有粗俗猥亵的，其主题从声色犬马到色情直白。

然而，卢克莱修和卡图卢斯的成就与他们同代的西塞罗（约公元前106—前43年）的成就相比，就显得苍白了。西塞罗在他的鼎盛期统治罗马文坛如此之久以致他那个时代被冠以西塞罗时代。他把希腊语论文译成拉丁文，他为拉丁语创造了以前根本没有的哲学词汇。

多少个世纪以来，西塞罗的演讲集成了现代公共演讲和书面论证的范本。同样地，他的哲学小册子为历代思想家和改革家确定了议程。今天的读者把西塞罗的书信集誉为他的名著，这些书信大多数是他写的，有些是别人写给他的（有少量书信是他儿子写的）。这将近900封书信，文风坦诚，语言率真，提供

图4.8 西塞罗像。公元前1世纪制作。收藏于罗马首都博物馆

这尊西塞罗半身雕像的不知姓名的雕刻家捕捉到了根据文字资料回忆的这个人物的特征。被誉为罗马最杰出的知识分子和致力把国家从混乱中拯救出来的爱国者,他被描绘为深思熟虑和刚毅坚定的特征。这尊理想化的雕像强化了西塞罗作为罗马共和国英雄的神秘色彩。

了古代一位重要公众人物的独一无二的自画像(图4.8)。

西塞罗也写了不少有关法学和政治学的作品。作为一位公众人物,他当上了高官,但未能做到"阶级和谐"(concordia ordinum),也就是说实现罗马交战各派之间的和平与理解。

哲学和宗教

随着希腊化城市的生活越来越带有多元文化色彩,古希腊城市生活特征的归属感被孤立感、孤独感乃至无助感所取代。随着朴实的罗马农民变成了世界统治者,他们在文化上体验到了迷惑。结果,两种表面看来矛盾的观点出现了:个人主义和国际主义。持这两种态度的人都在探索迅速变化中世界的连续性;通过共同利益、价值观和希望寻求个人的认同;也都力图理解那些似乎无法预见的、非人所能控制的事件。

哲学和宗教提供了似乎同问题本身一样矛盾的答案。有一种哲学强调全人类四海之内皆兄弟,不分种族、地位和出身而团结起来。另一种哲学对世界

表4.1　希腊化时代的哲学

哲学	重点
犬儒主义	真正的自由来源于能够认识到，人若什么都不要，那么人就永远不会缺什么；自守自足（自给自足）就是目标。
怀疑主义	事物皆不能被确知；质疑一切理念；自守自足就是目标。
伊壁鸠鲁主义	只有原子和虚空是存在的；快乐就是最高的善；死就是意识的最终熄灭；神在人类事务中不起任何作用。
斯多噶主义	世界是受神的逻各斯（Logos）或理性（reason）或自然（nature）支配的；智慧和自由存在于同逻各斯和谐相处之中；全人类共享神的逻各斯；自守自足就是目标。

丧失了信心，因而排斥大多数人，求助于上帝特选的少数人。同样地，宗教也提供了五花八门的答案，一种信仰祈求死后灵魂得救，另一种信仰转向幻术以躲避命运之神（Fate）——即控制人生的盲目力量。这个时期的哲学中最持久的是**犬儒主义**（Cynicism）、**怀疑主义**（Skepticism）、**伊壁鸠鲁主义**（Epicureanism）和**斯多噶主义**（Stoicism，表4.1）。

犬儒主义　在这四个学派中，犬儒主义对希腊化文明影响最小。犬儒学派认为，社会把个人的注意力从更为重要的个人独立和自由的目标转移开，他们谴责一切宗教和政府，避免物质享受，鼓吹避免个人享乐。按照犬儒学派的逻辑，只有认识到如果一个人什么都不要，他就什么也不缺乏，这样才会得到真正的自由。他们把自己孤立于社会，得到某种自给自足，希腊人称为**自守自足**（autarky）。

最杰出的犬儒学派人物第欧根尼（Diogenes，约公元前412—前323年）公开嘲笑他那个社会的普遍价值观和粗俗唯物主义（crass materialism）。他的逆反个性令亚历山大大帝如此着迷以致这位统治者在受到这位犬儒侮辱时据说还说过假如他不是亚历山大，那他宁愿做第欧根尼（图4.9）！犬儒主义的原则冒犯了有教养者，它的悲观主义没有给大众提供任何希望。

怀疑主义　怀疑主义的倡导者争辩道，事物不可能被确知，导致他们得出这种结论的是他们的以下信念：感觉是靠不住的知识源泉。怀疑论者认为，一切事物都是相对的，他们坚持说，所有理念都应当受质疑，没有哪一种哲学是真实可信的。他们的批评者指出，这样冷酷无情的质疑显然不是应对人生不

图4.9 《第欧根尼与亚历山大大帝》。公元1世纪制作。收藏于罗马阿尔巴尼别墅

这幅罗马浮雕展示第欧根尼和亚历山大大帝这两位希腊化时代的人物代表着罗马人的活生生的存在。哲学家第欧根尼被刻在他著名的缸里坐着,这是他蔑视物质享受的标志。世界征服者亚历山大在右边,手指着这位希腊思想家。缸顶端的狗指犬儒主义(犬儒一词源自希腊词"犬")。第欧根尼断言,人应当简单地生活——就像狗一样。

确定性的切实可行的办法,怀疑论者答道,只有承认真理是不可知的,才能达致确定性——这是一种非直截了当的对答。怀疑论者认为,只要他们认识到求知是徒劳无益的,那么他们也能避免挫败和达到自守自足,或者说,自给自足。

怀疑论学派虽然吸引的受众少于犬儒学派,但他们对西方的论理有着更大的影响。埃利斯(Elis)的皮罗(Pyrrho)创立了怀疑主义,追索希腊思想的本土谱系得出其逻辑结论,但他从不记下他的思想。怀疑主义对早期罗马人有些吸引力,早期罗马人把希腊哲学家和教师卡尔尼得斯(Carneades,约公元前214—前129年)带到罗马,时为公元前155年。卡尔尼得斯震撼了他的虔诚的罗马受众,罗马人把他的普遍怀疑看作是对他们国家及其价值观的稳定和永久性的否定。尽管卡尔尼得斯死后怀疑主义式微,但在罗马帝国时期,该运动复活并最终流入西方思想的主流。

伊壁鸠鲁主义 伊壁鸠鲁主义提倡严谨、安静的生活方式,对于那些有志于学而对政治不感兴趣的贵族有吸引力。伊壁鸠鲁主义发轫于希腊思想家伊壁鸠鲁(Epicurus,约公元前342—前270年)的哲学,他在雅典创办了一所学校,学生中有奴隶和妇女,大家聚集一堂讨论思想(图4.10)。在伊壁鸠鲁看来,要使永不奢求从而达到幸福的最好方法是禁色重谊。友谊是一种神秘的共享,它基于共同的需要,男人与男人,男人与女人,富人与穷人,老人与年轻人,不分国籍、不分阶级,都在相互信赖的关系中相互支持。这种理想指引着

第4讲　希腊化时代的文明和罗马的兴起　145

图4.10　伊壁鸠鲁像。约公元前290—前280年制作。承蒙大都会艺术博物馆允准。罗杰斯基会1911年捐赠（编号11.90）

　　这尊伊壁鸠鲁大理石半身雕像是在南意大利发现的，上面刻有他的名字，系原青铜雕像的复制品。伊壁鸠鲁的许多半身雕像和类似作品的发现表明他的哲学在希腊化时代深得人心，在罗马时代尤其如此。

伊壁鸠鲁的学校，在这所学校里，生活就是友谊的日常操练。这种理想对妇女有吸引力，因为它促进男女平等，指明妇女奉献良多，而不仅仅是生儿育女和养家糊口。

　　伊壁鸠鲁的伦理哲学依据希腊哲学家的原子论，这些希腊思想家认为天地万物完全是由在空间里运动的原子的行为决定的（参看第3讲）。伊壁鸠鲁接受这种生动描述，但有一个重要修正。他争辩说，因为原子有时游离其既定轨道，产生不可预测的偏差，因此，即使是在天数既定的天地里，人们仍有可能进行自由选择。同原子论者一样，伊壁鸠鲁也相信，知觉提供有关物质世界的准确景象。因此，运用头脑作为感觉印象的宝库，行使自由意志对它们进行选择，个人就能作出道德判断并最终形成伦理准则。

　　在伊壁鸠鲁看来，正确的伦理准则导致幸福，幸福在平静的生活中实现——远离和撤离尘世间悠悠烦事。此外，要想幸福的人应当永不奢求，不沉溺于奢望，不求名，不争权，不图财，名、权、财只会带来灾难和沮丧。

　　伊壁鸠鲁幸福观的另一个特点是脱离忧患的自由——不畏神，不惧死，不患来世。尽管伊壁鸠鲁相信神的存在，但他也相信神对人毫不关心，因此谁都不用担心神可能做什么或不做什么。至于死，也没有什么可难过的，因为人一死，组成灵魂的原子只是同躯体的原子分离而同其他事物联合形成新的形态。与死俱来的是人不能再感受快乐或痛苦，从而不再受苦受难。因此，死不足惧，应当作不幸和麻烦的一种解脱而受欢迎。按伊壁鸠鲁的观点,乐就是没有痛苦。快乐的伊壁鸠鲁信徒,超脱于尘世烦恼之上,达到**无动于衷**(ataraxia)的境界,这是希腊化时代认为弥足珍贵的无欲念状态。

斯多噶主义(stoicism) 伊壁鸠鲁主义和斯多噶主义都说幸福是个人的最终目标,两派基本上都是唯物主义的,强调感觉印象和自然界的重要性。然而,斯多噶派以大自然为最高的神,从而将自然界神化并与神不可分离。上帝(The supreme being)也是理性或**逻各斯**(logos)的别名,因此,自然界也是理性的。由于斯多噶派所说的上帝就是法律和法律制订者,这就引导出以下说法:自然界的运作反映在神法中。

斯多噶学派同样发现上帝在人间。斯多噶学派的上帝就是理性,这就赋予每个凡人的灵魂一种灵气,授与理性和与神的亲缘关系双料天赋,斯多噶派因此相信,理性和知觉可以合起来用于揭示基本的道德法和上帝在世界上的设计,证明上帝的智慧和权力高于人生和自然。

斯多噶主义有一种把一切都委诸上帝的倾向。斯多噶主义者逐渐接受他们在生活中的角色,无论是富是穷,是主人还是奴隶,是健康还是抱病,这种逆来顺受的宿命论见解可能(而且的确)导致无动于衷或漠不关心。然而,这位理想型的斯多噶主义者,即贤哲(the sage)从来不是漠然处世的。他克服了斯多噶主义的宿命论倾向,而强调他自己的义务感和尽义务。尽自己义务是遵行神的计划的一部分,这位斯多噶主义者心甘情愿地完成他的任务,不管多苦多累。尽义务的一生的报偿是美德。积德至善以后,斯多噶主义者就不为七情六欲所累,他们认为七情六欲只会使他们腐败。这样,斯多噶主义者就到达了自守自足的境界,这是希腊化时代许多哲学家寻求的存在状态。

斯多噶主义由于许诺要成为四海之内皆兄弟中的一员因而在希腊化时代的哲学中独领风骚。也许是由于亚历山大大帝的梦想的激励,斯多噶派提倡理想国,它以上帝和法律为指南,以共同的理性纽带,海涵全人类而不论其种族、性别、社会地位或国籍。当人类在这个更大的共同体里履行其义务时,他们就会超越地方和国别的局限性,创造一个更加美好的世界。

对于大多数人来说,宗教比哲学有着更坚固的立足点。相信命运这个概念借鉴自巴比伦,对命运的信仰支配着希腊化世界许多人的生活。他们认为,命运主宰宇宙,控制天庭,决定生活进程。尽管谁也改变不了这一非道德的和命中注定的力量的轨迹,但个人仍有各种办法去努力避免命运的残酷后果。也是源自巴比伦的伪科学占星学(astrology)提供了一种替代选择。这时巫术复活了,许多人利用圣物施魔召唤善的神灵或祛避恶的精灵。尽管如此,这是神秘崇拜——源于希腊等地的原始地神教（参看第 2、3 讲）——最终兴起为最流行也最有效的应对命运的办法。

许多地神崇拜从塞琉古王国和埃及传播到希腊大陆，那里的人们把地神崇拜同当地的信仰和祭祀仪式结合起来创立了融合不同信仰和习俗的宗教。到公元前2世纪，来自希腊化世界各地的皈依者被源源不断地吸引到既定的希腊俄耳甫斯（Orpheus）和狄俄尼索斯神秘崇拜或从埃及和古波斯各地传来的新宗教中来，这些神秘崇拜的发展又反过来刺激了约公元前100年以后宗教狂热的增长，导致更多的庆典和公共节日，以及古老信仰的复活。

埃及的神秘崇拜日渐兴旺，在希腊化世界十分流行。埃及人早已家喻户晓的伊希斯（Isis）女神尤为显赫。埃及人敬拜伊希斯为"伟大女神"（great lady），她守卫着上下埃及和家园。据传说，伊希斯本着她那坚贞不渝的爱情把她的丈夫—兄弟奥赛里斯（Osiris）从他的敌人手里救了出来，并使他复活。奥赛里斯的复活象征着，对于忠贞不渝者来说，新生活正等待着他们，至死方休。人们把伊希斯同尼罗河每年一度的洪水联系在一起，以此确保埃及人安然度过又一年。同法老们一样，托勒密国王们自称是伊希斯之子荷鲁斯（Harpocrates［缄默之神］，图4.11）。

这种神秘崇拜的秘密仪式沟通了初入教者的一时激动和对归属的满足，从而迎合了其希腊化皈依者深刻的心理需求。这种普遍的感染力超越阶级和种

表 4.1　罗马的主要男女神祇及其希腊对应神祇

罗　马	希　腊
朱庇特（Jupiter）	宙斯
朱诺（Juno）	赫拉
尼普顿（Neptune）	波赛冬
普路托（Pluto）	哈得斯
维斯太（Vesta）	赫斯提亚
阿波罗（Apollo）	阿波罗
狄安娜（Diana）	阿尔忒弥斯
玛尔斯（Mars）	阿瑞斯
维纳斯（Venus）	阿佛洛狄忒
伏尔甘（Vulcan）	赫淮斯托斯
密涅瓦（Minerva）	雅典娜
墨丘利（Mercury）	赫尔墨斯

图 4.11 《伊希斯女神和她的儿子缄默之神（左）与死神（右）在一起》。公元1世纪制作。赤陶制品，高约17.8厘米。收藏于大英博物馆

这尊赤陶小塑像——大概作感恩还愿之用——将希腊雕塑风格与埃及象征主义混合在一起。这位女神被描绘戴着一枚埃及头饰，她的两边是他的儿子和狗头人身的死神。希腊特征包括这位女神的浓密卷发，她的略为对称的身姿，和她的带有雅致褶裥的服装。这尊塑像于公元1世纪在意大利半岛烧制，证实这位女神在整个古代和地中海世界各地深得人心。

族界线，吸引了越来越多的人群。由于许诺灵魂不灭，这些祭拜仪式有助于促进罗马世界日后产生基督教的氛围。

家庭生活充满宗教气息，每户罗马家庭都在灶内保存着不熄灭的火种，象征着灶神维斯太女神，以确保家庭香火存续。家庭敬奉已故男性祖先，他们的丧葬假面具装点四壁，定期用于家祭（参见图4.5和图4.6）。

罗马本地的宗教深受邻近被征服各族迷信崇拜的影响。**宗教调和论**（syncretism）即混合宗教发端于起初同意大利南部的希腊人接触以后。从布匿战争时起，新的崇拜不断涌现。源自埃及的是伊希斯崇拜，该宗教给人以灵魂不灭的希望。小亚细亚传来大母神崇拜。从波斯归来的军队老兵带回了密特拉（Mithra）崇拜。密特拉是太阳神的凡间儿子，祭拜密特拉是不让妇女参加的。密特拉的信徒们每隔七天纪念太阳日（Sun Day），每年12月25日纪念太阳神的生日；信徒们还以祭牲牛的血经受洗礼。

科学和技术

尽管希腊化时代的科学家多亏了古希腊时代他们的先驱的贡献，但他们比柏拉图和亚里士多德的追随者们更为务实，不大注重理论研讨。他们有志于方法论，更甚于思辨，他们倾向于质疑、观察和实验，而不是对抽象问题提供解释和进行争吵。他们聚焦于日常事务，诸如测量距离、计算航海路线、设计战争机器，以及解决数学问题等。最后，科学家和哲学都是孤立单干，个人之间或群体之间老死不相往来。尽管如此，他们还是推动了科学的进步和发现，这是以往任何时代无可比拟的——直至17世纪欧洲的科学革命。

天文学家萨摩斯岛的阿里斯塔克斯（Aristarchus of Samos，活跃期约在公元前270年前后）坚持说，太阳是宇宙的中心，地球绕地轴自转。他的结论虽然在今天被认为是正确的，但在当时却遭到其他古代天文学家的拒绝，他们认为他的观点有悖常识。另一位天文学家昔兰尼的厄拉托西尼（Eratosthenes of Cyrene，约公元前276—前194年）一度出任亚历山大里亚图书馆馆长，他以太阳光线投射到地球上所产生的不同角度为基准创立了一个数学公式来测量地球的圆周，而在观测时要从两个由已知距离分开的两个地方去观测。他还设计了一种坐标方格来测定地球的圆周，坐标方格的线条从北到南，由东到西——这个学说意味着，地球是圆的。

欧几里得（Euclid，活跃期约在公元前300年前后）是他那个时代最有影响力的数学家，他给出了平面几何学和立体几何学的经典阐述。他的著作阐明了数学理论、公理、命题和定义。他以几何学之父而闻名于世，欧几里得几何学成为数学研究的基础，直至19世纪。

最著名的希腊化时代的科学家阿基米德（Archimedes，约公元前287—前212年）是一位数学家、天文学家和发明家。他在几何学方面作出了非凡的贡献，但最令人难忘的是他在重力学、动力学、流体静力学和浮力原理诸领域的研究，还有他的许多发明。他的发明包括阿基米德螺旋升水泵；改进型复式滑轮；还有兵器，包括石弩、攻城塔。对他的一生，传说愈来愈多，包括一则无疑不足凭信的故事，说他坐在浴缸里洗澡时发现了浮力原理——浮力与物体排出的水之重量的关系。他由于这个发现而激动起来，从浴缸跳将出来，赤身裸体奔到街上，大喊"Eureka!"——希腊语意谓"我已发现了它"。

军事技术乃展示罗马人实用天才的文化领域。罗马的军事是古代世界技术上最先进的。其先进性主要如下：

1. 进攻性武器：剑、匕首、戟、矛、喷射毒气和弓弩。
2. 防御性武器：盾、盔、铠甲、鳞甲（用金属片鳞次栉比叠合，状如鱼鳞)、锁子甲(用小的金属环紧密合成)。

3. 火炮：石弩——用于投掷顶端装有铁器的木柄标枪以杀敌；用于投掷沉重巨石以砸墙；用于迅速发射铁尖短标枪——这是机关枪的祖先。

此外，罗马海军将希腊的三排桨战船(参见第3讲)和迦太基的五排桨战船(有一个宽敞的瞭望台，上有五排桨手)改装成军舰——浮动的军队，舰上满载水手和陆战士兵。每艘军舰都配备铁钩(corvus)，用来牢牢地钩住两条战船，还配备装上铰链的跳板，供陆战士兵上下之用。海军还利用利伯尼亚海船(Liburnian ship)，这是一种装有甲板的两排桨船，以两排桨手和一挂三角帆为其动力。

建筑

如同古希腊时代一样，希腊化时代的建筑反映了宗教在人的生活中所起的主要作用。公共建筑物服务于宗教目的，用于庆典和政府活动。不过，神殿仍是主要的建筑类型。希腊化时代的建筑更改了承继古希腊模式的神殿和祭坛的基本形式，以反映希腊化时代统治者所需求的宏伟壮观。祭坛源于古风时代的希腊，结构简单，祭坛供奉牺牲玉帛祭品，这时，祭坛已成为重要的结构形式，其重要性仅次于神殿，因为祭坛用于国家的庆典。

科林斯式(Corinthian)神殿体现了希腊化时代的辉煌。科林斯式的立柱首先在希腊时期问世，当时大概用作装潢特色。因为它比多利克式或爱奥尼亚式立柱更高更细更美化，还有它那豪华的镶有叶板的柱顶，因此，科林斯式立柱这时被用于希腊化时代建造者为他们的国王建造的神殿的外部，希腊化时代的情趣最终注定了科林斯式立柱适合于规模宏大的建筑物，科林斯型式后来成为罗马皇帝钟爱的型式，它在文艺复兴时期复兴起来，并辐射到整个西方世界，流传至今成为希腊化影响的最明显标志。

最杰出的科林斯神殿将壮观与雅致结合起来，如今已成废墟的雅典奥林匹亚朱庇特神殿(Olympieum)即是一例(图4.12)。该神殿由塞琉古国王下令建造，神殿反映了安提柯四世关于其在神界之对应和奥林匹斯山之主宙斯一统之下多样性国际性文化的观念。这座第一个使用科林斯式立柱的神殿，是在三个不同的各具特色的历史时代建造起来的。柱基或座础是古风时代后期奠定的，但后来就弃之不用；科林斯式立柱是安提柯四世约于公元前175年起造的，此后工程无限期停建；神殿最后于公元130年罗马皇帝哈德良(Hadrian)统治下竣工，哈德良是希腊文化的真正崇拜者。不过，神殿在风格上是统一的，因为它是根据公元前2世纪该神殿建筑师存留的方案加以完成的。尽管规模宏大，

图4.12 奥林匹亚朱庇特神殿。建筑年代说法不一：公元前6世纪晚期；公元前175—前150年；建成于125—150年。殿址在雅典

这十三根科林斯立柱是奥林匹亚朱庇特神殿建筑师原设计方案的一部分。公元前164年暂停建造以后，该神殿的某些未完成的立柱被运往罗马，在罗马的一座建筑物里重新使用。这些立柱之用于罗马有助于科林斯式在政治领导人和赶时髦的人中加以推广。

也不在数理关系上求精，但奥林匹亚朱庇特神殿外观极其雅致，还有那精美的科林斯柱林，左右每边是两排二十柱，前后两端是三排八柱。

在有神殿之前，先有祭坛，那是希腊世界最古老的宗教建筑物。最早的祭坛是简单的厚板，板面大到足以可供屠兽宰牲以供祭祀。在希腊化时代，祭坛大大地扩大。最大的一个祭坛看上去有198米长，可以一次供上100多头牛作牺牲祭品，该祭坛由公元前3世纪叙拉古统治者拨款建造。

帕加马的宙斯祭坛已在柏林重新组装起来。不难看出为什么古代旅行家称它为世界奇迹之一（图4.13）。实际的而不是照片上看到的祭坛，纵长地竖在一个硕大的有爱奥尼亚式柱廊的庭院内，庭院本身建在一个**墩座**（podium）或平台上；庭院下面，建筑物的两边装潢着描绘诸神交战的檐壁。整个设计——以及立柱下面的檐壁——看上去宛似一座寻常神殿方案的倒置。这座祭坛是阿塔卢斯王朝的攸门尼斯二世建造的，它只是要把帕加马改造成另一个雅典的协调努力的一个部分。因此，关于一个"新"雅典的理念——人文主义传统的一个反复出现的主题——到希腊化时代已经形成。

雕刻

同希腊化建筑一样，希腊化时代的雕刻家们接受了希腊风格的许多基本

遭遇
羊皮纸的发明与世俗图书馆的诞生

希腊化时代位于安纳托利亚（今土耳其境内）西北的帕加马王国产生了一种用作书写纸的经过改良的技术产品——羊皮纸，和一个新的民间机构——世俗图书馆。这两大成就在西方传统中起了决定性作用。

公元前5世纪由希腊移民建立的帕加马，在希腊化时代崛起成为一个重要国家。在公元前263年开朝的阿塔卢斯（Attalid）王朝统治下，帕加马达到了它的顶峰，控制了安纳托利亚的大部分地区。帕加马人形成了一个丰富多样的混合族群。帕加马人有着不同的语言、宗教和传统，他们是当时典型的多样性族群。面对多种语言混杂、分成许多少数族群、又缺乏有凝聚力之多数的臣民，帕加马的国王们以创造性的文化工程应对。也许是作为统一的起点，他们开始实施一项建筑营造计划以美化其卫城（参见图4.2和4.13）。有关这项计划的特别新颖之处和对帕加马的多元文化精神气质具有感染力之处，是该计划包括了一个具有纪念意义的图书馆（现已失传），该图书馆可以称为世界上第一批世俗图书馆之一。

雅典娜雕像，帕加马图书馆收藏。公元前2世纪制作，公元前5世纪原作的复制品。大理石雕像，收藏于柏林国家文物博物馆

这尊雅典娜雕像自由地模仿了帕特农神殿里站着的那尊雅典娜像（参阅图3.2）。帕加马的这尊雕像象征学识，并没有严格的宗教意义。这座雕像是圆雕，强调这尊雕像是一件世俗的艺术作品。希腊化时代的艺术家们经常引起对宗教雕塑作品的世俗诠释。

埃及国王托勒密二世费勒德尔弗斯（Philadelphus，公元前285—前246年）在亚历山大里亚建立了他自己的图书馆。它是一个收藏纸莎草纸手稿卷轴的书库，成为研究场馆群的组成部分，这个研究场馆群叫做亚里山大里亚博物馆。这家图书馆引起了帕加马统治者攸门尼斯二世（公元前263—前241年在位）的妒忌，他想建造他自己的图书馆。为击败其帕加马对手，托勒密二世禁止从埃及输出纸莎草纸。为报复起见，攸门尼斯二世鼓励无名氏匠人制作羊皮纸作为书写纸——这一发明到头来证明比纸莎草纸更耐用更廉价。羊皮纸（Parchment）这个词从其拉丁名称Pergamena演化而来，该词表示它是帕加马的发明。羊皮纸是由羔羊皮、牛皮或山羊皮制作而成，经处理制成书写纸。

帕加马的图书馆是一幢真正世俗的建筑，尽管它供奉着一尊智慧女神雅典娜塑像。它与雅典娜的关系只是作为象征之用，而非为宗教缘故。该图书馆只是一个藏书库。帕加马图书馆及其书写在羊皮纸上的作品为以后的世俗图书馆树立了标准。

读"遭遇"，学知识

1. 描述一下希腊化时代帕加马的居民混杂状况。
2. 帕加马的多样性居民对统治者有着何种文化影响？
3. 帕加马图书馆同古代世界较早时期的图书馆有何不同？
4. 什么事件导致帕加马统治者在他的图书馆里使用羊皮纸书写手稿？
5. 考量一下从阅读卷轴到阅读书本到阅读电脑屏幕的技术变革对阅读行为的影响。

图4.13　帕加马的宙斯神圣坛（重建）。公元前2世纪70年代。收藏于柏林帕加马博物馆

这座希腊化时代建筑的杰作由帕加马国王攸门尼斯二世所建立以庆祝他对小亚细亚各个蛮族国家的胜利。攸门尼斯认为自己是希腊文化的救世主和传播者，这座饰有巨大檐壁的圣坛意在使人联想起古希腊时代的纪念物，例如雅典的帕特农神殿。

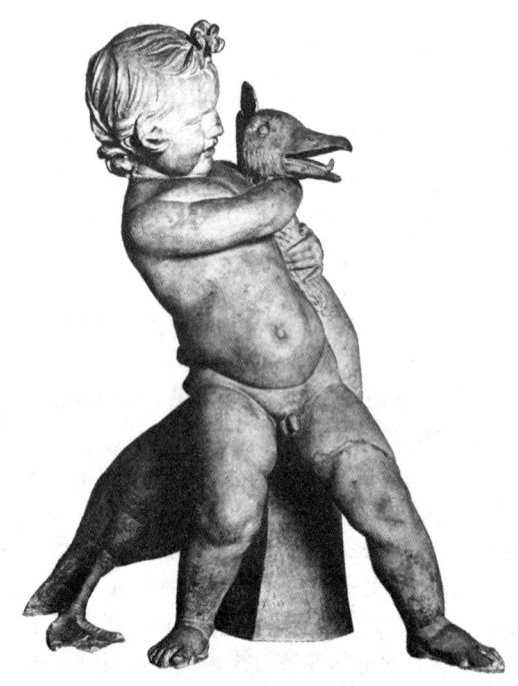

图4.14 《与鹅格斗的男孩》。一件希腊原作的罗马复制品。公元前2世纪下半叶起制作。大理石雕像,高83.8厘米。收藏于罗马首都博物馆

一旦希腊化时代的雕刻家们从古希腊艺术的理想中解放出来,结果之一便是有创造性主题的作品之涌现,一如《与鹅格斗的男孩》中所展示的。这幅世态画场景是如此脍炙人口以致它的好几种版本自古以来尽人皆知。它之脍炙人口反映了该时代人们喜爱孩童及其玩耍嬉戏——也许是希腊化时代女性地位上升的一种外延。

形式和理念以迎合他们时代的口味。希腊化时代的雕刻家永固了古希腊的一些原则,如均衡、匀称以及古希腊对宗教和道德主旋律的重视。但是,希腊化艺术愈来愈反映世俗的城市观点,古希腊的严谨往往让位于现实主义、色情和暴力,为表现和欣赏而表现和欣赏。某些此类的希腊化特征明显见诸令人耳目一新的自然主义的雕刻作品《与鹅格斗的男孩》(Boy struggling with a Goose,图4.14)。同时,该艺术作品具有讽刺意味地同该时代的价值观相关联,因为这件作品可以在两个层次上加以解释。作品的主题既是一种日常生活的场面,又是一种模拟英雄主义的格斗;它的嬉闹性质掩盖着一种暴力感;它弯弯扭扭的形状和变形的表层面在如此小的尺寸上显得表现过火了。

公元前230至前220年间,帕加马国王阿塔卢斯(Attalos)在雅典供奉着一批青铜雕刻作品颂扬他新近赢得的对高卢蛮子的胜利。这位阿塔卢斯王朝统治者把这些青铜雕刻赠与帕加马政治势力范围之外的雅典人,希望以此树立他作为希腊文化捍卫者的文化资格,从而推进他统治整个希腊化世界的诉求。

在这些雕刻作品中,《垂死的高卢人》(Dying Gaul,仅一件罗马大理石复制品幸存)表现一个受伤快要死去的蛮族战士(图4.15)。他戴的金属领圈或绞形项链表明他是高卢人。近旁摆放着他的剑和号角。雕刻家显示了他对从这位战士肋部渗出鲜血的伤口和他面对死亡茫然凝视的现实主义细微之处的

解读艺术

文献来源：见诸维吉尔的《埃涅阿斯纪》，拉奥孔告诫特洛伊人不要将木马带进特洛伊城，尽管他并不知道木马里塞满了希腊士兵，于是有那著名的警句"谨防希腊人带礼物来"。两条大毒蛇从海上来，杀死了拉奥孔和他的两个儿子。

道德视角：维吉尔的拉奥孔故事有两个不同的道德寓意。(a) 阿波罗，对阿波罗的崇拜要求教士般的纯洁，阿波罗派两条毒蛇去惩罚这位教士和他的两个儿子；(b) 雅典娜，她倾向于特洛伊战争中的希腊人，她派两条毒蛇去打压拉奥孔关于木马的告诫。

形式：这座雕塑群像充满活力，这可见诸三位牺牲者受折磨而备感痛苦的面容、被蛇盘绕而扭曲的肌肉发达的躯体、成为场景一部分的毒蛇盘绕和三人服饰的深深的褶皱。

构图：拉奥孔和他的两个儿子——描绘得比真人大一些——被两条毒蛇紧紧缠住，也许已被勒死。雕刻家们对人体解剖作了极其周密的研究。

艺术语境：这座群雕像中的强悍有力、焦虑不安的戏剧性人物表明，希腊化时代的艺术抛弃了古希腊时代庄重优雅而不夸张的风格。

影响：这座雕塑群像在古代便已消失，1506年得以重新发现，在重新发现的当时，它深刻地影响了米开朗琪罗和后来巴洛克艺术的兴起。

哈奇桑德罗斯（Hagesandros）、玻利多罗斯（Polydoros）和阿塔纳多罗斯（Athanadoros）所作《拉奥孔群雕像》。约公元50年制作。一件希腊化时代作品的罗马复制品（？）。大理石雕像，高2.44米。收藏于梵蒂冈博物馆。

这尊雕像可能是那尊在罗德岛雕塑的原作的罗马复制品。

敏锐眼光。希腊化风格对感情夸张的鉴赏显见于这位战士的萎靡身躯与他力图撑起来这两者之间的鲜明对照。但是，通过把外族敌人处理得如此高贵，这位无名雕刻家就使古希腊艺术之核心的深刻的道德感永垂不朽了。公元前146年以后，罗德岛上的一所杰出的雕塑学校兴盛了两百多年，也许，罗德岛和希腊化时代艺术的最出色的雕塑是《拉奥孔群雕像》（*Laocöon Group*）。

《市场老妇像》（*Old Market Woman*）探讨截然不同的主题，如同新喜剧演

图4.15 《垂死的高卢人》。约公元前230—前220年制作。青铜原作的罗马大理石复制品。大理石雕像，高91厘米。收藏于罗马首都博物馆

希腊化时代帕加马王国的统治者喜欢炫耀卖弄和不自然的艺术，这种品味也许源自他们作为新王朝的不安全感。帕加马的雕刻风格是在这些国王统治时期发展起来的。这种风格的人物姿势是戏剧性的，人体的特征被深入刻画得很夸张。《垂死的高卢人》是这种风格的极好例子。

绎的小丑的角色一样，该作品刻画一个尽人皆知的社会类型（图4.16）。这位老妇也许是从某个希腊化城市的市场里逛了出来，她代表一种**风俗主题**（genre subject），或者是取自日常生活的一个场面。公元前3世纪的原型铜像刻画一位弓腰曲背的人物，她为手里的杂货和日渐年高的双重分量所累。在这尊罗马大理石复制品中，左臂没有了，但她拎着一只家禽和一只装得满满的提桶。她那布满皱纹的脸庞和下垂的乳房表现了希腊化风格的现实主义。

希腊化时代的雕刻也以直率欣赏女性美为特征，著名的例子是《米洛斯岛的阿佛洛狄忒像》（*Aphrodite of Melos*），也许叫它《米洛的维纳斯》（*Venus de Milo*）更为有名（图4.17）。这座原创雕像是用帕罗斯岛的（Parian）大理石刻成的，雕像表明其有许多借鉴自普拉克西特利的传统，一如他的《赫尔墨斯与婴儿狄俄尼索斯在一起》雕像之所示（参见图3.25）。阿佛洛狄忒雕像和赫尔墨斯雕像都展示了夸张的均衡；一种给人以美感的甚至是色情的人体造型；一种平静的面部表情和一种不可能被误解的凝视。然而，希腊化雕刻用下摆翻边的衣服表明了一种嬉闹的眼光，唤起对阿佛洛狄忒的曝露下身的注意。《米洛斯岛的阿佛洛狄忒》雕像是**新古典主义**（neoclassicism）与日俱增影响的一部分，新古典主义在罗马崛起成为大国以后席卷了日渐解体的希腊化世界。起初在公元前3世纪晚期的雅典后来在帕加马等城市发展起来的新古典主义是对公元前5世纪和前4世纪辉煌时代的一种怀旧情绪。

图 4.16 《市场老妇像》。公元前 3 或前 2 世纪所作。希腊化时代一尊青铜雕像的罗马大理石复制品,高 1.24 米。收藏于纽约大都会艺术博物馆

希腊化时代许多雕刻家以可怜境遇描绘老妇,疲乏、醉酒或行乞等等。学者们对这些雕像是否因其真实而受到赞扬,或这些雕像是否代表对希腊化时代贵族如何看待丑恶的社会现象表示不屑一顾的问题,意见分歧。

图 4.17 《米洛斯岛的阿佛洛狄忒(米洛的维纳斯)》。约公元前 160—前 150 年制作。大理石雕像,高 2.08 米。收藏于巴黎卢浮宫

这尊令人称道的雕像代表希腊化艺术中的源自希腊传统的古典化倾向。头部是以纯希腊风格雕塑的,可见诸安详的面部表情、精细梳理的头发和轮廓清晰的脸庞。然而,她的胴体及其明显的性感和打褶皱的服装,显然是希腊化风格。

希腊化文明和罗马兴起的遗产

希腊化世界给西方文明的未来进程留下了大宗遗产。它那些庄重威严、遥不可及、天神似的国王们为以后罗马和波斯的皇帝们提供了一个样板。罗马的共和制度和理想在中世纪和文艺复兴时代的城市里,在现代国家尤其是美国加以采纳和仿效。也许,希腊化时代的城市传统是其最大遗产。在罗马先兴起后衰亡之后的许多世纪里,大城市安条克、亚历山大里亚和罗马本城都是政府治理、商业和文化的中心。

希腊化世界比先前和继后各时代更为放眼世界,它的开放性、流动性和宽容性创造了一些长期以来有利于思想和艺术形式传播的条件。这个时期还经历了两个"世界"语言即希腊语和拉丁语的传播。当然,希腊化世界并非整个世界。但希腊人,后来还有罗马人往往把他们的世界看作整个世界,或者至少是看作宏旨攸关的唯一世界。希腊语和拉丁语的广泛传播促进了文学体裁、主题和小说的传播。"世界"文学一类的事物在希腊化时代成长起来了。

总的说来,希腊化哲学,尤其是伊壁鸠鲁主义和斯多噶主义直至现代都是有影响的。希腊化时代的科学直至7世纪在许多领域占据支配地位。而在少数领域,即使在那之后仍居支配地位。希腊化时代的美学深刻影响了罗马人,罗马人又把这种美学转手传给了最早期的基督教艺术家。

在人类事业的几乎每一个领域,希腊化世界都为下一个千年的人们的生活和为地中海以外的世界树立了框架。

文化关键词

希腊化的(Hellenistic)　　　　　世界主义的(Cosmopolitan)
新喜剧(New Comedy)　　　　　风俗喜剧(comedy of manners)
田园诗(pastoral)　　　　　　　　牧歌(idyll)
犬儒主义(Cyniscism)　　　　　　怀疑主义(Skepticism)
伊壁鸠鲁主义(Epicureanism)　　自守自足(autarky)
无动于衷(ataraxia)　　　　　　　斯多噶主义(Stoicism)
逻各斯(Logos)　　　　　　　　　宗教调和论(Syncretism)
科林斯式(Corinthian)　　　　　　墩座(podium)
风俗主题(genre subject)　　　　新古典主义(neoclassicism)

批判性思考提问

1. 希腊化城市的兴起怎样影响希腊化世界的文化艺术的发展?
2. 探讨希腊化作家和艺术家对古典主义所作的变革,希腊古典主义被保留了什么？希腊化古典主义的特点是什么？

3.明辨支配希腊化时代的四大哲学流派，比照其不同的原则和目标，指明这些哲学流派各自对西方传统的相对长期的重要意义。

4.在文明成功扩展时，它往往遇到新挑战和新问题。由于扩张的结果，罗马遇到哪些新问题，这些问题怎样影响罗马价值观？

5.早期的罗马文学在哪些方面受惠于希腊化时代的准则和品味？

历史分期表5.1　犹太文明

公元前 2000	1500	1250	1020	926	586	538	168	63	公元 70
希伯来人在迦南	希伯来人在埃及	希伯来人回到迦南	统一的君主国	王国分裂和与邻近帝国的战争	巴比伦之囚	后流亡时期，犹太人国家的重建	马加比王国		罗马对犹太的统治

摩西

722 亚述人摧毁以色列

巴比伦人征服犹太

332 亚历山大大帝征服犹太

庞培征服犹太

罗马人摧毁耶路撒冷

起源于公元前三千年间中东的一个部落，他们置身于世界历史的中心，创立了圣经以传递他们的传统。与其他古代民族的历史和宗教不同的是，犹太人的历史和宗教难解难分地结合在一起。

人民及其宗教

约在公元前2000年，由于伴随着阿卡德王国（Akkadian kingdom）的崩溃和巴比伦人的到来所引发的政治动乱，许多流离失所的部落浪迹于中东各地。其中有些游牧部落最终在地中海东部沿海地带定居下来，这里是新月沃地（Fertile Crescent）的一部分。这些族长制部落在最年长最受尊敬的男性长者的指引下结成社群，靠血缘、经济利益和民俗传统团结起来。其中的一个部落世称希伯来人，在族长亚伯拉罕（Abraham）率领下占领了叫做迦南（Canaan）的地域，大体上相当于古代以色列的一个地区（历史分期表5.1）。他们定居在山区村落，主要充当羊倌（地图5.1）。

希伯来人认为自己是独一无二的，这一信念维系于亚伯拉罕与一个超自然的神之间的关系，神托言示意于他，他遵而从之。这个神同亚伯拉罕缔结**盟约**（covenant），或者叫庄严协议（其外在标志是为所有的男童行割礼）以保护他的家庭，泽被其子孙后代，条件是他们同意服从他的神授天命。尽管这个希伯来神灵与自然界相联系，但他对正义与正当的承诺，不同于其他美索不达米亚的神灵。他是一位讲伦理的神，谋求将伦理原则强加于人。

5 犹太教与基督教的兴起

迄今为止已讨论的伟大文明——美索不达米亚文明、埃及文明、希腊文明、希腊化文明和早期罗马文明——全是富裕、强大、文化上生气蓬勃的文明。它们对西方传统贡献良多。然而，一种更大的贡献，无法用建筑物和政府机构来衡量的贡献，来自一个政治上无足轻重的民族，他们在古代居住在东地中海的弹丸一角——犹太人。这个民族创立了一种宗教，它有助于塑造西方世界文明的特征。通过希伯来圣经（Hebrew Bible）——基督徒的《旧约全书》（Old Testament）——犹太教信仰传给了基督教和伊斯兰教，并传遍世界。此外，犹太教—基督教传统与希腊—罗马古典理想的富有成果的互动，丰富和改造了西方人文。

◀《基督好羊倌》。公元2世纪制作。大理石雕像，高99厘米。收藏于梵蒂冈博物馆

5.1 犹太教

犹太教是世界上现存最古老的宗教之一。它

第 5 讲 犹太教与基督教的兴起

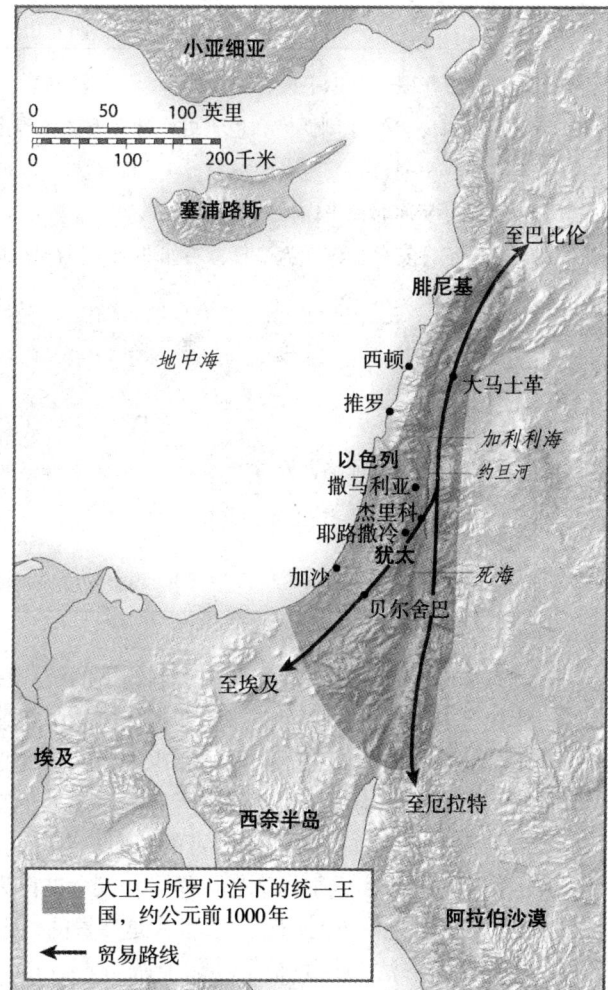

地图5.1 古代以色列

这幅地图展示希伯来人的古代王国，叫做统一王国，由统治者大卫和他的儿子所罗门打造。这幅地图还展示了以色列和犹太这两个王国。这两个国家兴起于公元前926年所罗门死后统一王国分裂之时。1. 确定这两个王国的国都。2. 以色列民族的文化生活和宗教信仰怎样受到外邻的影响？3. 以色列的规模和地理位置对它的历史和宗教信仰有什么影响？4. 注意这幅地图的比例标尺刻度，将它同地图4.2的比例标尺刻度作一比较。

埃及、出埃及与摩西 希伯来人在迦南顺风顺水度过了漫长岁月，但在公元前1500年前后，在一个饥荒年代，一群移民南下进入更为繁荣的埃及，埃及在不久前为闪族（Semitic people）的一支喜克索斯人（Hyksos）所蹂躏，希伯来人同喜克索斯人语言和文化特性相同。希伯来人在以后的两三个世纪里繁衍生息，直到埃及人推翻喜克索斯人并把希伯来人虏为奴隶。大约公元前1250年左右，杰出的领袖摩西集合希伯来人，带领他们出埃及，这就是犹太人历史上意义最重大的事件之一。

就在希伯来人在西奈半岛的沙漠里流浪的时候，摩西将他的追随者塑造

表5.1 十诫

> 1. 除了我以外，你不可有别的神。
> 2. 不可为自己雕刻偶像，也不可作什么形像仿佛上天、下地和地底下、水中的百物。……
> 3. 不可妄称耶和华你神的名。……
> 4. 当纪念安息日，守为圣日，一如耶和华你神之命是从。……
> 5. 当孝敬父母……
> 6. 不可杀人。
> 7. 不可奸淫。
> 8. 不可偷盗。
> 9. 不可作假见证陷害人。
> 10. 不可贪恋人的妻子……或他一切所有的。
>
> 资料来源：《圣经》标准修订版（The Bible, Revised Standard Version, Deuteronomy, 5:6–21.）

成一个由一整套伦理和社会律法制约下的统一民族，他们相信这套伦理和社会律法是上帝给的。摩西的律法在古代民族中是独一无二的，因为这些律法立基于希伯来人与上帝之间的盟约，也因为在宗教犯罪与世俗犯罪之间没有加以区别。所有犯罪均被视为原罪，所有原罪都是犯罪。犯了罪的人不能只是向受害者赔款了事，他们还得寻求上帝的宽恕。有些罪行，如谋杀，大大地冒犯了上帝，因而不可能单由人加以宽恕。而且，人命被认为是神圣的，因为人命是上帝给的，上帝创造一切，拥有一切；个人是珍贵的，因为个人是按上帝的形象造就的。

摩西律法的核心是圣训"十诫"（Ten Commandments），它规定了人的恰当行为（表5.1）。十诫成为新盟约的基础，这个新盟约现已扩大到不仅是亚伯拉罕及其后裔，而是包括整个民族。希伯来人的上帝不宽容任何对手，他被视为唯一的无所不能的造物主和天地万物的统治者。如果个人遵守他的法律，只祭拜他，他们就会得赏，如果他们背离，就会受罚。同样地，如果整个部落听从他的神授天命，他们就会兴旺发达，如果他们不服从，就会遭遇逆境。作为上帝与希伯来民族之间盟约的调解人，摩西在把犹太教塑造成为完整的**一神教**（monotheism）伦理思想体系方面起了决定性作用。一神教信念认为，只有一个上帝。

当希伯来人流浪穿过西奈沙漠时，他们随身带着一只装潢精美的圣盒，叫做约柜（Ark of the Covenant）。柜内是石板，石板上刻着十诫。如何制作这

图5.1 石制蜡烛台。公元2世纪制作。高46厘米。收藏于耶路撒冷以色列博物馆

尽管这尊特制的蜡烛台是公元2世纪才有的，但这种七枝烛台作为宗教象征之用达好几个世纪之久。根据犹太人的信仰，上帝就如何制作这种烛台给予摩西明确指示，这种烛台用于犹太神堂或祈祷之所。后来，烛台逐渐成为知识和理解的象征以及上帝保护犹太人的明灯。

只圣柜和所有其他用于祭拜的圣物的细节是上帝授意于摩西的（图5.1）。在沙漠里，神还启示了他的一个新名字雅赫维（YHWH），这个名字十分神圣，因而虔诚的犹太人从来不说不写这个名字。在中世纪晚期，欧洲学者将YHWH译成Jehowah（耶和华）。但今天一般认为这个术语是对经文的误读。在现代英语里，YHWH通常被译为Yahweh（雅赫维）。在圣经的时代，犹太祭司们称该神为主（Adonai），即Lord的闪族术语。

经过四十年的流浪，伴随着摩西之死，希伯来人最终回到了迦南，即耶和华许给希伯来人先祖的应许之地（Promised Land）。在以后的两个世纪里，希伯来人赢得了迦南，并成为众所周知的以色列人。

以色列王国 公元前1000年前后，以色列人建立了一个王国，从公元前11世纪晚期到公元前10世纪末，这个国家在列王——扫罗（Saul）、大卫（David）和所罗门（Solomon）的统治下蒸蒸日上。深得人心的大卫王把散居各地的以色列部落集合起来，加以中央集权化治理，使经济脱离放牧，转向商业、贸易和务农。

大卫之子所罗门把以色列王国的权力与威望带上顶峰。他同其他国家签订条约，将以色列的贸易扩大到中东各地，提高了他的子民的生活水准。他完成了始于大卫的耶路撒冷的建城，该城有着洋洋大观的公共建筑物和大圣殿，堪与中东其他城市媲美争辉。所罗门的圣殿，亦称第一圣殿，安放着以色列的圣物，包括约柜，成为该国宗教的聚焦点，要求按宗教日历进行朝圣和参拜（表5.2；图5.2）。希伯来人的宗教要求祭祀贡品（大祭坛上供奉牺牲，小圣坛上供奉酒、香和混以油的谷物），每两天一次。这些贡品由耶路撒冷的圣殿内祭司

表5.2 耶路撒冷圣殿的历史阶段

圣殿名称	建筑细节	被毁年代
所罗门的圣殿，亦称第一圣殿	所罗门王治下完成，公元前957年	公元前587/586年为巴比伦人所毁
第二圣殿，公元26年重建后亦称希律圣殿	竣工于公元前515年，按希律王之命重建于公元前20年至公元26年间（希律王卒于公元前4年）	公元70年为罗马人所毁；西墙部分（亦称哭墙）幸存；公元691年该墙并入穆斯林圆顶清真寺和阿克萨清真寺的围墙。

图5.2 四角圣坛。公元前10世纪制作。石灰石刻制，高67厘米。收藏于芝加哥大学东方学院

中东各族人民给圣坛上的神灵献上祭品，但一如此图的小型四角圣坛却是希伯来人独有的。四角圣坛在圣经里尤其被说成是耶路撒冷神殿里的宗教仪式用物，制作于公元前10世纪。然而，这座四角圣坛却是在希伯来王国的城市之一米吉多（Megiddo）发现的。因此，一开始祭祀是可以不在耶路撒冷的神殿里进行的。

操办,作为整个希伯来民族的群拜仪式;个人也可以代表自己操办祭牲。

所罗门王认为自己是文学艺术的保护人,在他治下,希伯来文化发展了起来,尤其是在法学、写作、音乐和舞蹈等方面。随着希伯来的口述传统让位于书面实录,希伯来作者们记下了他们的法律,写下了他们最早的史著,这些书文保存在《圣经》头几卷里(图5.3)。这些希伯来作品比希腊伟大史学家希罗多德和修昔底德的著作早了五个世纪,不过,与希腊著述家不同,希伯来历史学家把上帝当作人类历史中的中心力,从而将层出不穷的世俗事物变成了一出富有宇宙意义的道德剧。

所罗门的成就付出了沉重的代价,因为这些成就损害了他的人民的宗教基础,加剧了阶级分裂,促进了南北部落的分化。公元前926年所罗门去世时,不同区域之间的紧张关系加剧。统一王国分裂为两个国家:北部是以色列国,首都撒玛利亚(Samaria),南部为犹太(Judah)国,首都耶路撒冷。

在两个希伯来王国时期,一种新型宗教领袖出现,人称先知(prophet)。先知告诫违反耶和华训诫的致命后果。先知还要求给予无助者和被压迫者以社会正义。面对不断扩大的贫富差距,先知们预言,如果富人不向穷人提供援助,耶和华就会打倒邪恶的统治者,以后还

图5.3 摩西五经卷轴

古代希伯来人在羊皮纸卷轴上记载他们的圣经经文。这部摩西五经的卷轴在两根轴杆处有损伤。卷轴并没有加以装潢或用动物或人的图案加以装饰,因为圣经禁止任何形似雅赫维的图像,也不鼓励艺术表达。不过,有些经书在希伯来历史的不同阶段是有插图和装饰的。摩西五经有损伤处所在的两根有雕刻轴杆往往是有装饰的。证据在于,到公元5世纪,卷轴或许可以放置于贵金属容器中,到15世纪,卷轴被封入有浮雕和希伯来文刻字加以装饰的容器里。

要惩罚自私自利之徒，报偿受苦受难者。不过，例如以色列的何西阿（Hosea）和阿摩司（Amos），犹太国的以赛亚（Isaiah）和耶利米（Jeremiah）这些先知的话，似乎都没有引起人们的注意。最后，先知们开始坚称，希伯来的宗教是普世的。

巴比伦之囚和后流放时期　尽管以色列享有它繁荣和强大的盛世，但更大的帝国，特别是埃及和亚述（Assyria），都想控制横贯这个新月沃地的军事与贸易路线。公元前722年，以色列小国被亚述人攻灭，南部的犹太国则又存续了150年，但在公元前586年，巴比伦人征服了犹太国，毁了耶路撒冷的所罗门圣殿，将大多数希伯来人放逐到巴比伦。这段世称巴比伦之囚（Babylonian Captivity）的大约40年的流放，成为犹太历史上的重要转折点之一。

公元前6世纪末，犹太人（巴比伦之囚以后对希伯来人的称呼）被居鲁士领导的横扫古代世界、胜利奏凯的波斯人解放（参阅第2讲）。犹太人返归犹太故国，重建了他们的圣殿（此时称第二圣殿），并重建了他们的城镇。他们相信上帝救了他们，因而建立了一个神权国家——由一些公认为由神特别指引和认可的人统治的政体——并全心信奉对他们宗教信仰的正确阐述。许多流放者仍滞留在故国之外，后来被称为**流散的**（Diaspora）犹太人（也称Dispersion）。

在他们从巴比伦返归以后，犹太人扩展了他们对耶和华的见解。也许是受愈来愈得人心的波斯宗教琐罗亚斯德教（及其对善与恶或光明与黑暗这一对孪生势力的解释）的间接影响，犹太人开始在他们自己的信仰中想象出一种宇宙二元论。希伯来人早先认为自己是天下一神治下的上帝特选民这一认识被更加强化了，因为他们得出结论，耶和华借用波斯人来解放他们。而且，犹太人开始把两个新的特征吸纳进他们的宗教：**末世论**（eschatology），或对世界末日的关注；**启示**（apocalypse），即对上帝到来和审判日之预言的兴趣。这个未来世界将由**弥赛亚**（Messiah）或称"救世主"（Anointed One）来领导，他将给所有人带来和平和正义。

希腊化时代和罗马时期　亚历山大大帝于公元前332年征服犹太国，在他死后，该地区成为以叙利亚为中心的塞琉古王国的一部分。希腊化文化和理念扩散并深刻地影响了犹太人的生活。犹太人与希腊化国家首领之间日益加剧的紧张关系于公元前168年爆发，是年，塞琉古国王安提柯四世试图强迫犹太人祭拜希腊的神祇，在耶路撒冷的第二圣殿里供上一尊宙斯的雕像。安提柯侵犯圣地的行为激怒了马加比家族（Maccabean clan），该家族出色的领导力和英勇

第 5 讲 犹太教与基督教的兴起　　169

图 5.4　耶路撒冷的重建的第二圣殿（希律圣殿）模型

这座第二圣殿的模型显示了希腊化风格建筑的强有力影响，尤其是设有柱廊的连拱廊，有装饰的檐壁，主要过道两边的高而细长的科林斯式立柱。第二圣殿于公元 70 年被罗马军团所毁，但一垛墙屹立着留存下来。

果敢导致起义成功并夺回圣殿。马加比家族统治独立的犹太国达一百年之久。接着，公元前 63 年，罗马人征服了中东大部分地区。他们后来又把犹太国（在现今的巴勒斯坦境内）作为犹太地区（Judea）并入他们的帝国，将犹太人的国土置于罗马委任的傀儡国王忠诚、顺从的附庸统治之下。

罗马人假手犹太人希律（Herod）王朝进行统治。希律大帝（Herod the Great）从公元前 37 年统治到公元前 4 年，他重建了耶路撒冷，包括第二圣殿，促进了希腊化文化（图 5.4）。但是，罗马人统治下的状况是犹太人无法忍受的，公元 66 年爆发了一场叛乱。第一次犹太战争（66—77 年）以后，罗马人占领了耶路撒冷，摧毁了第二圣殿。耶路撒冷第二圣殿的西墙依然屹立，世称哭墙（Wailing Wall），它逐渐成为犹太人苦难的象征。一个叫做"狂热党"（Zealots）的革命团体坚守死海岸边陡峭的方形山崖马萨达（Masada，图 5.5），一直坚持到公元 73 年。当他们的事业陷于绝望时，他们宁愿自杀也不投降罗马人。为了确保犹太人不会再成为问题，公元 1 世纪晚期的罗马政府下令把犹太人疏散到帝国各地。然而，这第二次遣散并没有终结犹太人的文化、思想和宗教存在。相反，犹太生活方式存续不绝，虽然有所变化。由于耶路撒冷第二圣殿被毁，犹太人在犹太教堂（synagogues）或教徒集会上祭圣，这种祭圣仪式最终是由拉比（rabbi）来主持的（图 5.6）。久而久之，拉比的教导演变为犹太教的法师

图5.5 以色列的马萨达

耶路撒冷城外地势险恶地带的这座怪石嶙峋的山崖是一个天然堡垒,希律王在基督降生前不久的年代里于此地建造了一座他的宫殿—堡垒,"狂热党"占领其废墟达三年之久,在公元70年第一次犹太战争结束后坚持抗击罗马人。

教义(Rabbinic Judaism),它以摩西五经(Torah)和犹太教法典(Talmud,来自希伯来语,意谓"学问")为基础,是一部法律裁决和评述的集成。犹太教的法师教义确立了礼拜方式和道德法典,全世界的犹太人一直遵循到现代。

社会和家庭关系 从最久远的时代开始到王国的建立,犹太人家庭在农业经济和社会中存续下来。尽管族长制结构确立了生活模式,确保了部落酋长的统治,男人和女人都有一样的义务与责任,因为在农村社会里,一个家庭的存续和家庭财产的维护需要所有家庭成员的努力。在家庭内部,妇女行使某种自由权,母辈和姐妹辈的作用受到认真对待。妻子和母亲在家庭中的权利(离婚权、财产所有权、居住权)受到法律的保护。

然而,随着以色列王国的出现和巴比伦之囚期间和之后,男性领导人力图保护新的政治制度、他们宗教的完整和希伯来生活方式,于是正式和非正式地限制妇女的权利和权力。这种趋势在希腊化时代加剧了,那时,城市主义和商业主义侵入犹太社会秩序和家庭。社会越来越按照性别进行分工,妇女被分派尽责家内,在经济、社会、法律和文化制度内部处于从属地位并受到限制。分配给妇女的不断改变的、往往是矛盾的角色反映在希伯来《圣经》和其他文献里,希伯来圣经和文献记载了妇女当祭司和影响希伯来官员的例子,规定了好妻子的品性,为妇女在族长制秩序中的从属地位辩解,将人类违法犯罪归咎于妇女。

《圣经》

犹太人将他们的文化发展蕴含于他们的圣书集或**圣典**（scriptures）《圣经》中，即人所共知的基督教《旧约》。希伯来《圣经》（Bible，来自希腊语"书"）包含历史、法律、诗歌、歌曲、故事、祈祷文和哲学著作。希伯来《圣经》从丰富而悠久的口述传统演变而来，大概在公元前10世纪统一王国期间开始形成书面形式。在那时，希伯来人已有了字母系统，希伯来字母系统同希腊人的字母系统一样可能源自腓尼基人。有了书面语言和统一的政治国家以后，希伯来人有了关于他们过去的共同意识并希望维护这种共同意识。他们收集并记录了各种各样的历史文献、歌曲集和故事集，还有先知的格言。公元前5世纪某个时刻，犹太学者、宗教领袖通过官方宣布将这些文献中的部分内容经典化为神圣授

图5.6 《摩西给以色列十二个部落施水图》。犹太教堂壁画。公元3世纪制作于叙利亚杜拉欧罗玻斯。叙利亚大马士革叙利亚国家博物馆重新绘制

这幅壁画来自一座私宅—犹太教堂（即在一座私人住宅内建立的礼拜教堂），于20世纪早期发现，这座私宅—犹太教堂在公元256年被填入碎石碎砖瓦作为杜拉欧罗玻斯城防御计划的一部分，仅一些断垣残壁幸存下来。房间里沿墙摆放着长凳，西边墙有个壁龛盛放着摩西五经卷轴。绘画描述希伯来圣经中的种种事件，极大多数同救国救民有关。例如，撒母耳给大卫涂油的故事，约柜被带到耶路撒冷和出埃及记。无名氏艺术家所绘的这些作品是用一种将蛋黄和水调和而成的颜料溶剂绘制的。这种颜料适合涂于干燥的灰泥墙上。这幅壁画是《出埃及记》组画的一部分，是根据《民数记》2:2—12绘制的。它描绘摩西端坐着，手持节杖，此时他正（通过"管子"）给各部落施以给予生命之水，这十二个部落以十二间小木屋作为象征，每间小木屋里有一个人物。在中央的后座上竖着一座七臂烛台。

意。它们成为希伯来《圣经》前五卷，世称摩西五经或基督教《旧约》首五卷（Pentateuch）。公元90年，一个犹太拉比组成的委员会把最后一批作品列为**正经**（canon），希伯来《圣经》的终极形式臻于完善。

希伯来圣典传播中的另一个重要的事态发展是它被译成其他语言。在公元前3世纪，在许多犹太人受了希腊化文化的影响之后，一批亚历山大里亚学

生活片段

一位犹太人目击者见证第二圣殿的毁灭

弗拉维乌斯·约瑟夫斯（Flavius Josephus）
罗马军队中的一名犹太士兵

犹太历史学家约瑟夫斯（约公元37—100年）是一位犹太历史上最黑暗时刻的目击者：公元70年9月8日耶路撒冷的第二圣殿被摧毁。公元67年，他曾被罗马人俘虏，但是他凭借着足智多谋最终赢得自由。他成为了一名受尊敬的，但是有时不情愿的罗马士兵。他被分配给提图斯将军，在那一天他正在洗劫并焚毁圣殿的部队里。此段节录摘自他的《犹太战争史》（History of the Jewish War）。

此刻，一个（罗马）士兵不等令下，也不忌惮这种行径，而是有点狂乱而按捺不住，他从熊熊烈火中抓起一根燃烧着的木头，在一位战友的激励下，将火把掷过金门，即从北边通向圣殿建筑群区域的门。随着火势猛窜，从犹太人群中发出一声大喊，抒发了他们的反感情绪，他们一看到他们先前守卫的目标已荡然无存，便奋不顾身，倾尽全力冲向防御工事……

火势越烧越旺，提图斯发现他无法抑制他那来势汹汹的狂热士兵。……

大多数士兵的动机是希望大捞一把，因为他们认为，既然他们看得见的殿外是用黄金砌成的，那么殿的里厢一定满殿是钱。其中一个士兵进来阻止提图斯冲过来制止士兵的企图，于是对准大门的枢纽部位投掷了一根燃烧着的木头。突然间，火苗似乎从里面窜出来，迫使提图斯和他的军官们后退，听任外面的士兵点燃烈火而不加制止。因此，尽管在很大程度上并非提图斯的本意，但圣殿被焚毁了……

解读本篇生活片段

1. 罗马人与犹太人之间冲突的根源是什么？
2. 鉴于约瑟夫斯既是犹太人又是罗马士兵，你觉得他的报道可信吗？
3. 分析一下他关于圣殿倾覆的报道。
4. 提图斯将军在这次袭击中起了什么作用？
5. 罗马士兵被描绘成什么样子？
6. 约瑟夫斯是怎样描绘犹太叛乱者的？
7. 此类目击史实有无类似的现代事例？

者收集了所有经鉴定为真的犹太文书并把它们译成希腊文。这部希伯来希腊文圣经叫做"七十子希腊文圣经"（The Septuagint，取意于拉丁语"七十"）。之所以如此命名，是因为传说它是由七十位学者翻译的。

希伯来圣经的最后版本分为三个部分：律法（the Law）、预言书（the Prophets）和文书（the Writings，表5.3）。（基督徒把《旧约》分为四个部分。）

表5.3　希伯来圣经和基督教圣经《旧约》各卷

希伯来圣经		基督教圣经《旧约》	
律法（"训示"）		旧约首五卷（Pentateuch）	
创世纪（Genesis）	民数记（Numbers）	创世纪	民数记
出埃及记（Exodus）	申命记（Deuteronomy）	出埃及记	申命记
利未记（Leviticus）		利未记	
预言书		历史卷	
（早期预言书）		约书亚记	历代志记下
约书亚记（Joshua）	撒母耳记下（2 Samuel）	士师记	以斯拉记
士师记（Judges）	列王纪上（1 Kings）	路得记	尼希米记
撒母耳记上（1 samuel）	列王纪下（2 Kings）	撒母耳记上	多比记（Tobit）*
（后期预言书）		撒母耳记下	犹滴记（Judith）*
以赛亚书（Isaiah）	弥迦书（Micah）	列王纪上	以斯帖记
耶利米书（Jaremiah）	那鸿书（Nahum）	列王纪下	麦克比记上（1 Maccabees）*
以西结书（Ezekiel）	哈巴谷书（Habakkuk）	历代志上	麦克比记下（2 Maccabees）*
何西阿书（Hosea）	西番雅书（Zephaniah）	政治与智慧书	
约珥书（Joel）	哈该书（Haggai）	约伯记	
阿摩司书（Amos）	撒迦利亚书（Zechariah）	诗篇	
俄巴底亚书（Obadiah）	玛拉基书（Malachi）	箴言	
约拿书（Jonah）		传道书	
文书		雅歌	
诗篇（Psalms）	以斯帖记（Esther）	智慧篇（Wisdom）*	
箴言（Proverbs）	但以理书（Daniel）	德训篇（Sirach）*	
约伯记（Job）	以斯拉记（Ezra）	预言书	
雅歌（Song of Songs）	尼希米记（Nehemiah）	以赛亚书	俄巴底亚书
路得记（Ruth）	历代志上（1 Chronicles）	耶利米书	约拿书
耶利米哀歌（Lamentation）	历代志下（2 Chronicles）	耶利米哀歌	弥迦书
传道书（Ecclesiastes）		巴录书（Baruch）*	那鸿书
		以西结书	哈巴谷书
		但以理书	西番雅书
		何西阿书	哈该书
		约珥书	撒迦利亚书
		阿摩司书	玛拉基书

标*号者系被罗马天主教列入正经的书，称为"第二正经"（deuterocanonical）；新教徒则把它们同其他"伪经"一起列入附录。

律法，亦称Torah（希伯来语，意谓"训示"），记述上帝创世的故事和希伯来人早期的历史。更为重要的是，它详述了立约和构成犹太教基础的个人和社会行为的道德和礼仪准则的确立。

公元前1世纪被列入《圣经》正经的《预言书》提供了有关以色列国和犹太国的纪实，扩大了希伯来人关于上帝的性质及希伯来人与上帝关系的理念。预言书记述了征服迦南、士师时代的事件，统一王国时期的事件，以及巴比伦之囚以后犹太国的命运。

文书反映了各种各样的观点，包含多种类型的文献：诗歌、箴言、故事和对未来的天启愿景。其中一些如《约伯记》《传道书》《箴言》，反映了其他文化对犹太信仰的影响。文书直到公元90年才被认为是圣经的正经，除了诗篇是例外，它到公元前100年才因为在犹太人祈祷生活中所扮演角色获得神圣地位。

还有一些犹太文献不属于正经。经外书（the Apocrypha）写于公元前200年至公元100年间，包括智慧文学、故事和历史，其中有马加比人的历史，这些经外书虽然未被列入犹太圣经的正经，但被收入希腊文译本希伯来圣经，并为罗马天主教会接受为基督教《旧约》的一部分。

许多犹太著作的抄本，包括正经和非正经，是1947年在死海附近的一个山洞里发现的。这些文件可追溯至大约公元前200年到公元100年，世称死海文书（Dead Sea Scrolls），较之任何其他现存圣经手稿几乎早了1000年，并证实了这些卷帙已经被忠实地留传了上千年（图5.7）。

希伯来圣经为犹太教提供了大部分信念、价值观和世界观。它对上帝看法的不断变化与它对人性的一成不变的否定性看法形成鲜明反差。圣经暗示，根据雅赫维的严格要求，没有什么人能得到幸福。在等待雅赫维的王国降世之际，要鼓励信徒遵循雅赫维的训诫，如果他们做不到，则希望得到上帝的宽恕。

早期的犹太艺术和建筑

犹太文化深受第二诫的影响，第二诫禁止制作上帝的雕像或画像。在艺术上，这就意味着不得以任何可辨认的形式描绘雅赫维。而且，创造和创造力被认为是上帝的专有权，只留给上帝。因此没有任何官方的犹太雕刻或绘画。

散落在各处幸存的统一王国时期以前的希伯来人手工制品很难同其邻族的作品区分开来。由于早期希伯来人以游牧为生，因此他们拥有的圣物可以运走并保存在帐篷内。这些早期作品并非为了公开展示，因为雅赫维神圣之至，希伯来人能够意识到他们的神的威力。只有少数几个人被允许看到或走近这些圣物。然而，一旦部落统一，所罗门便把约柜和其他祭祀仪式用品供奉在他建在耶路撒冷的金碧辉煌的圣殿内。所罗门意欲使该圣殿成为希伯来人的核心民族圣地，成为他的王朝的象征。

所罗门的圣殿于公元前6世纪早期被巴比伦人焚毁，当时他们还掳走了犹太人。《列王纪上》对该圣殿的描述听起来类似"长屋"殿，这种殿型见诸那个时代的其他文明，可能反映了外邻的影响。据《圣经》记载，所罗门的神殿是一个长方形建筑物，由三部分组成：门廊、圣所或大厅、内圣所，即供奉约柜之所。艺术家和工匠雕刻花卉图案和小天使图案装潢内壁，镶金使之金光耀眼。该建筑物用方琢石砌成，两根独立式大柱竖立在入口处。圣殿也许是建在一个平台上的，圣殿周围是一个院落，院内有一个大祭坛。

图5.7 《死海古卷以赛亚书》（细节）。公元前1世纪至公元1世纪制作

这部《死海文书》据信是一个名叫艾赛尼（Essenes）的犹太教派的作品。这个激进教派生活在一个叫做昆兰的修道社群之中，它拒不服从耶路撒冷犹太人的领导，信奉一种好斗的、分离主义的犹太教义。这部文书是他们的希伯来圣经抄本，也包括以前不为人知的作品。这部《死海古卷以赛亚书》保存了圣经最长经书的全部66章。

犹太人被波斯人解除巴比伦俘房身份而释放时，他们回归故国，重建都城耶路撒冷及其圣殿。竣工于公元前6世纪晚期的第二圣殿，设计和装潢构思比所罗门的圣殿更为简朴。同时，流散的犹太人集合在希腊化城市里诵读摩西五经，在变为犹太人教堂或礼拜堂的建筑里祈祷。关于这些犹太教堂是什么样子以及有可能以何种方式装潢，没有任何公元3世纪以前的档案保存下来。

希腊的影响显见于希腊化时代的犹太建筑。一位马加比统治者约翰赫迦纳（John Hyrcanus，公元前135—前106年）在现今约旦阿拉克·厄尔-埃米尔（Araq el Emir）建造了一座城堡—宫殿，清楚地显示了这种影响。宫殿的正面，希腊式立柱与东方式雕刻浑然一体，是亚历山大里亚建筑和装潢风格的典型。这座宫殿及其雕刻大概类似于耶路撒冷的第二圣殿，这座宫殿上尚留存的少量装潢之一是一座狮身喷泉（图5.8）。该狮身系高浮雕镌刻，比例匀称，前爪抬起，狮口张开，其威猛狰狞之感非常传神。

晚期希腊建筑对犹太营造物的挥之不去的影响亦见诸从耶路撒冷以东基德隆河谷（Kidron Valley）的软石灰岩层发掘出来的一系列墓冢。根据碑文记

图5.8 约翰赫迦纳之宫殿的狮身喷泉。公元前2世纪制作。殿址在约旦的阿拉克·厄尔-埃米尔

这尊希腊—东方风格的狮身喷泉被深深地镌刻在石头的表面,成为一件高浮雕作品。狮子的尾巴环绕在它的右后腿,其左前腿抬起,以此保持平衡匀称,形成一种力大无穷与灵活敏捷之感。

载,这些墓冢保存着赫兹尔(Hezir)家族的祭司们的遗物(图5.9)。左方的墓展现了多利克式立柱,中央的那个墓是希腊爱奥尼亚式立柱与埃及金字塔形墓顶兼容。附近的其他几个墓显示了类似的交融风格。

大希律王统治期间(公元前37—前4年在位),犹太建筑显示了希腊风格与犹太主题的进一步混合。希律王建在马萨达的宏伟壮丽的城堡—宫殿可能是两种文化的有意识融合,力图在罗马世界与犹太人世界之间架桥沟通(图5.5)。希律建筑群的各种建筑物有许多有代表性的希腊—罗马特征,包括刻有凹槽的科林斯式立柱和大理石覆盖层(图5.10)。在希律的宫殿里,古典形式的镶嵌图案与传统的犹太花果装潢相结合,藤蔓与树枝交织(图5.11)。

希律还在杰里科(Jericho)、耶路撒冷盖宫殿,但这些宫殿均已被毁,其遗迹至今尚未被发现。这位国王还监督重建了耶路撒冷的第二圣殿,其规模宏大和令人印象深刻的外观被载入犹太历史学家约瑟夫斯的著作《犹太战争史》和《犹太古史》(*Jewish Antiquities*)之中。同第一圣殿一样,第二圣殿也有许多房间,包括内层圣所至圣所(Holy of Holies),内有烛台(图5.1、5.2)和供桌,祭司们在供桌上摆放祭献的未发酵面包供逾越节(Passover)期间食用,逾越节是纪念出埃及的节日。不论希律建造这座新圣殿的动机如何,其结果是短命的,罗马人于公元70年最终镇压犹太人的反叛时,这座圣殿被毁,只存留下哭墙,圣殿里的圣物被运往罗马。

大约在公元20年,希律大帝之子希律·安提帕(Herod Antipas)国王在加利利海边建立提比里亚(Tiberias)城,乃以罗马皇帝提比略(Tiberius)的名字命名。起初,犹太人拒绝到提比里亚居住,但到3世纪时,提比里亚已成为学术中心,犹太官员们把兼管民事和宗教事务的最高法院(Sanhedrin)迁到那里,当地的犹太人建立了一座犹太教教堂。这座教堂毁于公元363年的一次地震,

图5.9 本尼·赫兹尔墓。公元前1世纪初期建筑。墓址在以色列基德隆河谷

（在左边的）本尼·赫兹尔墓显示了希腊建筑在其柱梁结构和它的多利安克立柱上的影响。尽管这块区域在这个时期臣服于罗马的影响，罗马在建筑方面的影响并不明显。担任祭司之职的赫兹尔家族的成员，一如《历代志上》24章所记载，被埋葬在业经认定为以色列基德隆河谷最古老的坟墓里。学者们对中间那个有金字塔形屋顶的墓是不是本尼·赫兹尔墓的问题意见不一致。

图5.10 希律北宫的大厅。公元前1世纪晚期建筑。殿址：以色列马萨达

这些科林斯式立柱原初是涂上灰泥并绘上图画的。这些立柱直接刻在山岩上，形成一个绕宴会厅一周的天然走廊。希律建造这个和其他辉煌宫殿以便给犹太人留下深刻印象和赢得他们的政治同情，但是他未能做到二者兼得。

图5.11 希律宫殿里的镶嵌图案。公元前1世纪晚期制作。殿址：以色列马萨达

这幅镶嵌图案的希腊式制作为罗马人和犹太人所接受。希律宫殿里的镶嵌图周边图案装帧设计是典型的希腊风格，镶嵌图中央的组织得更好的图案是典型犹太风格。

取而代之的是一座更加富丽堂皇的大教堂，这座大教堂装饰了反映希腊—罗马影响的镶嵌图案，其中包括一些被禁止的图像，如人物和非犹太主题，以及希伯来的神圣象征和圣物（图5.12）。

5.2 基督教

同犹太教一样，基督教起源模糊，在很大程度上得势于其主要信念和价值观的巨大道德威力。但是基督教进一步成为西方文化居支配地位的宗教。基督教起源于犹太地区的犹太人，逐渐传播，到公元4世纪末成为罗马的官方信仰。公元5世纪末罗马失去了对西部省份的控制，这时基督教的理念和制度作为新兴欧洲诸王国的导师幸存下来。基督教的胜利在中世纪早期得到有力的体现，当时教会当局修订了罗马旧历，将基督的诞生作为历史的关键性事件。于是，耶稣诞生以前的时期世称公元前（BC，或before Christ），他出生以后的时期叫做公元（AD，或Anno Domini），这些拉丁词意谓"在上帝之年"（in the year of

图5.12 装饰性地板镶嵌画。犹太教堂。公元4世纪制作。以色列提比里亚附近的哈玛特（Hammat）。收藏于耶路撒冷的以色列古迹管理局

这帧装饰用镶嵌图案包括许多与犹太宗教仪式、传统和历史有关的物件。中央竖立着约柜，即一只部分被悬挂的帷帘覆盖着的柜子，柜内盛放着摩西五经，即书写着希伯来圣经首五卷的圣经卷轴。约柜是礼拜堂内祈祷的聚焦点，因为它象征着耶路撒冷的圣殿里的至圣所。这帧镶嵌图案里的其他圣物有：大烛台（七分枝大烛台），在耶路撒冷的圣殿里使用；羊角号（公羊的角），在一定的宗教节日时吹响，是祈祷的号角；一把香铲，古代犹太教里用于在圣坛（参阅图5.2）上盛放供品。两株高大的棕榈树枝和开着花的香橼是住棚节（the Festival of Tabernacles，希伯来语"Sukkot"）的农业象征。

the Lord），上帝（Lord）是基督徒对耶稣的尊称。虽然基督教和教会从其中世纪的顶峰上跌落下来，但基督教的历法实际上在整个西方和世界许多其他地区依旧沿用——这是这个信条威力依旧的象征。在本书中，为反映今天的多元文化世界，用BCE（before common era）这个词取代BC，而用CE（common era）取代AD。

耶稣基督的生平与《新约全书》

有关基督教起源的保存下来的原始资料是早期信徒的希腊文作品，他们是公开的坚定支持者。据他们说，基督教始于犹太教中的耶稣追随者，耶稣是一位十分虔敬的具有超凡领袖魅力的犹太人，他未能净化他自己的信仰，但成

遭 遇

巴力（Baal），以色列人上帝的竞争对手

古代以色列人受崇拜巴力（即迦南之神）之宗教的吸引。多少个世纪以来，巴力在以色列人心目中是雅赫维的最具威胁性的竞争对手。

对巴力偶像崇拜的起源和演进，类似于古代其他许多多神教偶像崇拜的缘起和发展。根据在乌加里特（Ugarit, 今叙利亚的拉斯珊拉［Ras Shamra］）发现的泥版文本（约在公元前两千年间的文本），巴力演变为丰产之神，系谷物生长、动物和人类生命的保护者和担保者。作为丰产之神，巴力控制着天气、种植和收获。巴力的信徒称他为"天国之主"（Lord of Heaven, Baal 意为"主人"、"所有主"或"主上"）。据一则神话传说，巴力最终成为众神之王，挑战并击败了好几位神灵，包括死神"莫特"（Mot）、海神"雅姆"（Yam）。新月沃地的许多部落包括迦南人在内，都兴建神殿和圣坛并用宗教仪式和牺牲玉帛来敬拜巴力，制作他的偶像和象征物（人或动物），并将巴力之名吸纳为个人的名字以驱邪护身。

巴力雕像，约公元前1700—前1400年制作。收藏于卢浮宫。石灰石雕像，高1.40米

这尊巴力雕像是在乌加里特发现的，它展示了这位神灵高举右臂，站立在垫座上——这是对天气之神的一种典型描绘。下面的波浪形线条可能代表山脉。巴力穿着一条褶裥短裙，腰间系着一条宽带和一根细绳，绳上挂着一把带鞘的短剑。头戴一顶尖顶头盔，前面有一对公牛角。他的右手握着一根棍棒，或者是一柄权杖。他的左手里拿着一柄长矛，长矛顶端长出了庄稼——这是一种丰产的象征。正前方，一位小型人物对巴力表示敬意，他可能是一位叙利亚国王。尽管巴力是中东的一位神灵，但他的纤细特征和修长身躯暗示着埃及的影响。

以色列人在摩西及其追随者的领导下从迦南人手里夺取了对迦南的控制权，并且凭着一部以耶和华教导为本的道德准则和法典建立了以色列王国。某些生活在被征服的迦南人中间的以色列人发现，巴力是可以合意地替代耶和华的神祇。他们被吸引到巴力崇拜的激情活动中去，如跳舞和其他狂热习俗，而不再去参加敬拜耶和华的庄严仪式。另一些人被吸引去参加使用可视肖像的巴力崇拜活动，而耶和华是将这类习俗谴责为偶像崇拜的。许多农民和牧人发现了巴力作为丰产之神的作用。比起耶和华作为造物主的更遥不可及的地位及其严格的道德审判来，以巴力教导为本的道德标准相对宽松，也更加吸引人。

从扫罗王（King Saul）时代起，历经所罗门王治下的统一王国，以色列人倾向于忠于耶和华，尽管巴力的存在还隐约可见。随着公元前926年统一王国的倾覆，巴力崇拜在北部以色列王国和南部犹太国都重新抬头露面。希伯来的先知们此时已崛起为一支道德力量，他们布道劝诫不要搞这种崇拜，不要使用偶像（通常是公牛或牛犊）。他们宣称耶和华作为造物主（Creator God）已控制了所有的自然力量，但不是一个自然神。相反，耶和华是一个超越宇宙万物之神，是影响历史事件和各地各处所有人的生命的神。

先知以利亚（Elijah）怒斥这种偶像崇拜活动，他预言，除非以色列人摒弃巴力，回归耶和华，否则，干旱和饥荒将会肆虐这块土地。从此以后，以色列对巴力的崇拜平息下来，直到亚述人在公元前722年蹂躏了这个王国。

读"遭遇"，学知识

1. 对巴力崇拜的起源和演进同其他古代神灵之崇拜有何相似之处？
2. 为什么以色列人被巴力吸引？
3. 先知在巴力与耶和华之间的对抗中起了什么作用？
4. 以利亚击败巴力支持者的故事怎样象征希伯来宗教中的更大主题？
5. 还有哪些其他宗教在其整个历史上乃至今天仍然面临对其所奉神灵的类似威胁？

功地创立了一个生气蓬勃的新宗教。

耶稣生于大约公元前4年（这个日期反映了早期基督教时间计算上的错误），他出生在犹太地区，是玛利亚和约瑟夫所生。耶稣生平传记细述了围绕他出生的事件，以后直到他大约30岁这一段几乎没有只言片语。30岁左右他开始传道教人，这使他同流行的犹太教信念和权威发生了正面冲突。不同社会阶层的犹太人聆听耶稣的教诲，他很快就拥有了一小批追随者，他们相信他就是弥赛亚，就是救世主，他会解救犹太人的，这是上帝向先知们的许诺。他也叫基督（Christ），取自希腊语对"受膏者"（anointed one）的称呼。他创造奇迹，治愈病人，劝谕世人启示或世界末日已经临近。他预言他所说的上帝的王国就要来临，敦促他的信徒们奉行克己爱人的道德。

犹太教的现存体制与这帮以救世主自居的人之间的日益增长的不和促使

历史分期表 5.2　截止公元 284 年的基督教

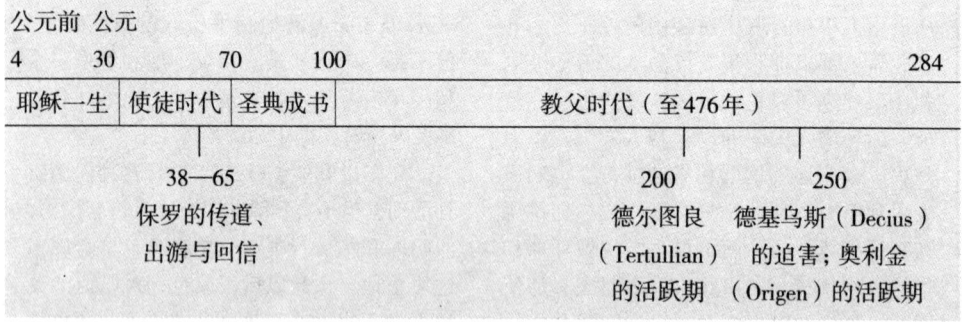

罗马领导人把耶稣列为政治反叛者。约在公元 30 年,耶稣被罗马人钉死在十字架上(历史分期表 5.2)。三天后,他的一些门徒告称耶稣已起死回生,重新出现在他们中间。他的复活成为同他的教诲相联系的终极奇迹,这象征着那些相信他是上帝之子、是救世主的人终将得到不朽的生命。过了 40 天后,耶稣升天,在此之前他曾许诺要在世界末日时回到人间。

耶稣生平的梗概载于基督教圣典的前三卷即**《福音书》**(Gospels)里。早期基督教团体相信,福音书的三位作者马太(Matthew)、马可(Mark)和路加(Luke)是耶稣训诫的见证;因此他们被称为**福音派**(evangelists),源自希腊词 evangelion——指那些传播福音或佳音的人。《福音书》虽然提供了有关耶稣的史料,但本意不是要当作希腊—罗马意义上的历史书,因为福音书是讲给皈依基督教的人听的。马可福音书最早,不迟于公元 70 年左右;马太的福音书和路加福音书的最早版本问世稍晚,它们利用了马可福音书的叙事实录,再加上一些格言(logoi),即耶稣的"教诲"。这三本著作世称对观福音书(synoptic Gospels,源自希腊语 syn["一起"]和 olpsis["观"]),因为这三部福音书对其所讨论的主题基本上持同一观点。90—100 年间,多少有些不同的第四部福音书《约翰福音》面世,它视耶稣为智慧导师、宇宙间真理的启示者。第四部福音书的作者让耶稣教导了重生乃至永生的可能性。

对观福音书尽管相似但反映了早期基督教会中的不和或分裂。耶稣的最早门徒之一彼得(Peter)领导着一个犹太化的派别,他们强调有必要先做犹太人而后再成为基督徒。保罗(Paul)是在耶稣死后皈依基督教的犹太人。他领导着一派,该派欢迎非犹太人(gentile)入教。《马可福音》的成书部分是为了支持保罗的非犹太派别,因而对犹太人用否定口吻。《马太福音》部分是为纠正《马可福音》而写,根据罗马天主教教义,也是旨在使彼得成为教会赖以建立的"磐石"——这是彼得被认为是第一个教皇这一信念的圣经依据。

路加的福音书是早期罗马教会事后否认曾有不和谐存在而作的尝试。路加还写了《使徒行传》（Acts of the Apostles），它是初步形成的基督徒团体之最早实录。这部著作记录了耶稣信徒在他复活后不久的活动，规定了基督教的某些最初仪式和信念，包括拒绝犹太规定饮食的律法和行割礼的习俗。《使徒行传》肯定了基督教向非犹太人开放，这一政策后来有助于传扬基督教。但在《使徒行传》成书的时代，保罗和其他传教士主要是向讲希腊语的犹太人和散居罗马帝国各地的犹太皈依者传道。保罗的罗马公民身份使他得以自由行动。

耶稣生平与教导的含义经保罗进一步澄清，保罗在接受新的信仰以前曾迫害过犹太地区的基督徒。50—62年间，熟悉希腊哲学的保罗在书信中阐述地方问题，扩大了神学关注，这些书信是基督教圣典中的最早著述，尽管十四篇所谓保罗书信中只有七篇被公认为是他写的。这些书信是基督教的第一批**神学**（theology）作品，即有关宗教真理之性质的研究之作。保罗的书信发往他建立或访问过的罗马帝国各地的教会：以弗所（Ephesus）和歌罗西（Colossae，加拉太［Galatia］境内）、腓立比（Phililppi）和贴撒罗尼迦（Thessalonica，马其顿境内）、科林斯（希腊）和罗马（地图5.2）。

保罗对耶稣生平的诠释依据《旧约·以赛亚书》的"受苦受难的仆人"章节，受苦受难的仆人被说成是高尚、无罪但为了别人而被误解并受苦受难的人。保罗提出了救赎的教义，根据救赎的教义，无罪的基督在十字架上蒙难以偿付人类的罪孽。基督的降生与死难启动了一种新的道德秩序。因为它向堕落的人们提供了救赎，否则的话，这些人注定将因亚当的原罪而万死不复、永受惩罚。但是，据保罗说，人之获赎救并不自动给予，因为罪人须先信仰耶稣基督和他的牺牲。

保罗的教诲还强调，基督的复活保证了他人的永生，这是基督教信仰的核心，这一论点与对观福音书相互呼应。保罗诠释的基督教同犹太教彻底决裂，因为它使旧的法律权威无效，宣称亚伯拉罕的真正后裔不是犹太人而是基督的信徒。保罗还肯定地说，服从基督达致正义。正义要求禁欲苦行，尤其强调禁淫欲。

基督教圣经的最后一部分是《启示录》，大约成于公元95年。这部启示设想世界末日和在耶稣复归和最后审判时一种新的道德秩序的建立。《启示录》把罗马描绘成注定要被毁灭的腐败的巴比伦，这反映了早期基督教对当时政治和社会秩序的憎恨。但是这部充满莫测高深言论和信条的启示录被证明是充满争议的，并非所有古代教会团体都接受它的权威。

到2世纪中期，四部福音书、使徒行传、十四篇保罗教义的使徒书、七篇

184　古典时代

地图 5.2　早期的基督教世界

这幅地图展示耶稣死后基督教的后续传播。1.指认保罗任牧师时期结束时存在的主要基督教会。2.在这些教会中，哪个是圣保罗建立或访问过的？3.哪个教会地处位置最佳因而成为基督教的母教会？为什么？4.考量一下这些教会布点的地理位置对这些教会布点之间有无联系？5.图4.2所示奥古斯都都统治时期罗马帝国的主要城市与本地图所示基督教会的布点之间有无联系？

非保罗教义的使徒书和启示录被接受为基督教圣经的正经,或《新约全书》(表5.4)。早期基督徒相信自己属于新以色列,但也保留着希伯来圣经,称之为《旧约全书》。尽管巴勒斯坦的犹太人的口语阿拉米语(Aramaic)是一种闪族方言,但基督教正经却是用希腊语编纂而成的,像希伯来圣经七十子译本一样,使用希腊语反映了保罗和非犹太人派以及广泛的希腊文化的胜利。

基督徒与犹太人

尽管早期基督教别具一格,但许多犹太理念和宗教仪式有助于形成这一新的宗教。基督教对雅赫维的看法植根于犹太教:单一的、造物的、万能的上帝通过圣经(正经)说话,要求人人做有道德的事。犹太人和基督徒的道德标

表5.4 《新约全书》各卷

福音书(Gospels)	
马太福音(Matthew)	路加福音(Luke)
马可福音(Mark)	约翰福音(John)
使徒行传(Acts of the Apostles)	
使徒行传(Acts)	
使徒书(Epistles)	
罗马人书(Romans)	提多书(Titus)
哥林多前书(1 Corinthians)	腓利门书(Philemon)
哥林多后书(2 Corinthians)	希伯来书(Hebrews)
加拉太书(Galatians)	雅各书(James)
以弗所书(Ephesians)	彼得前书(1 Peter)
腓立比书(Philippians)	彼得后书(2 Peter)
歌罗西书(Colossians)	约翰一书(1 John)
帖撒罗尼迦前书(1 Thessalonians)	约翰二书(2 John)
贴撒罗尼迦后书(2 Thessalonians)	约翰三书(3 John)
提摩太前书(1 Timothy)	犹大书(Jude)
提摩太后书(2 Timothy)	
启示录(Apocalypse)	
启示录(Revelation)	

准都要求个人和群体均享有社会正义。同样，基督教以耶稣为救世主这一想象是在犹太先知预言书的语境中形成的。基督教的启示作品如《启示录》也和诸如《但以理书》一类的犹太先例有着共同的文体。

即使是在基督徒摒弃具体的犹太理念，如摩西律法神圣不可侵犯这类理念时，早期基督教会仍在用犹太人熟悉的语言来讨论人类正义与罪恶，基督教的洗礼仪式大概是由流散的犹太人类似的仪式改进而成。基督徒也保持了安息日（Sabbath）理念，但把这个日子从星期六改为星期日。他们把逾越节（庆祝犹太人脱离埃及的节日）改为复活节（庆祝耶稣复活的节日）。基督教堂作为祈祷和研读的中心是从犹太教堂演变而来的。同样，基督教的牧师也由犹太长老演变而来。基督教的**礼拜仪式**（liturgy），或公共敬拜仪式在很大程度上借鉴自犹太教礼拜仪式及其圣歌、祈祷和诵读圣经。

犹太教也影响了基督教的思想，因为它把来自琐罗亚斯德教的某些理念传递了过去，包括以下一些二元论概念，如，撒旦作为邪恶的人格化，天堂与地狱作为人类的两种归宿，在末日显现的神圣救世主。

基督徒与犹太人虽有共同传统，但他们之间的关系犹如暴风骤雨。公元90年在犹太地区召开雅麦尼亚会议（Council at Jamnia）以后，犹太人确立了其圣经正经的最后版本，犹太教中已没有基督教教义的位置了。一如保罗的书信所揭示，犹太人认为耶稣基督的信徒是背教者（apostates），即放弃或背弃他们真正的宗教的人。因此，犹太人千方百计地不给予基督徒以保护，这种保护是犹太领袖曾就他们的独特信仰和礼拜仪式同罗马当局谈判达成的。例如，不要求犹太人敬拜罗马皇帝为神。在公元2世纪末以前，犹太人和基督徒经常发生暴力冲突。

基督教与希腊—罗马宗教和哲学

基督教亦得益于它同希腊—罗马神秘宗教和哲学的接触。不论大神母崇拜、伊西斯崇拜或太阳神（Mithra）崇拜的仪式是否直接影响了基督教，但它们的宗教理念是一样的——例如，通过牺牲救世主、圣餐和圣歌使灵魂得救。基督教作为一神教和公元2、3世纪把所有神混合为单一神礼拜的运动同时并行。在希腊—罗马哲学中，斯多噶主义和新柏拉图主义在基督教脱离犹太教之根而希腊化时都影响了基督教：斯多噶主义教诲人性的相近，新柏拉图主义赞扬精神王国而否弃物质世界。

罗马帝国的基督徒

罗马人起初认为基督徒是犹太教的一支，但在第一次犹太战争期间，基督徒明显躲得远远的。基督徒的态度似乎是，犹太人把灾难带给他们，因为犹太人拒信基督。同样，后来罗马人在115至117年，132至135年间迫害犹太人时，基督徒仍然无动于衷。随着他们的宗教信仰在公元1世纪的扩展，个别基督徒遭到零星的迫害，那时还没有推行迫害基督徒的国家政策。

随着帝国在公元3世纪陷入混乱，帝国的麻烦往往都被归咎于基督徒。皇帝德基乌斯（Decius，249—251年在位）发动了一场范围广阔的政治考验，要求全体公民（男、女、儿童）对皇帝作出象征性的牺牲。当基督徒拒绝以这种方式尊奉皇帝时，几百名基督徒死难，其中包括若干当地基督教领袖或主教。德基乌斯的猝死才停止了这种打击，但在257年，瓦莱里安（Valarian）皇帝（253—260年在位）重新开展这场斗争，导致罗马主教和当时一流的知识分子居普良（Cyprian）殉难。杀戮最终停止了，但在该世纪的其余岁月里，基督教存亡未卜，全靠忍气吞声而苟存。

尽管遭受当局的迫害，基督教却从罗马文化中吸取了很多养分。帝国西部省份的基督教语言是拉丁语，在东部省份，宗教领袖们采用了希腊语。统治教会的教会法规以罗马民法为基础。更为重要的是，教会模仿了罗马的国家形式：主教作为城市中地位最高的基督徒，对叫做主教管区的地域拥有司法管辖权，如同世俗总督控制主教管区的行政事务一样。

此外，教会逐渐走向君主式政体。因为司职官员的权威据信是耶稣的忠实信徒传下来的，那些主教管区是由圣徒建立的——例如历来所称的罗马主教管区是彼得和保罗建立的——这些主教管区便崛起成为最强盛的主教管区。

基督教从1世纪末微不足道的信徒数目发展到3世纪末，拥有500万左右的教徒，或约占帝国人口的十分之一。规模最小的教徒群体散布于边疆地区，而最大的会众在罗马和东部较古老的城市。基督教的社会构成逐渐包括了上层阶级。到2世纪晚期，中产阶级特别是零售商、贸易商纷纷入教。贵族妇女也想加入，但最高层阶级的男人倾向于仍不皈依。

基督教对妇女的吸引力是复杂的，虽然她们似乎全都响应它关于救赎的许诺和使徒保罗的平均主义愿景（《加拉太书》3：28）："并不分犹太人、希利尼人、自主的、为奴的，或男、或女。因为你们在基督耶稣里都成为一了。"女性皈依者也发现基督徒群体是躲避在罗马社会中的汲汲无名及其残酷无情的避难所；基督教会构建了因克己苦行但互助友爱的生活方式而相聚在一起的人们亲密关系的秘密地下世界。它允许妇女们用自己的信仰去影响别人从而给她们以力量；它通过与精神领袖的亲密接触开阔了她们的眼界；它通过出游和参与维持生计的事业使她们有了新的身份；对于那些决心过禁欲守贞生活的人来说，基督教可以成为节制生育和摆脱婚姻和家庭生活禁锢的工具。

生活片段

一位基督教徒母亲面对罗马当局

薇碧娅·帕佩图亚(Vibia Perpetua)
早期基督教的一位殉教者

薇碧娅·帕佩图亚是一位来自富裕的迦太基家庭的年轻知识女性和基督教皈依者,她违抗非基督徒罗马皇帝在公元202年颁布的针对皈依的法令,她被收监,于公元203年死于迦太基竞技场(arena of Carthage)。本节录是她殉难前最后时日个人记述的一部分。

几天以后,我们被移送到(迦太基的)一个监狱。我吓坏了,因为我从来没有在这么暗的地方待过。倒霉的一天!一大堆囚犯弄得这个地方闷死人了。士兵们千方百计敲诈我们的钱。我还因牵挂我的孩子而烦恼。负责照料我们的两位受福的副主祭特修斯(Tertius)和蓬波纽斯(Pomponius)贿赂卫兵让我们在监狱里较好的地方待二三小时以便恢复元气。所有的囚犯都被从地牢里放出来,允许做他们想做的事。我给我那嗷嗷待哺的孩子喂奶……我获准带着孩子坐牢。他的元气很快恢复,使我减轻了痛苦与烦恼。这监狱一下子变得像座宫殿;我觉得待在那里比在任何别的地方都惬意。

解读本篇生活片段

1. 为什么薇碧娅·帕佩图亚被罗马人拘捕?
2. 描述一下她被监禁的状况。
3. 鉴于罗马卫兵渴求贿赂,他们的索贿行为暴露了他们对待基督徒持什么样的态度?
4. 薇碧娅·帕佩图亚的信仰怎样支撑她蹲监狱?
5. 比较并对照一下本篇生活片段描述的宗教冲突与现代的宗教冲突。
6. 比较对照一下当时和现在的监狱和囚徒的状况。

早期基督教文学

到2世纪晚期,教会的地位引起了罗马一流知识分子的注意,例如哲学家塞尔苏斯(Celsus)和医师盖伦(Galen)。塞尔苏斯(公元2世纪)嘲笑基督教的复活说和这个新宗教对妇女和奴隶的吸引力。相反,盖伦发现了基督教的优点,即它对人生的哲学态度和它强调严格的自律(参见第6讲)。

世俗世界对公元2世纪中的后圣经基督教文学一般来说都不予评判,这类文学有两种形式。**护教士**(apologists)激情昂扬、坚持原则地捍卫基督教,他们坚称基督徒是罗马帝国忠诚的、可信赖的臣民;基督教和犹太教不一样;基督徒在异教世界里的生活虽然艰难，但也是可能的。德尔图良（Tertullian，约160—230年）和亚历山大里亚的奥利金（Origen，约185—254年）这样的神学家开始规定基本的基督教教义，创造一套独特的基督教语汇，并且将基督教思想与人文学识联系起来。

德尔图良的生平和著作揭示了基督教的不妥协性质。他在罗马帝国的迦太基接受斯多噶派哲学的培养，后来在他目睹基督徒为殉教视死如归之后便皈依这个新宗教。他的信念的力度使他成为北非的代言人，在北非，对殉道士的崇拜使该地区成为罗马世界的"圣经地带"（Bible belt）。他用拉丁文写作，形塑了西方教会的声音。他对观看戏剧和竞技获取欢愉进行讽刺挖苦，和他对把妇女当作淫妇的强烈谴责成为传奇佳话。他以最严厉的措辞拒绝希腊—罗马人文传统而宁愿接受基督教文化。

亚历山大里亚的奥利金同德尔图良一样极其狂热，但他并不贬辱人文学识。在他用希腊文撰写的成熟著作里，奥利金把基督教思想同柏拉图主义和斯多噶主义调和起来。奥利金笔下的耶稣不是《福音书》里的救赎者而是斯多噶主义的逻各斯（参阅第4讲）。逻各斯，或曰理性，解放了人的灵魂，从而使灵魂可以跨越不同层次的现实而接近上帝。奥利金的柏拉图主义导致他摒弃《福音书》和保罗书信所述肉身复活之说，相反，他声称灵魂永恒。尽管奥利金的某些理念后来遭到责难，他的被人秘密阅读的哲学著作有助于把基督教从其犹太教框架里解放出来并吸引知识分子。奥利金还首倡用隐喻方法读圣经。奥利金教导说，在书页上直白易懂的词语背后，有着层层深意。

早期阶段的基督教女性作家十分稀少，因为知识话语完全由男人所支配。妇女在这个新的宗教里的确起了重要作用——例如，抹大拉的玛利亚（Mary Magdalene）守候在耶稣的空墓旁，莉迪亚和普里西拉是保罗出游时遇到的——不过她们的声音几乎总是被间接地听到。男人们在他们的理论著作里常常谈论妇女问题，例如德尔图良的《论妇女的服饰》（*The Apparel of Women*）。尽管如此，这个时期一位基督教妇女的声音传到我们耳朵里：这就是北非迦太基的薇碧娅·帕佩图亚（约公元181—203年）的声音，是第一位女性圣徒的声音。一本记述基督教殉教者斗争事迹的匿名之作里一字不改地收录了帕佩图亚在狱中的作品。作品充满了令人心碎的细节描述，记叙了她在狱中经受的严峻考验，她一面哺育孩子，一面等死。她因拒绝放弃她的信仰而被判刑。

早期基督教艺术

倘若基督教徒遵守第二诫，那恐怕就不会有基督教的雕刻艺术问世了。实际上，最早的基督教作家，包括德尔图良和奥利金在内，都将描绘宗教主题

图5.13　罗马地下陵寝：一个狭窄走廊和供丧葬的壁龛

由于相信肉体可以复活，所以在早期的基督徒心目中对合适的安葬看得很重。罗马的基督徒同其他公民一道沿罗马城下面的地下通道埋葬其死者。公元400年基督教在罗马胜利奏凯之时，地下陵寝安葬的习俗废止。地下陵寝之事一直被人们遗忘，直至1578年，是年地下陵寝安葬被重新发现，并成为研究和敬拜的对象。

谴责为渎神。但是，虔敬的基督徒，被人文主义的牵引力所吸引，致力于为地下墓室作壁画，雕刻**石棺**（sarcophagi）或大理石墓冢。基督教画师和雕刻家们慢慢地把他们的宗教愿景与希腊—罗马传统融为一体，这种艺术风格主导了罗马帝国后期的艺术。宗教价值观和宗教主题成为西方艺术的核心将近千年之久，直至意大利文艺复兴。

在罗马帝国时代，公民拥有合法权利在通向罗马城外的道路两旁的陵寝（地下墓冢）里埋葬死者（图5.13）。到2世纪晚期，有些墓冢展示了基督教的象征和主题。有些图像是纯粹象征性的，例如，十字架、福音派象征物和鱼（希腊文的"鱼"是ichthus，它通过字谜方式被解释为"耶稣、基督、上帝之子、救世主"，图5.14）。在所谓的卡里斯托地下墓穴（Catacomb of Callixtus）里，一幅2—3世纪的壁画描绘一位羊倌作为耶稣的象征（图5.15）。这种图画在这一时期的基督教艺术中是最流行的人物形象，它基于耶稣乃他的信徒羊群之好羊倌的理念。这个形象源自许多圣经资料，包括第23篇赞美诗："耶和华是我的牧者"。这个羊倌用他的右手握着一只绵羊捎在他的双肩上，他站在圆台的中央，两只绵羊居于台侧。圆台四周是八块镶板，其上以人物祈祷与先知约拿（Jonah）生活场景画相间。

图 5.14 象征主义和早期基督教艺术

早期基督徒对人物画像有些反感，乃使用符号，例如 chi-rho 和 alpha-omega，chi 和 rho 是希腊文"基督"的头两个字母。Alpha 和 omega 是希腊文字母表的第一个和最后一个字母，表示上帝始终存在。福音派的象征——男人，狮子、公牛和老鹰——源自《启示录》，然而，这四个标志有许多前例，例如在亚述的绘画中就有。

图 5.15 《好羊倌基督》。公元 2—3 世纪所作。壁画。见诸罗马卡里斯托地下墓穴

这幅壁画展示了早期基督徒最常使用的宗教象征之一，他们用它来伪装信仰的明证，以躲开窥视和也许充满敌意的眼神。"好羊倌"作为耶稣的形象在基督教艺术中一直存在至5世纪末。

图 5.16 《肩扛小牛犊者》。约公元前 570 年制作。大理石雕像，高 1.65 米。收藏于雅典卫城博物馆

　　这尊公元前 6 世纪的希腊雕像展示一位年轻人肩扛一只小牛犊，大概是作宗教仪式牺牲之用。这尊雕像是古风时代流行的寇洛斯式雕塑，其正面朝向、身子挺直和风格化的胡须表明了这一点。这种羊倌形象后来在基督教早期逐渐与耶稣联系在一起。

图 5.17 《基督教好羊倌》。公元 2 世纪制作。大理石雕像，高 0.99 米。收藏于梵蒂冈博物馆

　　这尊优美的雕像将希腊影响与一个基督教主题结合在一起，这位羊倌随意的站姿及其漫不经心的均衡身姿和恍惚的凝视显示公元前 4 世纪希腊雕刻家普拉克西特利的影响在五个多世纪以后依然活跃于世，羊倌所穿短上衣在各时代艺术中是典型的羊倌服装。

即使羊倌和羊传达了基督教的信息，其形象却改编自人所熟悉的希腊—罗马主题——存在于艺术和文学的主题——把从哲学家毕达哥拉斯到俄耳甫斯崇拜的领袖俄耳甫斯这些不同类型的人物认同于羊倌。那肩上扛着一头牲畜的青年的身姿，早在公元前6世纪的古风时代希腊的雕刻中便曾出现（图5.16）。那天花板上的壁画"好羊倌"（Good Shepherd）的画师把这位羊倌描绘成没有胡子的青年，没有神一样的出众特性（图5.15）。公元2世纪的一尊羊倌雕像证明了这个形象的广泛应用（图5.17）。通过此类作品，艺术家们实际上宣告了他们的艺术对耶稣既作为上帝又是人这个神秘之谜的穿透力的限度。

陵寝绘画对于基督复活、得救和死而复生的描绘，虽然是以伪装的形式，但形象丰富多彩。犹太教圣经是基督教艺术家主题的一个源泉，这可见于《熊熊燃烧的火炉里的三个希伯来人》(Three Hebrews in the Fiery Furnace)。三位青年沙得拉（Shadrach）、米煞（Meschach）和亚伯尼歌（Abednego）原本必死无疑，由于神的干预而获救，因此成为救赎的象征（《但以理书》第3章）。就绘画而言，对他们的描绘是印象主义的，让他们飘浮在抽象的空间里。他们的脚隐藏在红色漩涡里，代表经受着火炉的剧烈折磨。他们的手臂向上抬起，像是在祈祷，这构成了另一个象征：祈求上帝赐福。这些常见于基督教丧葬艺术中的形象见证了上帝救世的威力。

图5.18 《熊熊燃烧的火炉里的三个希伯来人》。维拉西奥墓穴（Chamber of the Velatio）地下陵寝绘画。公元3世纪中期制作。50×86厘米，见于罗马普里西拉公墓

这幅地下陵寝绘画《熊熊燃烧的火炉里的三个希伯来人》以图说明早期基督教艺术家们以犹太故事作画以志其信仰的做法。对于拒绝向巴比伦国王树立的金像鞠躬低头的三位希伯来青年的拯救成为基督徒拒绝敬拜罗马皇帝的一个象征。然而，这位基督教艺术家已经改编了这则故事，故而不是如《但以理书》3:28所记载的被一位天使所救，而是许诺以一只嘴里衔着长叶的鸟儿（见图的上部）去救。这种象征可能源于犹太有关诺亚方舟与洪水的故事，在这则故事里，一只口衔一片橄榄叶的鸽子是一种迹象，表示陆地已经再现（《创世纪》8:11）。

圣经犹太教和早期基督教的遗产

整个犹太传统发祥于希伯来人的早期历史——他们到处流浪而没有家园,他们在其他文化里是外来人角色,他们短时期控制应许之地迦南,尤其是,他们自认为是全能的上帝雅赫维的特选民这种深切持久的意识。在罗马人统治下,犹太人因其宗教观而受到惩罚,这是一个不祥之兆,它兆示着伴随他们生存直到21世纪的反犹主义和暴力袭击。尽管身处逆境,犹太人却存活下来,至今已有西方文明任何民族中绵延最久远的历史。

希腊—罗马的神祇被视为人类成就和生活中许多领域优秀成果的鼓舞者和支持者,与希腊—罗马神祇不同,希伯来人的上帝主要关注人的伦理道德行为及其对他的律法的遵从。雅赫维的嫉妒心延伸到人的所有表达方式,如果它们偏离了对他的敬拜的话。因此,被犹太教允许的艺术和人文学科总是从属于宗教关注的问题。最后,犹太文化在圣经理想中,在任何古代民族的最高道德标准中留下了自己的声音。犹太教的伦理愿景即使在今天仍推动着西方的改革派和革命派。它要求给予人类群体中的每一个人以社会正义,不论其多么穷、多么无权无势。

基督徒继承了这种上帝概念和文化,重新诠释了它,赋予它独具一格的印记。罗马衰亡后,基督教崛起成为整个西方的宗教,犹太教—基督教传统与希腊—罗马遗产相结合,成为西方文明的基础。遵循耶稣的教导,早期基督徒使犹太教对上帝一元性和上帝万能的强调以及对严格的伦理道德行为的要求永久传承。因此,耶稣的金科玉律——己所不欲,勿施于人——成为虔诚基督徒的目标。第一批基督徒还极为重视照料病人、穷人和无家可归者——这一传统在西方文明中产生了广泛多样的公私社会救济计划。

早期的基督徒摒弃了犹太教的相对封闭的性质,把他们的宗教转变为一种传教布道的宗教信仰;在第一代传教士中,保罗和其他宗教领袖将耶稣的训示传给所有人,对他们个人说话而不问其种族和族群背景。今天,经过了二千年以后,世界上将近三分之一的人口赞成——至少在名义上赞成——基督教信仰。

在罗马帝国早期,基督教思想也已成为一种跨国的或国际的信念体系,这种信念体系对希腊—罗马文化和对罗马国家表达了毫不妥协的敌视态度。这些基督教作家同《启示录》的作者一样,把罗马说成"大娼妓"(the great whore)。预言罗马的毁灭,他们只是表达了早期基督教信徒的集体心愿。在罗马迫害的冲击下,基督徒期盼一种由上帝的价值观支配的新秩序。因此,早期基督徒接受希腊—罗马理念不是为了他们自己,而是因为它们对基督教有用。

早期基督教对人文主义和世俗思想的敌视只不过是两种不同的观察世界之方式之间的鏖战的公开攻击。当时,在罗马帝国,人文主义在包括贵族、知识分子和统治阶级在内的有身份的人中间颇为得势。但到4世纪末,均势转向有利于基督教,非基督教知识分子迅速消失。这种事态一直盛行到意大利文艺复兴;那时,艺术家、作

> 家和知识分子纷纷复兴人文主义学识和希腊—罗马传统以挑战盛极一时的基督教世界观。随着近代世界的成型，基督教不知不觉地遭到来自多方面的攻击，再也没有恢复它从罗马衰亡时代到文艺复兴来临一直居有的优势地位。

文化关键词

盟约（covenant）
流散的（Diaspora）
启示（apocalypse）
圣典（scripture）
《福音书》（Gospels）
神学（theology）
护教士（apologists）

一神教（monotheism）
末世论（eschatology）
弥赛亚（Messiah）
正经（canon）
福音派（evangelists）
礼拜仪式（liturgy）
石棺（sarcophagi）

批判性思考提问

1. 讨论一下希伯来历史的重大历史时期，指出每个时期怎样影响希伯来宗教的演变。
2. 指认犹太教的主要信念，指出那些后来融入西方传统的信念。
3. 比较和对照希伯来圣经和基督教圣经的各阶段和演变，指出它们的不同部分。
4. 运用下列术语比较对照犹太教和基督教：盟约、法律、救世主（弥赛亚）、社会正义和正经。
5. 谈论早期基督教艺术，包括其主题、象征和风格。基督教艺术与希腊—罗马艺术之关系如何？

6 罗马帝国文明和基督教的胜利

一位历史学家有一次曾说，罗马帝国的神秘之处不在于它的衰亡，而在于它延续了那么久远。的确，罗马于公元前241年获得了它的头几个省份，帝国继续不断扩张，直至公元117年。罗马共和国在内战中崩溃，但奥古斯都元首政治（Augustan Principate）却开创了罗马治下的和平（Pax Romana），长达两个世纪的有效统治和大繁荣。在第3世纪，罗马帝国陷入了危机，只因出了两个非凡的统治者戴克里先（Diocletian）和君士坦丁（Constantine），才得以复兴和改革。改革最终在帝国的东半部和西半部产生了不同的结果。到5世纪告终时，西部帝国已化为乌有，由几个蛮族王国取而代之。东部帝国开始了漫长的演变过程，最终产生了一个新政权，叫做"拜占庭"，它又延续了一千年。

罗马的制度改革只是罗马帝国文明史的一部分。从奥古斯都·恺撒时代起，罗马以它自己的特有文化，从希腊化世界脱颖而出——尽管罗马大大得益受惠于所有先行于它的文化。在黄金时

◀ 君士坦丁巨像，约公元313年制作。大理石雕像，罗马护宫博物馆收藏

历史分期表6.1　从奥古斯都到查士丁尼的罗马帝国（公元前31—公元565年）

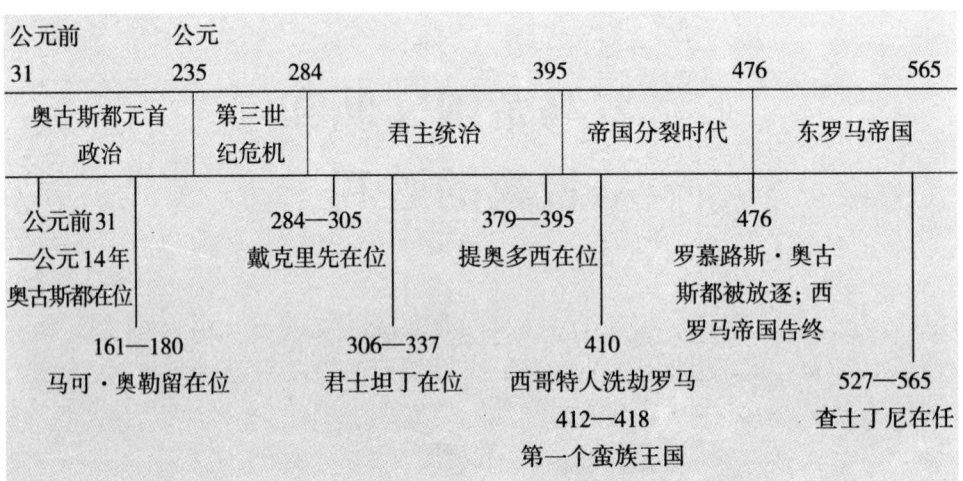

代和白银时代，罗马产生了辉煌的拉丁文学，在帝国稍后时期，高奏凯歌的基督教形成了它自己流派的从历史学到神学再到诗歌的著作。罗马的建筑自成一派，基督教的教堂改造了罗马建筑以为己用。罗马的雕塑达到了它发展的高峰，而且，基督教徒吸纳了罗马风格以适应新的主题。在生活的每个领域，罗马帝国都是生气勃勃、富有成果的。继承与变革力量之间矛盾不断。然而，公元500年的罗马世界，对于奥古斯都和他的同代人来说，恐怕是难以辨认的了。

6.1　奥古斯都元首政治

奥古斯都·恺撒在位期间（公元前31—公元14年在位）开创了罗马历史的一个新阶段。这个政治体制本身叫做**元首政治**（principate），这个词源自princeps，即"第一公民"（frist citizen），元首政治一直延续到公元180年马可·奥勒留去世。这两个世纪的特征是制度稳定、帝国扩张而后巩固以及普遍的繁荣。

元首政治

经过一个世纪的内战，正是奥古斯都的天才带来了秩序，摆脱了混乱。元老院投票授予他实际上的国内全权，他可以随意行使这个权力。他对被拥戴为元首即第一公民感到满足。他往往只取共和国行政长官头衔中的一个头衔（执政官［consul, praetor］），而让其他人去领其他头衔；这令有野心的人物满意，

第6讲 罗马帝国文明和基督教的胜利   199

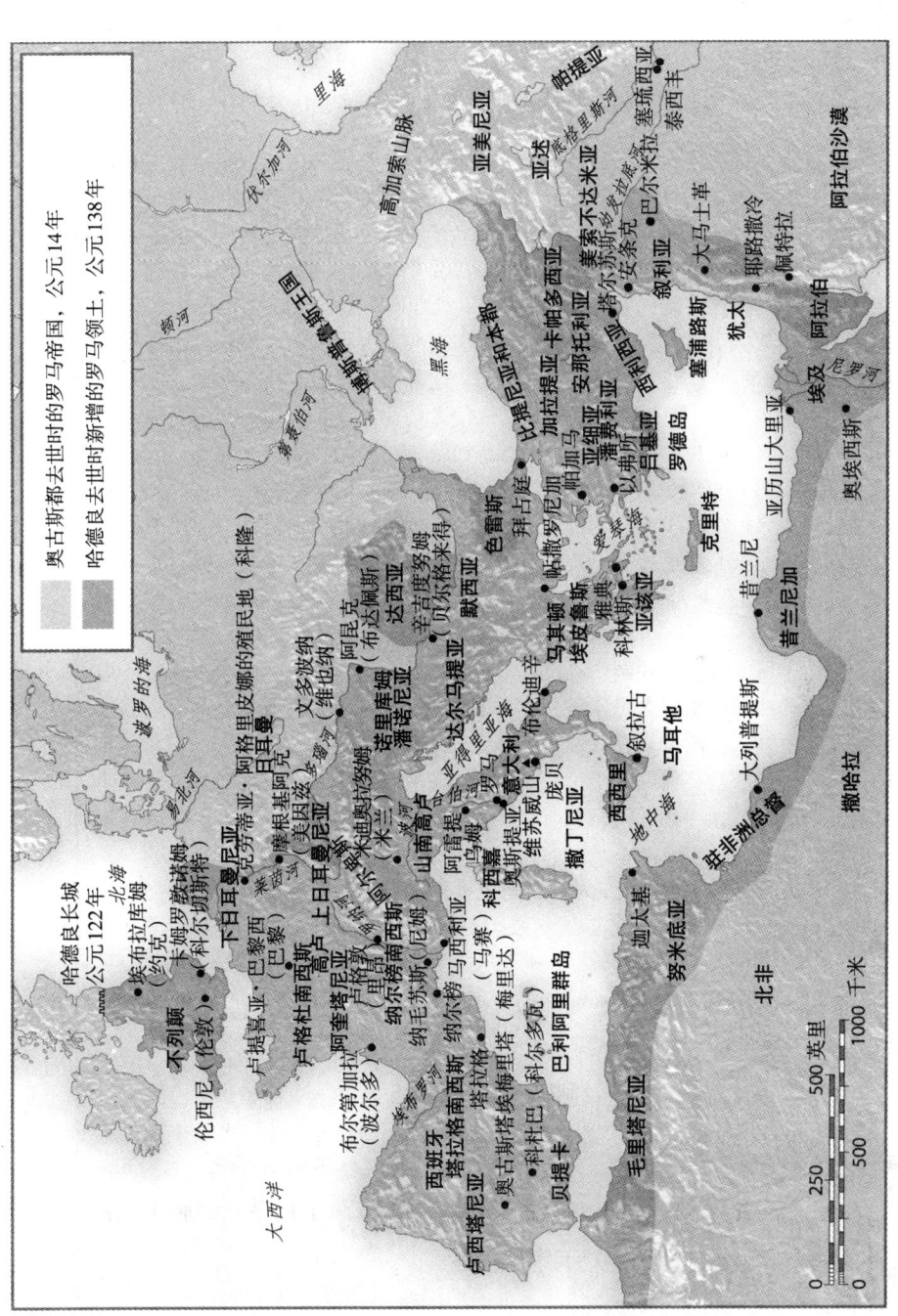

地图6.1 哈德良时代（117—138年）的罗马帝国
这幅地图显示领土范围最大时的罗马帝国。将本地图同地图4.2作一比较。1.罗马帝国在奥古斯都之后扩张到了哪里？2.你能指认出这个帝国境内有什么样的主要文化区吗？3.这个帝国展示了什么样的重大战略问题？

遭遇
罗马征服与罗曼语族

在罗马人扩张其帝国时，遇到了达西亚人和其他民族，使他们成为罗马世界的组成部分。年深日久，政治、商业和军事需要将导致拉丁语同当地语言相融合的混合语言的产生。于是，在这些新的混合语言的发音、用词和句法方面，古代各族人民的遗产在今日世界里幸存了下来。

帝国早期的罗马人，心想着西塞罗的"帝国光荣"的号召，开始征服威胁到罗马生活方式的邻近各族人民。这一政策的极妙例子是图拉真生活在大体上相当于现今罗马尼亚境内的民族达西亚人（Dacians）的战争（公元101、105—106年）。达西亚人凭借其强有力的忠诚的部落以铁制产品和铁制武器为基础的独具一格的先进物质文化，拒绝臣服于罗马人。图拉真在其他皇帝失败的地方取得了成功，他征服了达西亚人，将该地区殖民化，将小商大贾、政府官吏带进该地区。

罗马人成功程度不等地在达西亚遵循其通常的殖民化模式，把乡村变成地方小镇，建造别墅和农村庄园，在市政中心和农村地区安置退伍老兵。殖民者为当地居民树立了罗马生活方式的榜样，说服部落领袖接受罗马服饰和其他习惯，鼓励他们理财和营建圆形剧场，以拉丁语为国语。

在达西亚人中间，一种新的语言很快出现，这种语言以拉丁语为基础，但不同于入侵者的拉丁语。新的语言是当地语言与普通罗马市民的拉丁语之混合——称为通俗语言（vulgar or ordinary tongue）——以别于官方文件和书面用语中使用的古典拉丁语。然而，西罗马帝国解体时，这种新语言失去了同罗马的联系，逐渐演变而成为人所共知的罗马尼亚语。

罗马尼亚语属于罗曼语族，它包括法语、西班牙语、意大利语、加泰隆语（Catalan）和葡萄牙语。这些语言虽然有别，但有些共同的词汇和语法。随着欧洲人接触和征服世界许多地区，罗曼语族诸语言传播开来，因此今天有将近4亿人讲罗曼语。罗马尼亚语渊源于图拉真统治时期，仍有约2300万罗马尼亚居民、250万俄国居民，

《罗马对达西亚（现代罗马尼亚）的战争》

图拉真对达西亚人的胜利体现为图拉真凯旋柱，凯旋柱耸立在罗马的图拉真广场的废墟上，连续延伸的雕带详细记载着图拉真对达西亚人的两次战役。底部的场景描述达西亚人进攻一个罗马要塞（左），达西亚人横渡多瑙河（中），罗马人用渡船将军队摆渡过多瑙河（右）；图中的上部的场景展示罗马人袭击达西亚人的供应车队。

还有散居于巴尔干和东南欧各地的50万其他居民讲罗马尼亚语。

读"遭遇"，学知识
1. 为什么罗马人起初难以征服达西亚人？
2. 描述罗马人将新征服地域殖民化的形式。
3. 新语言的基本特征是什么？
4. 由于其他语言的引进，美国英语如何改变？
5. 何种语言似乎对美国英语最有影响？

造成了权力分享的印象。奥古斯都允许元老院控制许多省份，但是他把军事上受到威胁和经济上繁荣的省份保留在他自己手里（尤其是埃及）。他尤其控制了军队，他是大将军，即司令官，从而也就是皇帝。其实，元首政治就是一种稍加掩饰的军事独裁，不过，奥古斯都使它看起来像是一个得到军方支持但主要是文官统治的政权。

在两个世纪中，元首政治显然运作得很好。有些皇帝颇有才能，而另一些皇帝则不中用且愚蠢可笑。元老院变成有威无权的机构。皇帝们同帝国的城市精英们实行协作性妥协。这些人——犹太地区的诸希律王（参见第5讲）——是一个好榜样：他们成为罗马人不是因为受迫而是因为这样做符合他们的利益。罗马做他们的靠山，他们服务于罗马的利益。整个帝国由短时期出任省督的几百个贵族人士治理。罗马对人民的要求并不多：和平、良好的秩序和税收。

罗马治下的和平

奥古斯都和他的一直相传至图拉真（Trajan，98—117年在位）的继位者们基本上使共和国后期的征服有个圆满的结果，迎来了**罗马治下的和平**（Pax Romana，the Romon Peace），即一个公共秩序和军事稳定的时代。他们把莱茵河和多瑙河确定为西部边界，把撒哈拉沙漠的北部边缘确立为南部边界，又把美索不达米亚立为东部边界，还加上了不列颠。罗马曾短暂地推进到多瑙河以北的达西亚（Dacia，地图6.1）。重要的是要记住，"罗马治下的和平"是罗马人看待这些事情的说法，那些上百万的人并没有要求被征服。鬼机灵的历史学家塔西陀（本讲后面加以讨论）说，罗马人"造成了一片大沙漠，称之为和平"。

罗马治下的和平的世界历史意义也许可以这样去理解，即把它作为有着几个关键差异的希腊化世界去思考。从地理上讲，罗马的帝国远远向西大大地伸展，但向东的伸展不那么远。无论如何，希腊化世界是一些政治实体的聚集体，而罗马帝国则是一个整体。希腊化世界繁荣但不平衡。所有证据都表明，

图6.1　阿尔及利亚的蒂姆加德。约公元100年

蒂姆加德在战略上地处北非六条罗马通道的交会点上，是罗马治下的和平时代罗马人白手起家建立起来的城镇之典型，城里居住着前士兵和他们的家庭。该城被设计为一个广场，两条大道在广场中央交叉穿过，其他所有街道均在右角城区纵横交叉。在画面突出部位的所谓图拉真凯旋门是主要通衢之一的标志，通衢两旁排列着立柱。神殿、澡堂、喷泉、市场、一家剧院以及私人住宅使这座城市赢得了适于居住之乐土的声誉。

罗马帝国更繁荣且繁荣范围更广泛。希腊化文化基本上是希腊文化；实际上，即使是罗马共和国时代的文化，其渊源也是希腊文化。罗马帝国的文化增加了拉丁语为其必不可少的组成部分。罗马人所到之处，增添了城市环境的舒适和愉悦——城市水渠管道、澡堂和剧院（图6.1）。一如人们所谓的这种"石头里的花言巧语"（rhetoric in stone）对地方居民有强大的诱惑力。基督教传播和沟通之不费力气便是罗马治下的和平之极好尺度。

6.2　第3世纪的危机

公元235—284年间，罗马出了22个皇帝，许多皇帝在位只有一两年，几乎没有哪个皇帝系自然死亡。军人元首政治对文职元首政治全面胜出。内战是灾难性的，统兵将领们一个接着一个都千方百计地要利用他的军队来支持他对帝国朝廷的诉求。

制度上的混乱来得真不是时候。罗马第一次在多条边界线上同时面临威胁。恢复元气的波斯帝国威胁着美索不达米亚。日耳曼各族紧逼莱茵河和多瑙河。柏柏尔部落人袭击了北非边界。

经济一团糟。通货膨胀失控，政府通常的对策是货币贬值——减少铸币中纯金银的含量。贫富不均年复一年越来越严重。军事形势的不确定性导致农人逃离那富饶但无险可守的地域。

还有精神和文化危机，政府前所未有地迫害基督徒，搜寻替罪羊。这个时期的文学是阴森森的，悲观厌世的，也没有多少作品问世。几乎没有建造重要的建筑物。遍地哀鸿。

6.3 戴克里先和君士坦丁的改革

在长达50余年的统治期间，戴克里先（Diocletian，284—305年）和君士坦丁（Constantine，306—337年）彻底改造了罗马国家。他们对第3世纪危机中的核心问题采取对策，奠定了后期罗马帝国赖以立足的基础。

为解决帝位继承制中的凌乱无序状况，戴克里先建立了**四帝共治制**（tetrarchy），即由四人进行统治（图6.2）。帝国被分成两半，即东半部和西半部。帝国的每个半部由一位奥古斯都和一位从属的恺撒进行统治。上级奥古斯都拥有终决权，恺撒们要积累经验而后接任奥古斯都。然而，君士坦丁同他的三个儿子共同统治。在罗马历史的其余时期里，四帝共治和王朝制并存。戴克里先和君士坦丁还在帝国直接统治区以及四个地区、十四个主教管区和一百多个省份建立了一个精心设计的行政等级结构。帝国官吏的人数从二三百人上升至万人。两位皇帝大大地扩充了罗马军队的规模。君士坦丁发展了灵活机动的野战部队，驻扎在边界后面的城市附近，以便更有效地对付威胁。两位皇帝还采取步骤控制螺旋形上升的物价，稳定货币。最后，君士坦丁为东部帝国建了一个新都。他选址旧希腊殖民地拜占庭，以他自己的名字命名为君士坦丁堡（Constantinople，意谓君士坦丁之城［Constantine's polis］）。历经整个4世纪，皇帝们把君士坦丁堡建成为帝国最大城市，其重要性甚至超过罗马，尽管罗马仍保持着它的大部分历史和心理意义（地图6.2）。

戴克里先和君士坦丁及其继位者抛弃了元首政治的理念。他们开创的政权体制叫做**君主制**（dominate，源自dominus，即"君主"）。皇帝们越来越采用

图 6.2 《戴克里先的四帝共治制》。约 300 年制作。斑岩雕塑，约 1.30 米。收藏于威尼斯圣马可大教堂

在这尊四帝群像中，四位统治者——两个奥古斯都，或领导者，配以他们的两个恺撒，或继承者——并肩交臂站着以示他们之间的团结和忠诚。到这时，政治领导人不再穿帝国时期的宽外袍，可以从这些人物的披风、齐膝短袖束腰外衣和帽子看出这一点。然而，鹰头佩剑和有装饰的剑鞘表明，在罗马后期依然熟谙精良的盔甲做工。尽管这座雕塑暗示了团结，但四帝共治制并不是帝国行政方面的一项成功改革。

波斯和希腊化习俗，例如，将金粉撒在自己的头发上，不常在公众中露面，要求人们在他们面前磕头。这些统治者无疑提高了帝国朝廷的权力和威望，但他们这样做付出了代价：再也没有任何借口说国王是得到人民和元老院同意进行统治的行政长官。

两位改革者对待基督教的态度大不相同，303 年，戴克里先对基督教发动了最后最大的迫害。313 年在米兰，君士坦丁发布赦令使基督教成为合法的信仰，与所有其他信仰一视同仁。在他有生之年临近告终时，君士坦丁公开信奉这个新信仰。然而在他在位期间，他授予教会特权，例如，免除神职人员服兵役，免去一些税收。另外，他推进了罗马三大基督教堂的建造：拉特兰大教堂（Lateran Basilica）、圣彼得大教堂和圣保罗大教堂，三大教堂均建在罗马城外。

第 6 讲　罗马帝国文明和基督教的胜利　205

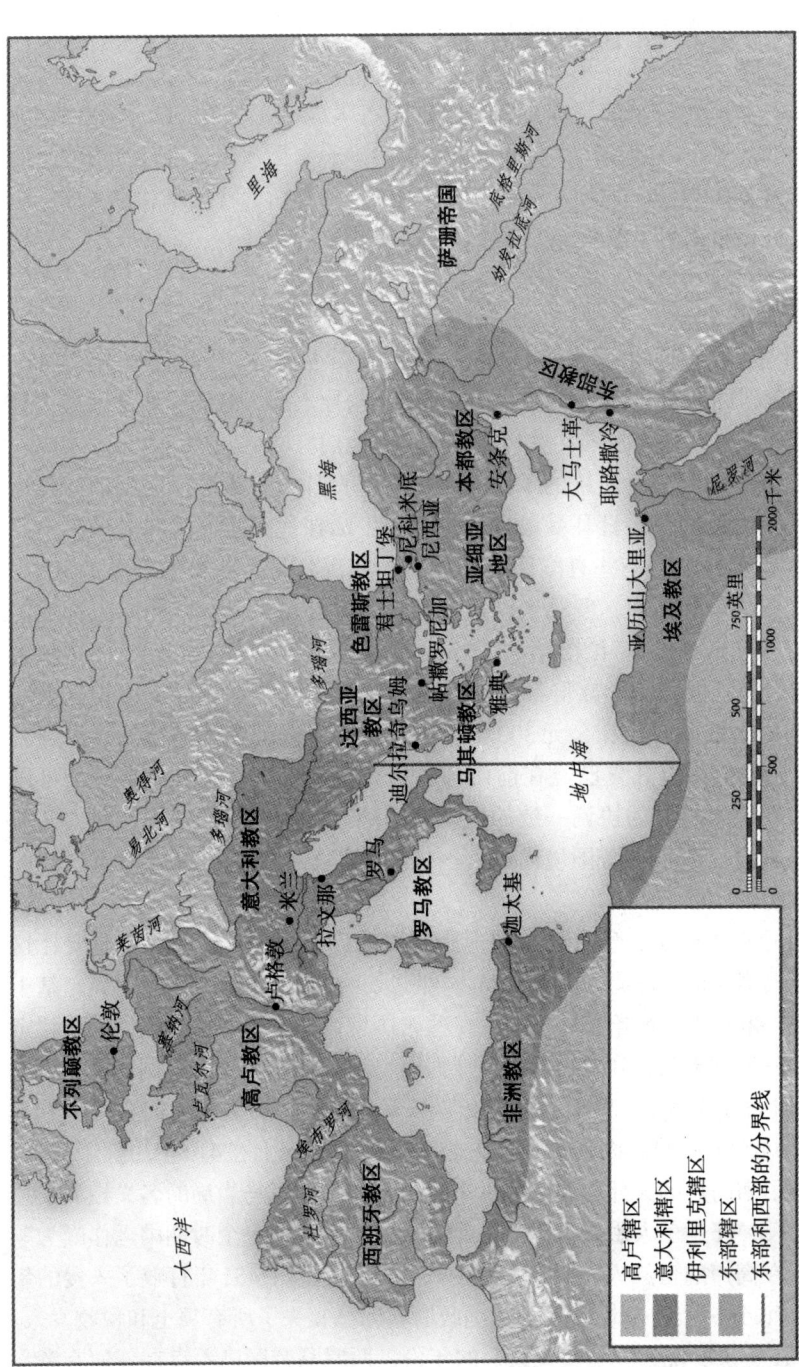

地图 6.2　4 世纪的罗马帝国

这幅地图展示戴克里先改革和君士坦丁改革以后的罗马帝国。1. 注意河流和水域在决定帝国边界方面的作用。2. 地理位置对于确定政府辖区格局有什么影响？3. 还请注意帝国东西两半部之间的分界线。4. 将地图 4.1 里的希腊化王国的位置、希腊化世界的位置，同本地图里相同地区的位置作一比较。

6.4 东、西罗马帝国的晚期

西罗马帝国最终消失,而东罗马帝国则再次重组并改革。除了390至400年间的少数几个年份以外,罗马帝国再也不是由一个皇帝独自进行统治的。西部的帝廷有时在罗马,但更为经常的是在米兰、阿尔斯、特里尔和拉文那。东部帝廷始终在君士坦丁堡,两个帝廷常常恶斗相争。

西罗马帝国的灭亡

尽管帝国晚期的西罗马帝国,今天通常被叫做"古代晚期"(late antiquity),但同东罗马帝国相比,一般说来其领导不那么有效。西部的最大挑战来自蛮族人。蛮族人是谁?罗马如何设法同他们打交道?

蛮族人一词是一个笼统的术语,系指许多日耳曼人族群,之所以如此称呼他们是因为他们都讲日耳曼语言——他们生活在远离莱茵河和多瑙河边界之地。蛮族人并不是一些有凝聚力的族群,相反,是一些松散联系的族群。通过外交、战争和通商,罗马人同这些蛮族人交往由来已久。当时人称他们为法兰克人(Franks)、伦巴第人(Lombards)、哥特人(Goths)、汪达尔人(Vandals)等。但每一个族群都是在一位通常称王的领袖领导下组织起来的不同人群的松散联合。在公元300年,所有这些族群都在罗马境外,但到公元500年,他们中有几支已经在前西部省份建立了王国。绝对没有一个可以称之为"蛮族入侵"的协调一致的运动。的确有些族群入侵帝国,但大多数是由罗马人自己安置在帝国境内的。一位历史学家称之为"一个有点失控的富有想象力的实验"。

从君士坦丁开始,皇帝们常同蛮族集团签订条约。其目的通常是要让这些签约缔盟者(federates,源自foedus,即"条约")去守卫一部分边界。基于这种模式,罗马人分配给某些蛮族人一些帝国境内的土地,指派他们一些特定的任务——警备土匪,守卫边防,警戒海防,治理地方。作为一例,西哥特人于376年穿过多瑙河,378年击败一支罗马军队,在一场确保他们获得官方承认的复杂对局中威胁意大利达一代人之久。他们实际上在410年劫掠了罗马,最后接收了南高卢的大部分地区。后来,东哥特人以罗马当局的名义控制了意大利。相反,汪达尔人用武力夺占了北非。这种方式在一个时期内运作颇为顺利。一个在高卢的蛮族人联盟在一位罗马将领指挥下于451年打败了入侵的匈奴人。然而,到5世纪中叶,西罗马帝国政府实际已丧失了所有领土和税收岁入。到476年,历来所说的罗马"灭亡"的年份,西罗马帝国已不存在任何有意义的权威,一位蛮族将领将帝国国徽送至君士坦丁堡,说西部再也不需要什么皇

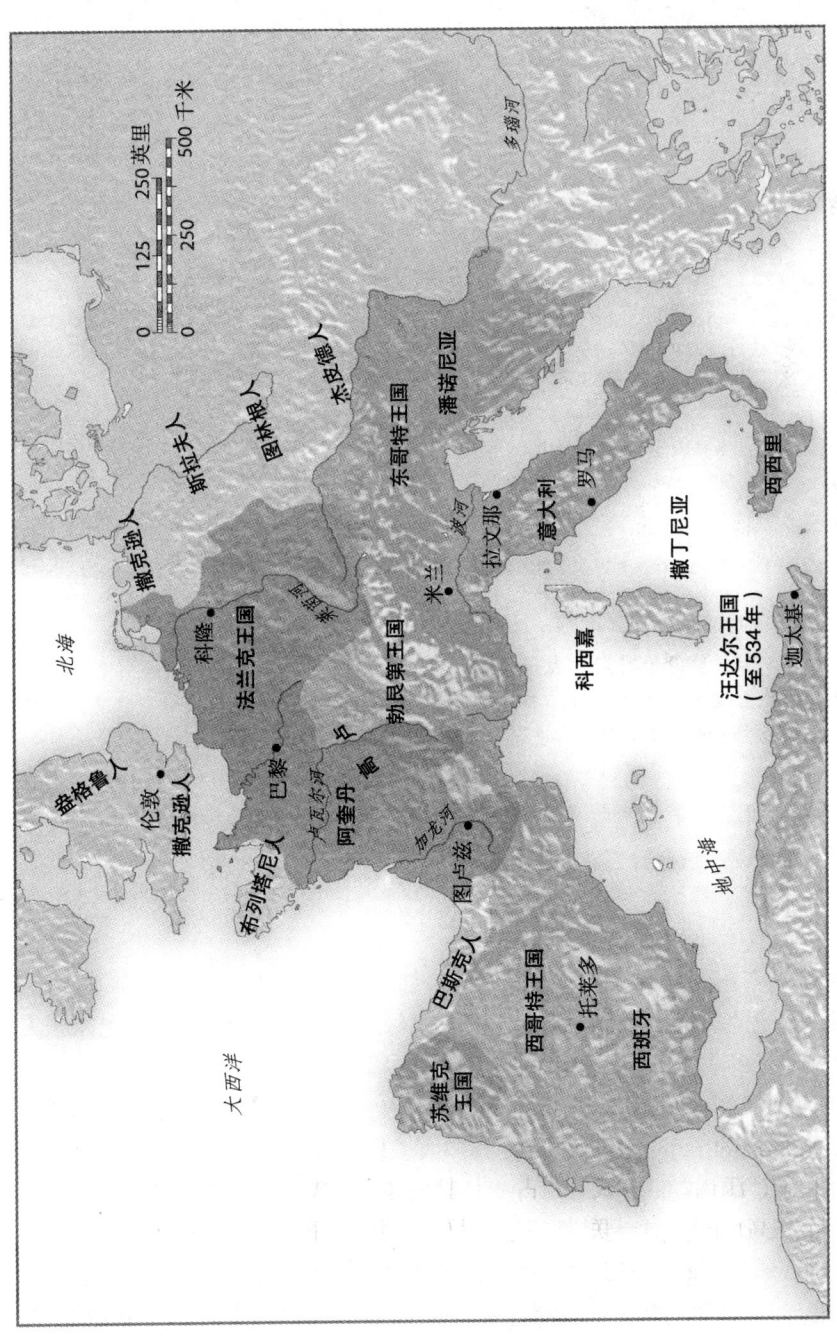

地图 6.3 约 500 年的罗马帝国西部

这幅地图展示在主权直接结束后罗马帝国的前西部省份。将本地图与地图 6.2 第 1 条作一比较。起了什么变化？有什么是依然如故的？

图6.3 提奥多西城墙

在提奥多西二世统治时期,大规模的砖石城墙沿着半岛靠陆地一边建立起来,在其一端便是君士坦丁堡的所在地。城墙的外面,是护城河与沟渠构成的复合之网。该城挡住了所有攻城进击直到西方十字军于1204年攻占此城。

帝了。关键问题在于,西罗马帝国在一个罗马人长期以来认为他们所控制的过程中逐渐地从各个省份向各个王国转变了(地图6.3)。

东罗马帝国

东罗马帝国的皇帝以君士坦丁堡为首都进行统治,他们有两个基本目标:保卫帝国的巴尔干和美索不达米亚边防;确保税收岁入和粮食供应。巴尔干人受到蛮族人和斯拉夫人的威胁,而美索不达米亚则与复兴的波斯直面相遇。君士坦丁堡主要靠埃及提供必需品,因此控制该省份至关重要。显示东罗马帝国之决心和资源的一个极好标志是提奥多西二世(408—450年在位)为保护君士坦丁堡而建的面朝陆地的一垛垛雄伟高大城墙(图6.3)。

罗马东部的统治者大多是强势的军人。他们之中最伟大的人物查士丁尼(527—565年)夺取了帝位。人称"永不睡觉的皇帝",查士丁尼发动了一系列战争以图收复罗马昔日的西部省份。他的将领们重新夺取了北非和意大利,拿下了西班牙的地中海濒海地区的一个狭长地带。查士丁尼大大修订了帝国行

生活片段
一位罗马代表出席蛮族人的一个宴会

普利斯库（Priscus）

在公元5世纪，罗马世界遭到匈奴人阿提拉（Attila）的劫掠，这位蛮王统治着中、东南欧的一个辽阔国度（434—453年在位）。阿提拉及其残暴的军队索取贡品，劫持俘虏以勒索赎金，入侵东部的巴尔干和希腊，西部的意大利和高卢。公元448年，东罗马皇帝提奥多西二世派遣使臣去阿提拉的宫廷去谈一些问题，例如补贴问题。希腊历史学家普利斯库（生卒年代不明，活跃期450—475年）是罗马代表团的一员，对一个宴会作了目击记录。

（3点钟）抵达时，（使团团长马克西明［Maximin］和我）前往王宫……所有的椅子均沿室墙排列……阿提拉坐在长椅的中间，第二张长椅安放在他后面，由此拾级而上直达他的床边。床上铺着亚麻布床单，罩着精致的床罩做装饰品。阿提拉右边是首领头目的座席，左边我们坐的座位只不过是次席。……（一位）斟酒者……端给阿提拉一只木制酒杯，他接过酒杯，向上座第一人敬酒，此人……起身，除非大王先尝或先干此酒，并将酒杯交回给侍者，否则他大概不会坐下来。所有的宾客均以同样方式向阿提拉敬酒……宴会桌宽大，足以容纳三四人入席，桌子挨着阿提拉的桌席摆放……侍者用银盘端上早已为我们备好的美味佳肴……但阿提拉别的什么也不吃，只吃盛在木盘里的肉。此外，他还要显示他本人是有节制的；他的酒杯是木制的而让宾客都用金银酒杯，他的衣着也十分简朴、但爱干净。他身边佩带的剑，他鞋子的鞋带，他的马的辔头不像别人的那样……用金子和宝石或其他任何贵重物件加以装饰……当夜幕降临时，火把点起来，两名蛮人趋前站在阿提拉面前，演唱他们自编的歌曲，欢庆他的胜利和在战争中的英勇功绩。夜已深沉之际，我们便退席……不想再贪杯畅饮。

解读本篇生活片段

1. 为什么普里斯库能这样身临其境地深入观察匈奴人阿提拉？
2. 述说一下宴会上的席次安排。
3. 为什么阿提拉的个人衣着和佩带物件不同于其他蛮人的服饰和佩件？
4. 在本记录中有什么证据表明阿提拉对个人享乐的态度？
5. 普利斯库的同时代人很怕匈奴人阿提拉，给他起了个绰号"上帝之鞭"，这是由于他军事征伐的暴行所致。
6. 诚果如此，你怎样说明普利斯库有关这位蛮王的有天渊之别的写照？
7. 你在普利斯库的叙述中发现什么文化偏见没有？请解释。

图6.4 米利都的伊西多尔和特拉勒斯的安提莫斯设计的圣索菲亚大教堂,外观。建于532—537年。长82.3米×宽73.2米。穹窿高54.9米

坐落在伊斯坦布尔,拜占庭的皇帝们将他们的都城改造成光辉灿烂的大都会,轻而易举地使遭受劫掠的罗马城相形见绌。这座城市中最宏伟壮观的建筑是圣索菲亚("圣智")大教堂,原先是查士丁尼建为教堂的。这座建筑物的直径为30.8米的穹窿使它成为世界上最大的穹顶结构。两端的两个半穹顶使内殿长度倍增至61米以上。圣索菲亚大教堂之美使穹顶教堂成为拜占庭建筑的理想。

政体制,抛弃了军职与文职控制权分离这个传统,以利于让军人执掌大部分职权。他还颁布了罗马法汇编的定稿本法典《民法大全》(529—532年),建造了规模宏大、雄伟壮观的圣索菲亚(Hagia Sophia)大教堂(图6.4)。

到6世纪中叶,罗马帝国的西半部已一去而永不复返,但东半部却仿佛是一家营业中的商行。罗马东半部作为拜占庭帝国生存了一千年,尽管其间它经历了几次重大的自身改造。缓慢嬗变的西罗马帝国为后续诸王国的崛起提供了一种稳定的框架,东罗马帝国则仍然是希腊化文明和希腊—罗马文明的堡垒,持续达多个世纪之久。然而,从奥古斯都到查士丁尼的东、西罗马帝国,把古代世界的各族人民和文化编织在一起,使古代晚期的新文化最终定型,并将那种文化留传给中世纪。

6.5 基督教的胜利

罗马当局先是迫害、后是容忍、最后是支持基督教信仰和基督教教会。罗马帝国给以后的西方文明史留下的最有影响的遗产是基督教和天主教。

天主教的发展

君士坦丁于313年赐予基督教以信仰自由之后，基督教可以作为一个合法的公共机构进行活动，可以拥有其自身的领导人和自身的结构。作为一种机构，基督教形成了任何非基督教的宗教都不曾有过的同帝国范围一样大的机构。差不多在帝国的每一个重要城市里，基督教的主教成为当地的显要人物，这部分是由于他的社会地位愈来愈显赫之故。长期以来，主教是一些出身微贱或社会地位中等的人物，但到5世纪，他们一般都有着贵族的背景。随着基督教徒逐渐成为所有城市居民之多数也愈来愈成为乡村居民之多数，主教的影响及于愈来愈多的人，并对愈来愈多的人负有责任。主教们照料穷人、寡妇和孤儿，在有些城市里，他们的慈善救济名册上有数千人之多。主教们干预市民之间的法律争端，为陷入司法冲突之网的基督徒向政府说情。尤其是在帝国体制渐渐消失的西部，他们照管城市环境，留心粮食供应。主教们多次从帝国各地汇集起来举行宗教会议辩论神学理论观点和解决宗教日常习俗的问题。

在所有主教中，罗马主教逐渐取得领导地位。在罗马，主教们被称为教皇，他们的权威诉求建立在两个主要理念之上。首先，他们相信，基督将信徒中间的领袖身份唯独指派给彼得。第二，各地的基督教社团都试图寻根溯源，同使徒中的一位攀上，以便宣称自己是使徒相传下来的教义和权威的真正传承者。在罗马，**使徒传承说**（apostolic succession，即称使徒权威传给了他们的传人）和**彼得传承说**（Petrine Idea，即称特定权威归于彼得的传人）成双配对。彼得死时是罗马主教，因而据信彼得的传人继续拥有对基督教的权威。利奥一世（Leo I，教皇，440—461年）是罗马对教会的领导权理念的最大倡导者。

Catholic（天主教的）的原意是普世的（universal）。325年，主教们在尼西亚开公会议以定下一部信经，即对信仰的权威性统一说法。至今许多基督教会仍在诵读该信经，只作了少量修改。对信经加以阐述的必要性起因于亚历山大里亚阿里乌牧师（Priest Arius，约250—336年）解释的教义。阿里乌教导说，耶稣基督并非如信经仍在教导的那样"同圣父一体"，为维护严格的一神论，他又教导说："有一个时期还没有他（基督）。"更大的麻烦是在上帝怎么可能是三位一体——即圣父、圣子和圣灵合为一体——的问题上基督徒争论不休。阿里乌解释的教义被人们广泛接受，包括哥特人牧师乌斐拉（Ulfilas，310—

383年），他使许多蛮族人皈依阿里乌教派的基督教。

在5世纪，在如何解释天主教义所教导的耶稣基督既是真上帝又是真人的问题上，爆发了另一场激烈争吵。一性论者（Monophysites，从字面意义上说，即one-nature-ites）认为，基督基本上是神。阿里乌教派与一性论教派是古代最重要的**异端**（heresy），尽管官方予以谴责，却是很大数量的人选择的信仰。

基督教的隐修主义

古代晚期基督教的一项迷人而又持久的成就是隐修主义。在基督教内，希望遁世避俗者与希望变世易风者之间，总是不和谐的。公元313年以后，有些基督徒感到生活已过得太享乐了。在公元4世纪，不论其个人动机如何，先是在埃及，而后在其他各地，成千上万的男女抛弃了城市、家庭、工作、性生活和食品——实际是抛弃一切人生之乐——进入修道院。

埃及的安东尼（Anthony，251—356年）来自一个富裕的基督教家庭。公元270年前后，他放弃了他曾经拥有过的一切，进入沙漠去过离群索居的隐居生活，做祈祷，力戒肉体欲念。他渐渐吸引了追随者，他们要学他的简朴的生活方式。一些年后，帕科米乌（Pachomius，292—348年）也进入了沙漠。作为一名基督教的皈依者和前军人，他也吸引了追随者。然而，同安东尼不同的是，帕科米乌把他的追随者组织成群体，吃饭、劳作和祈祷都在一起。这样的群体叫做修道院，具有讽刺意味的是，在修道院里，男女群体各自单独地生活在一起。此类群体的领导人叫做男女修道院院长。

基督教与罗马国家

罗马国家与天主教会的关系是复杂的。一方面，皇帝们授予教会许多特权。他们通过法律，有效地宣布异教信仰为非法，要求所有基督徒要有同罗马主教一样的信仰。另一方面，皇帝们插手主教的遴选，干预对立的基督徒派别之间爆发的愈演愈烈的教义争吵。5世纪末，皇帝阿纳斯塔西乌斯一世（Anastasius I，491—518年在位）发布敕令调解教义争吵。杰拉西乌斯一世（教皇，Gelasius I，492—496年）写给他一封信说，皇帝拥有权力，而神父拥有权威。这些话在拉丁语和罗马文化中引起强有力的回响。杰拉西乌斯争辩说，神父们的权威高于皇帝们的权力，因为神父们关注不死的灵魂，而皇帝们只关注终有一死的躯体。不论其权威如何，杰拉西乌斯并没有权力去强制皇帝。利奥一世在教会里和杰拉西乌斯在罗马帝国内都曾提出诉求，历经千百载而不绝于耳。

6.6 罗马帝国的文明

罗马世界产生了气势恢宏、绚丽多彩的文学，引人入胜的哲学，令人耳目一新的建筑，光辉灿烂的雕塑，经久不衰的法律文化，影响巨大的医学、科学著作，影响久远的音乐和音乐理论，特别是，罗马人用拉丁文书写，但希腊文也作出了重要贡献。帝国文化的最原创方面是基督教艺术的脱颖而出。

世俗拉丁文学

奥古斯都在位期间，被认为是罗马文学的黄金时代。这一时期的三位最伟大的诗人维吉尔（Vergil）、贺拉斯（Horace）和奥维德（Ovid）随着和平与稳定再一次回归罗马而集中反映了这个时代的欣快心境。在这三位作家中，维吉尔通过他对罗马的憧憬和他那激动人心的诗句最好地展现了时代。在散文方面，李维（Livy，公元前59—公元17年）捕捉到了这个时代的时代精神。

维吉尔（公元前70—前19年）是一位来自曼图亚的出身卑下的意大利人，他的作品汲取了希腊文学形式——牧歌（或优美短文）、说教（训诫）诗和史诗——的灵感，但他使用罗马主题，他聚焦于罗马人民中的最优良品质，赋予他的作品以真正罗马之音。他深为奥古斯都的改革所感动，用他的艺术为国家服务。维吉尔的田园诗《牧歌集》（*Eclogues*）和《农事诗集》（*Georgics*）颂扬农村生活，敦促读者寻求与大自然的和谐以便找到和平——这一劝世良言已成为西方传统中的重要道德主旋律。不过，维吉尔最出名的还在于《埃涅阿斯纪》（*Aeneid*），它是一部12卷史诗，是他摹仿荷马史诗写成的。维吉尔在这部作品中注入了罗马的价值观和理想，充分表达了他对家国之爱，他对奥古斯都的敬重，和他对罗马国运的信仰。

《埃涅阿斯纪》讲述埃涅阿斯（Aeneas）的故事，埃涅阿斯是传说中的特洛伊英雄，他漂泊地中海而后找到了罗马。在前六卷里，维吉尔以《奥德赛》为范本，描写旅行和爱情。《埃涅阿斯纪》的后六卷中，维吉尔以《伊利亚特》为他的故事的范本，强调战斗与用计。《埃涅阿斯纪》成为罗马的圣经及其文学名著。儿童们常常被要求熟记该诗的段落，以向他们灌输使罗马伟大的那些价值观。埃涅阿斯成为可靠领袖的原型，这样的人是不会迷失方向偏离其命中注定之路的。该作品的丰富语言引领后来的诗人去发掘《埃涅阿斯纪》里的语言来表达和想象。正如荷马启迪了维吉尔一样，维吉尔成为西方诗界楷模。

黄金时代第二位大诗人贺拉斯（公元前65—前8年）也是一位出身卑微的意大利人，他欢迎奥古斯都，视之为罗马的救世主，在他的诗里饱含爱国情绪。他写的诗适于大声诵读，他的诗运用亚历山大里亚体裁如颂诗（odes）和诗体书简（letters in verse）。他是诗歌体裁的大师，甚至是创新者，贺拉斯在语言运用上滑稽幽默，富有创造性。他有助于创造新的诗歌体裁，即**讽刺诗**（satire），非难该时代的风尚。贺拉斯大讲特讲人生苦短："往者已逝，且享眼前。"

黄金时代的第三个声音是奥维德（公元前43—约公元17年）。他是一位富裕的意大利人，他的诗不尚爱国主题或传统道德说教。奥维德的爱情诗谈论性的纯感觉性质和短暂性质，无视爱情承诺的永恒价值。他的《爱经》（*Art of Love*）劝人以近乎玩弄技巧的方式诱奸妇女。这样的劝言与维吉尔、贺拉斯意在提高罗马人道德水准的尝试大相径庭。严厉的奥古斯都流放了奥维德。

奥维德的名著是《变形记》（*Metamorphoses* 或 *Transformations*）。他多少有点不虔敬地在200多个专讲把人变成其他形态的希腊和罗马神话和传说中注入新的生命。这部作品是我们有关许多古典神话的知识源泉，中世纪和文艺复兴时期的诗人不断向该作品求取灵感。

第四位作家是历史学家李维（Livy，公元前59—公元17年），他也体现了时代精神，他写了一部大部头的罗马史，共142卷，其中只有35卷幸存下来，基本上都是以散文形式述说维吉尔以诗体讲述的史事。但是，维吉尔止于埃涅阿斯时代，而李维则一直写到他自己所处的时代；尽管所有那个时代的资料均已失传。李维是一位造诣颇深的拉丁文体家，他讲述有关罗马的真实的或传说的英雄的事迹以教导他的同代人什么是恰当的信仰和行为。

从奥古斯都去世到第2世纪结束的时期叫做白银时代。在这个时期，前一代的爱国主义诗风为一些经常讽刺罗马社会和国家的作家的批判观点所取代。由于缺乏黄金时代的那种原创性，这一时代的作家们寄望他们的前驱作楷模，而同时又加工润色其语句，修改先前的主题。文学品味的这一改变反映一种新的教育思想，即强调辩论技巧的演讲口才。于是，道德考虑从属于美学效应，作家们用词华丽成风，浮夸文学犹自以为荣。

白银时代罗马杰出天才是塞涅卡（Seneca，公元前4—公元65年），他出生在西班牙一个富裕家庭，后来成为有影响的元老院成员，是该时代主要思想家之一。他作为戏剧家最令人难忘，虽然他的作品未可与希腊遗产等量齐观。他尚存的十个剧本倚托情感、夸张言词和舞台暴力——这是罗马悲剧经久不衰的特征。在他之后，舞台上不再上演悲剧，此后1500多年里未有复兴。

白银时代产生了一位伟大的拉丁诗人尤维纳尔（Juvenal，约公元60—140年），他练就他那爱挑剔的目光审视着帝国的罪恶。尤维纳尔在他的十六部讽刺诗里表达了他的义愤见解，讽刺诗是贺拉斯等人首创的文学体裁。尤维纳尔的讽刺诗里传出的声音是哀怨苦涩的，也许是他籍籍无名的社会出身的反映。但是精细推敲的语言——诲淫诲盗、嬉笑怒骂、声声呼唤但义正词严——使他成为即使不是世界文坛也是罗马讽刺诗体裁的大师。

白银时代杰出的历史学家是塔西佗（约55—117年），他又以雄辩家和政治家驰名。同最伟大的希腊历史学家一样，塔西佗是一位超一流的文体家，著述他自己所处时代，强调人类责任。但他强调的价值观（人们往往发现他强调得不够）却是彻头彻尾的罗马价值观。塔西佗作为亚细亚省（今土耳其西南部）总督掌握了有关经世治国的知识。在他的著作中，有两部著作使他赢得了名列前茅的罗马历史学家的声誉。《编年史》(Annals)聚焦于公元14年奥古斯都死后直至公元68年尼禄(Nero)遇刺身亡这一期间的统治者。《历史》(Histories)则整理了罗马史事，一直延伸至公元96年暴君图密善(Domitian)遇刺身亡为止。塔西佗是拉丁语大师，富有戏剧性叙事的资质。同其他罗马历史学家一样，他写史有着道德宗旨，但他的批判精神使他与那些一个劲儿颂扬罗马的人不相为谋。相反，塔西佗的视角是一位有自尊心的元老院成员的视角，他无法掩饰他对罗马失去政治自由的厌恶。他得出结论说，暴政是帝国制度的痼疾。

哲学

尽管斯多噶主义是希腊哲学家于共和国晚期传到罗马的，但后来通过塞涅卡、爱比克泰德(Epictetus)和罗马皇帝马可·奥勒留(Marcus Aurelius)的著作和教导，产生了最大的影响。塞涅卡的盛名倚托于他的《道德书简》(Letters on Morality)。这些书简通常是为回应紧迫的伦理问题而写，书简充满劝世良言，尽管并未开辟任何新的哲学天地。比如，在一份书简中塞涅卡劝告一位悲痛不已的熟人面对敬爱之人死亡时要保持尊严和涵养功夫。

爱比克泰德（约55—115年）不仅说教而且身体力行他的斯多噶主义信条。据传说，爱比克泰德虽为罗马奴隶，但由于他的学说而赢得自由。此后，他在小亚细亚创办了一所学校，吸引热情的门徒。他并未写下什么，但他的一位学生阿里安(Arrian)编纂了《爱比克泰德谈话录》(Discourses)和《手册》(Handbook)。两本都是用希腊文写的，保存了他老师思想的精髓。爱比克泰德的哲学反映了他自己战胜了个人之不幸。他劝人面对麻烦要耐心，对物欲世俗要无动于衷，要听天由命。尽管这些思想是斯多噶主义基本信念的老调重弹，但他的道德整体性赋予这些思想一种特殊魅力。

公元161年马可·奥勒留当上皇帝（图6.5），斯多噶主义逐渐得势。这位皇帝年轻的时候皈依了斯多噶主义，当了皇帝后（用希腊文）写下了他的日常醒思——叫做《沉思录》(Meditations)——而他同时又在进行反对蛮族入侵者的几乎连绵不绝的战争。在他死后，他的日记渐见天日，并很快被公认为斯多噶主义的杰作。像所有的斯多噶主义者一样，这位皇帝告诫自己要有尊严地发

图6.5 马可·奥勒留塑像。约公元173年制作。青铜塑像，高5.07米。坐落在罗马市中心广场

这位不知姓名的艺术家将马可·奥勒留描绘成一位战士——皇帝，但是，军人形象或多或少被斯多噶式的统治者的面庞所抵消。我们看到的这尊塑像显示一个人在深思，决非炫耀和摆威风。这尊雄伟壮观的骑者塑像标志着罗马帝国雕塑的极致。在18、19世纪，雕刻家们复制这尊塑像的军人形象以颂扬欧洲的统治者。

挥神意指派给他的作用。如果说神的计划指引着天地万物，那么他就得接受它；但如果世界由机遇主宰，那么，井然有序的心态就是最好的防护。这样的推理使马可·奥勒留避免了道德混乱。公元180年这位皇帝驾崩标志着古代斯多噶主义的终结。

有些罗马思想家接受了斯多噶主义，或者是希腊文版本的，或者是拉丁文版的；另一些罗马思想家则有志于将各种希腊学派——尤其是柏拉图主义、亚里士多德主义和斯多噶主义——混合成为一种哲学综合。这后一种倾向的突出例子就是新柏拉图主义，主要由普罗提诺（Plotinus，205—270年）于公元3世纪创立的一个学派。**新柏拉图主义**（Neoplatonism）是古代世界最后一个主要哲学学派。这个思想运动开始时是试图矫正柏拉图学说核心中的问题——绝对的理念世界与易朽的物质世界之间表面看来不可调和的分裂。柏拉图主义的这种二元论可能导致而且已经导致以下见解：日常世界不含事物总体规划中的目的。普罗提诺现在成功地以自己的理论将这两个世界沟通起来，他的著述后来影响了中世纪的基督教思想家和文艺复兴时期的意大利人文主义者。

普罗提诺不是凭借逻辑分析而是依靠神秘顿悟来解决柏拉图主义二元论的，他声称，物质世界与精神世界的结合只有通过狂喜的幻象才能领悟。他从哲学退向神秘主义是第3世纪危机期间发生的事，那时许多人逃避城市暴力躲到他们在乡间的别墅和庄园里相对和平的环境中去。

科学和医学

与希腊人不同，罗马人对科学没有作出多少原创性贡献。但是，在医学方面，罗马人作了一些原创性贡献。罗马人的医学科学历经三个阶段。第一阶段源自罗马的农业传统：救治农家病畜药方，例如，浸渍羊毛的药膏，这是世世代代用于人身的疗法。权力很大的男性一家之长充当医生，运用祖传专长的自制药物。在希腊医生最终被罗马人接受时，罗马医学进入了第二阶段，原先许多罗马人对希腊的一切均抱怀疑态度。到公元前31年帝国起始时，罗马医学进入第三阶段，这时，希腊医学与罗马医学合而为一种混合型医学——其涉及范围从诊断程序到药理学。罗马军队配备了医院和外科医生，他们把罗马医学带到帝国各地。

基于其持久的影响，这一时期最重要的两位医生是塞尔苏斯和盖伦。塞尔苏斯（Celsus，公元1世纪人物）作为一位学识渊博的医生，因编纂百科全书而大有长进。这部百科全书包括了讨论哲学、农业、军事以及医学的条目。很多条目涉及早期的医学史和罗马医学，例如外科手术程序、卫生习惯和不同疾病的治疗等等，均见诸该百科全书。它是在文艺复兴早期重新发现的，其影响达数世纪之久，但只有《论医学》这一部分留传至现代。

帕加马的盖伦（Galen，129—约216年）是罗马最有名的医学权威。盖伦先后在帕加马、士麦那（Smyrna，今土耳其伊兹密尔［Izmir］）和亚历山大里亚研修医学以后，定居于罗马。他很快就成为上流社会所欢迎的医生，为罗马精英提供服务。好几位皇帝，包括马可·奥勒留和康茂德（Commodus），都请盖伦担任他们的宫廷医生。盖伦撰写了五百多篇医学论文，涵盖解剖学、生理学、卫生学、锻炼与饮食、药理学等科的题目。总的说来，他遵循科学准则：搜集数据，倚重经验和观察，坚持一整套一般原则。他的博学和说一不二的写作风格使他成为西方主要的医学权威，直至大约1650年。后来，他那居高临下、目空一切的架势成了一种负担，因为他在人体解剖上的某些发现是以解剖狗而不是解剖人体为基础，这就阻碍了医学知识的进步。

法学

罗马思想最原创的贡献是法学。罗马的法学创立了正义概念，它基于公平对待公民和臣民一类的理想以及刑事案件中的无辜预设。这些原则后来成为西方法学传统的核心。但是罗马法学的最重要方面出自斯多噶主义：**自然法**（natural law）理念或正义高于人定法则或概念。这个自然法的教义是《美国独立宣言》的基础。

罗马法律的演化历经许多个世纪，它始于公元前450年，是年有了第一部成文法典《十二表法》（*Twelve Tables*）。这些体现平民战胜贵族的法律涉及国内生活的一些基本方面，诸如个人权利和财产权利，宗教习俗和道德行为。但是，这个里程碑并未使罗马摆脱阶级区分；它只是承认相互冲突的权利和在双方之上设一法官的必要性。经过很多年，阶级分野依然影响着法律应用的方式，因为正义的施与总是偏向富人。

在帝国时期下，罗马法制史上出现了三个重要的事态发展。第一，皇帝自己可以制订法律；这就是说，法律再也不必在公民大会上制订。"君主所悦者即具法律效力"，这是帝国拥护者中意的箴言。第二，依凭共和制先例，法理学家（jurisconsults or jurisprudentes）的地位更加突出。这些人是法学理论和学科方面的专家——法理学（jurisprudence）即指法学理论和学科。第三，提奥多西二世（在438年），而后是查士丁尼（从529年到532年）将法理学家的著述和早先皇帝们的立法汇编起来并加以系统化条理化。查士丁尼的法典被证明是人类历史上最有影响的法典。

6.7 从世俗到心灵：基督教文学

在帝国后期，世俗作家和基督教作家通过诗歌、论文、书信和短文竞相争夺受过教育的罗马人的人心和思想。世俗作家感受到基督教的活动和思想的威胁，因而在他们的作品里维护古典形式和价值观。他们转向人文主义传统去寻找灵感和指导，因为他们认为，他们的道德和文化借罗马旧宗教和农民—士兵的价值观而得到加强。尽管如此，这些作家对过去的浪漫主义观点却因对那个风光不再或者从来不曾有过的罗马的怀旧情绪和崇敬之心而被扭曲。

世俗文学在帝国后期衰落，作家们并没有试验新的文风或修琢旧体裁。没有人写剧本或诗歌。作为一个团体，罗马世俗作家们反映了一种愈来愈烈的今非昔比之感。除少数几个诗人之外，他们似乎没有能力界定或分析他们自己所处时代所发生的深刻变化。

相映成趣的是，基督教作家们着眼于未来和行将出现的新世界。他们的双眼紧盯着天堂，对罗马或任何世俗国家漠不关心。他们相信永生，但不像维吉尔及其读者那样相信罗马之永恒。君士坦丁于公元313年颁布宽容基督教的敕令以后，这些作家们步入了主流，并缓慢地使他们的异教对手黯然失色。他们与异教作家之间的尖锐的意见分歧，是4世纪晚期的特征，这种分歧在5世纪早期渐行消退。那时，基督教文学高奏凯歌，虽然它仍深受希腊—罗马思想和文学的影响。

基督教的教父们

到公元300年前后，随着基督教继续在受教育人群中赢得皈依者，基督教的著作家们也开始拥有一大批读者。尽管他们颂扬这个新的宗教的美德和好处，但他们未必放弃古典哲学和文学；他们认为，这些古典作品中有一些在基督降临以前传达了上帝的隐含真理，因此，他们把古典学问和圣经学问结合起来。他们由于其个人生活和公共行为、超群绝伦的才智、坚定不移的信念和威严凛然的个性而受到后人的敬重，这些基督教著作家被奉为基督教的教父。教父们不仅成为教会中的权势人物，而且常常干预世俗事务，对地方当局乃至皇帝指手划脚。而且，他们的著作奠定了中世纪基督教教义和哲学的基础。三个最负盛名的教父是：安布罗斯（Ambrose）、哲罗姆（Jerome）和奥古斯丁（Augustine）。

安布罗斯（约339—397年）是一位罗马高官之子。他本来无疑会走上出人头地的公共生涯之路。然而，出乎意料的是，米兰市民选他为主教。安布罗斯强烈反对阿里乌教派异端，他作为米兰主教帮助城里穷人和遭蛮族袭击的受害者。在学术讲经中，他谴责罗马皇帝们在位期间造成的社会不公正。他的书信彰显了教会治理的种种问题，他的论文分析了分裂着教会的论战。他的圣经评注将奥利金的隐喻方法带到西方和拉丁世界（参阅第5讲）。安布罗斯的圣歌也许是他最令人难忘的贡献。这些圣歌向西方教会推介了基督徒称颂上帝和丰富其礼拜仪式的另一种方式（图6.6）。

第二位重要的基督教教父哲罗姆（约345—420年）对宗教问题有大量著述，不过他最持久的工作是他为世俗**拉丁文《圣经》**（Vulgate Bible，源于vulgus，即"普通人"之意）所做的准备。他运用他的希腊文和希伯来文知识来修订现有的拉丁文圣经文本，重新翻译了许多圣经文本。他那个世俗拉丁文《圣经》的成功标志是，它至今仍是今日罗马天主教会的权威版本，只做了少许修订。同安布罗斯一样，哲罗姆受过古典教育。后来，在他定居伯利恒（Bethlehem）以后，他创立了一个隐修院，在该隐修院他用大半生致力于圣经研究。他的隐居通

图6.6 安布罗斯像。约470年制作。见诸圣安布罗斯教堂。米兰金色天空广场的圣维托雷教堂

这幅安布罗斯像传达了这位4世纪强有力的米兰主教的某种神情紧张之状。这件作品是德国攻袭意大利北部所造成的毁坏之后幸存下来的不多几件镶嵌工艺作品之一。尽管这位艺术家展现了人物的某种体态和动作,但这幅镶嵌画强烈地反映了罗马帝国东部省份发展起来的艺术理想:正面朝向、平板而无景深、眼睛画得大、风格化的身姿。

世习惯和他对罗马社会的严词苛评,使他成为有争议人物。

在所有三位教父中,奥古斯丁(354—430年)对基督教产生了最大的影响。他在北非度过青年时代,学过古典文学和思想,包括新柏拉图主义。之后奥古斯丁出游,经罗马到米兰,在米兰结识安布罗斯,安布罗斯拳拳服膺的讲道帮助他确立信念。奥古斯丁坚信基督教的思想完整和精神活力。他回到北非,投身于传播他的新信仰。然而,他的好胜个性和行政才能很快就把他推入教会政治之中。

奥古斯丁参加了教会里气势汹汹的辩论。在他有生之年,他的著作逐渐代表正统信念的声音。他反对多纳图派(Donatists),该派声称,一个牧师的罪孽会使做圣事无效。奥古斯丁的立场——每一件圣事本身管用,自行管用,这要靠上帝的恩惠,而不是看这位牧师是否值得尊重——成为教会的官方立场。但是他的最强烈的怒火是冲着贝拉基主义(Palagianism)而发的。贝拉基主义说,行善可以使罪人获救。奥古斯丁的论点——只有靠上帝的恩惠才能获救——维系于他对自由意志说的拒绝和他对原罪说的坚持,即所有人类都被从亚当传下的罪孽所玷污。

在漫长而活跃的一生中,奥

古斯丁写下了许多种类的宗教著作,所有这些著作中最重要的是他的两大杰作:《忏悔录》(*The Confessions*)和《上帝之城》(*The City of God*)。《忏悔录》写于4世纪末,书中追寻他求索思想和精神慰藉的心路历程,详述他信仰的巨大改变。在这部精神自传中,他责备自己过着罪孽深重、耽于声色的生活。尽管他为自己没有尽快找到上帝而悔恨自责和充满负罪感,但他最终相信,他研究希腊—罗马哲学、文学和宗教去理解世界的努力证实了他要求索人生终极真理的愿望。

奥古斯丁改奉基督教的事发生在米兰的一个花园里。在那个花园里,一个孩子的声音驱使他去读《圣经》。他信手打开《圣经》,读了保罗的一封书札,保罗指引他以耶稣基督武装自己,作为打击人类罪孽之法。在读到这段话时,奥古斯丁写道:"我心里亮堂堂,所有的疑团愁云一扫而光。"信仰既定,他便投身于新的使命,并接受苦行生活方式,最终还接受了教会领导职务,出任北非希波(Hippo)的主教。如此强有力地表达出来的奥古斯丁的信念有助于提高罗马帝国末年的基督教文学的水准。

在西哥特人于410年蹂躏罗马后不久,奥古斯丁开始写作《上帝之城》,该书系对人类历史进行的神学诠释。在这部著作中,奥古斯丁解答了那一代罗马人面临的中心问题:为什么他们的帝国落得如此万劫不复?他回敬那些归咎于基督教的人说,罗马的衰落是上帝为世界准备迎接神的地上王国来临之计划的一部分。如果罗马城陷,对人类来说那是再好不过的。奥古斯丁在《上帝之城》前十书里抨击希腊—罗马哲学和宗教时阐明和强化了这个论点。

在《上帝之城》最后十二书中,他详述了他的世界历史观,他的依据是希伯来的经验和基督教资料。他的论点的核心是他所说的历史上的两种城:上帝之城和世人之城。上帝之城是赎罪获救者的王国,历史的进程描绘出了作为罪人之属地的世人之城被上帝之城缓慢赎救的历程。上帝之城奏凯之日,历史就会结束。在上帝之城里,获救者将永享异教许诺但无法兑现的幸福。奥古斯丁还抛弃了历史循环观而赞成天意直线观:历史是有目的的,它正在走向某处——也就是说,走向上帝的最后评判。

教会史

除了神学以外,早期基督教著述包括了一种新的文学类型——教会史。从314年起直至辞世一直担任巴勒斯坦该撒利亚(Caesarea)主教的优西比乌(Eusebius,约260—340年)在他的《基督教会史》里不主张不偏不倚。他把主教塑造成英雄,因为优西比乌相信主教们确保基督教的真理。他写的史实是由一个接一个的教会、一个接一个的主教纺编起来的,揭示了那时强调使徒传承的重要意义。他还追溯了从最早时期直至324年基督教殉道者、思想家和领袖的精神、思想和制度生活的发展轨迹。在他的记录可以加以证实时，人们发现优西比乌是可信赖的。

优西比乌的史书受希腊—罗马世俗史学家的启迪，用希腊文写成，他仿效希腊—罗马史学家援引书面资料。他参考了《旧约》和《新约》、基督教学者的著作和希腊经典，包括荷马史诗和柏拉图的著作。优西比乌的早期基督教史著因他的背景而获得权威，他两次入狱并历经大迫害而幸存下来，他似乎证明了上帝在人世间的权力。他还认为君士坦丁洗过礼，在尼西亚公会议上发表开幕演说。

诗歌

在4世纪和5世纪期间，许多基督教诗人证明了这种最典型的古代文学艺术是如何能适用于基督教宗旨的。由罗马元老院议员归隐的修道士诺拉的保利纳（Paulinus of Nola, 342—431年）出生于高卢，但其一生大部分时间生活在南意大利。他受教于罗马最后一位异教大诗人奥索尼乌斯（Ausonius, 310—395年）。奥氏在他有生之年的最后时日成为基督徒。保利纳以其为诺拉的圣菲利克斯的生活和修道院生活而作的一系列诗篇而名闻遐迩。普鲁登提乌斯（Prudentius, 348—约413年）是一位西班牙人，他著有神学著作、圣歌和诗歌。他的《灵魂的争斗》（*Psychomachia*）是一则寓言，在这则寓言里，基督教的美德与人类恶行展开了一场争夺灵魂的大搏斗。普鲁登提乌斯是一位诗艺大师。西利乌·塞杜留（Caelius Sedulius, 活跃期为5世纪早期）是第三位基督教诗人。他求学时学过维吉尔的诗，并铭记于心。他写了《基督之歌》（*Paschal Song*），以叙事诗形式复述基督生平和上十字架殉难的事迹。塞杜留不能和他的师尊楷模齐驱并驾，但是他的雄心抱负却不断展露。

6.8 视觉艺术

建筑和雕刻主导着罗马的视觉艺术，但这两项艺术却不得不为实际需要所役使。罗马人委托建造的建筑物和委托制作的雕刻是为国家、宗教或社会服务的，但他们承认，求实并不一定不要美，注重功能并不排斥豪华壮观。在基督教获得自由并公开活动时，教会将罗马建筑的基本风格和工艺转用于其教堂建筑。因此，罗马建筑经教会之手传给后世。

建筑

在这一时期，罗马人在他们的公共和私人建筑里使用了许多种类的材料。共和国早期的建筑师们用晒干的砖块垒砌，使用赤陶，即烧过的粘土做屋顶和装潢。随着罗马财富的增长，进口了新材料，砖块保留了重要作用，不过在建筑中不大看得见，主要是打地基和做墙。到共和国晚期，从希腊人那里引进并改制了两种新产品：灰浆（mortar）和方琢石（ashlars，劈削的巨石），这两种材料顿使罗马的面貌焕然一新。

建筑革命的原动力多半源于罗马人对灰浆的改进。他们将石灰石、沙子、小岩石和碎石混在一起生产出可模压的混凝土，但因为这种混凝土观赏起来不吸引人，建造者开始用昂贵的、高度磨光的大理石板和花岗石或用罗马周围容易搞到的质如大理石的米色石灰华板包上一层。

罗马人在建筑上的最有意义的创新是采用圆拱形结构，到他们开始试做圆拱时，圆拱形结构已有悠久的历史。大概是美索不达米亚人发明了这种拱形结构，希腊人知道这种结构而伊特鲁斯坎人用之于排水系统。拱形结构的基本圆形是用叫做**楔形拱石**（voussoir）的楔状石块垒砌而成的。半圆形中央的一块**基石**（keystone）将拱形结构固定住。安装好的拱形结构出奇地牢固，将上墙的重量向外向下分散到立柱或其他支撑物上（图6.7）。

罗马人在拱上盖顶或者叫**拱顶**(vault)——把简单的圆拱改造成圆筒形拱顶、穹棱形拱顶和圆盖形拱顶，从而显示了他们的发明天赋。他们建造了**筒拱**(barrel vault)——之所以如此命名是因为它看上去像中间劈开的纵长形圆筒——这是由于他们建造了一系列鳞次栉比的拱门。他们以直角将两个筒拱交叉横切，就产生了**交叉拱或十字形拱顶**（groined vault or cross vault）。最后，穹顶（dome）这颗罗马建筑领域里的王冠宝石，基本上是由一个拱在一个正圆形中旋转构成的。罗马人发现了拱高与其础宽之间的正确数比（1∶2）以后也就能把拱建得更加牢靠。

帝国神殿的典范是奥古斯都时期的一个大省城法国尼姆的保存得很好的方形神殿（Maison Carrée）。该殿大约建于公元前16年，它吸收了伊特鲁斯坎人和希腊人的理念（图6.8）。该神殿耸立在一个伊特鲁斯坎式的平台上，其中央梯形台阶、深深的门廊、附壁圆柱——即嵌入殿墙内的立柱、供奉祭拜神像的殿内圣所，显示出借鉴自伊特鲁斯坎式的其他特色。希腊影响见诸低浅的山墙——殿顶的三角形顶端——和科林斯式立柱。关于美寓于数理和谐之中的希腊概念也反映在内殿面积与神殿门廊面积的预设比率上。在18世纪，托马斯·杰斐逊运用这个比率作为营建弗吉尼亚里士满市州政府大楼的样板。

除了完善他们那种直线形神殿，罗马人还发明了圆形神殿，一如供奉他

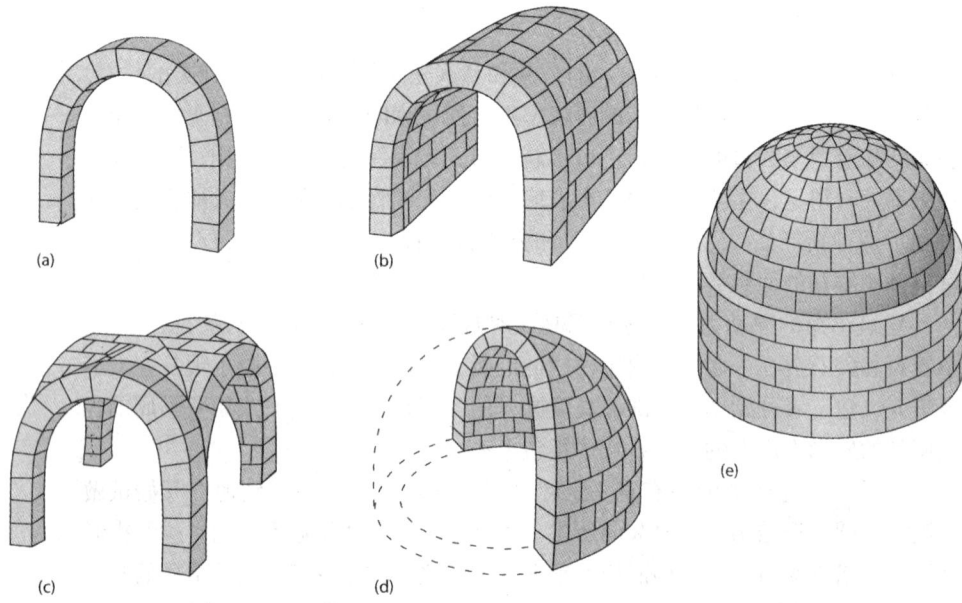

图6.7 罗马建筑中应用的结构部件

首先是作为基础的拱形结构（a），罗马人还创造了筒拱（b）和交叉拱（c）。这些结构要件，还有罗马人围绕一个中心轴旋转布局一系列拱形结构从而形成穹顶（d），穹顶安装在圆柱形墙壁上，所有这些使罗马人拥有了建造新式神殿和建筑物所需要的建筑要件。

图6.8 方形神殿。约建于公元前16年。殿基31.8×14.9米。坐落在法国尼姆城

这座神殿可能模仿罗马的神殿，因为这些有科林斯式立柱和相类似的整个设计的建筑物在这个时期正在首都建造着。在省城里复制建筑是罗马人将文明传播到被他们征服的各地的另一途径。

图6.9 万神殿外观。建于公元126年。坐落于罗马城

在现代的罗马,这座万神殿被挤在一个广场里,它的对面是一座纪念碑,一座埃及方尖塔又高于这座纪念碑。然而,万神殿是罗马皇帝哈德良督造的,它是一个建筑群落的一部分,这些建筑物互为补充,神殿的正面是一批立柱耸立在露天的前院。它原初的环境反映了罗马人的如下意识:城市空间应有协调布局。

们所有神祇的圣殿万神殿(Pantheon)所示。万神殿由三个不同单元组成:门廊(entrance porch 或 portico)及其支柱;构成神殿本身的巨型鼓形壁(huge drum),它与门廊衔接;鼓形壁上方的圆拱顶(图6.9)。这种设计表明罗马人倚重本地传统,因为圆的形状也许是受到罗马人之前的圆形宗教神龛的启迪,现代考古学揭示了这一点。万神殿还把宗教形象与世俗形象结合起来:穹顶象征着神祇所在的天庭和帝国的广大。

万神殿不仅仅反映了罗马人民的深切渴望,它那丰富多彩的殿内结构说明了罗马人的装潢天才(图6.10)。彩饰大理石地板,镶嵌凹形雕板的穹顶,造就了令人眼花缭乱的内壁,雕像、装潢精美的立柱、三角楣、壁龛和其他一些建筑细工在圆形厅内交相辉映。产生最不同凡响效果的是那个圆孔,其直径为9.1米,叫做**明窗**(oculus),明窗使穹顶可透阳光和风雨。作为世界上最古老的直立式穹顶结构的建筑物,万神殿是罗马圣彼得教堂(St. Peter's Basilica)和伦敦圣保罗大教堂(St. Paul's cathedral)的直系祖先。

图6.10　万神殿内景。建于公元126年。坐落于罗马城

穹顶的内直径为43.9米，穹顶高21.9米，是建筑物总高度（43.9米）的一半。阳光普照殿内各处，照得穹顶的装饰宛如大地在旋转，造成光线和设计不断变动的形式。

罗马的建筑不止是美丽的神殿。罗马城是地中海世界的政府中心，国家宗教体系的核心和国际经济中心。罗马城的腹心是**广场**（forum），其功能类似于希腊城邦的广场（agora）。在广场上，市民做买卖，管理政府，在公共建筑群、神殿、圣所和纪念馆里进行社会活动。作为他的改革的一部分，奥古斯都重建和美化了大部分共和国时代的广场，的确，奥古斯都自夸说，我知道这里原先是个砖城，我留下的是一座大理石之城。后来的皇帝们，如图拉真（Trajan，98—117年在位）建造了他们自己的广场，不仅用作新的贸易和政府活动中心，而且也使他们的名字永垂不朽。图拉真的广场最初包括一个图书馆、法院和供散步的广场，现在除了最有意义的罗马帝国纪念物，即一根纪念图拉真征服达西亚（Dacia，现代罗马尼亚）的圆柱以外，图拉真的广场已经消失（图6.11）。

除了广场、立柱和拱门以外，皇帝们还授命营建圆形剧场为自己树碑立传，也是献给市民的礼品。圆形剧场是角斗士争锋和其他浴血竞技的竞技场，是帝国民俗文化的柱石。这些建筑物中最有名的叫做斗兽场（Colosseum），尽管其实际名称为弗拉维圆形剧场（Flavian amphitheater）以纪念其建造者的王朝（图6.12）。Colosseum这个名字是后来取的，是指耸立在近旁的尼禄皇帝大（colossal，巨大的意思）雕像。

斗兽场的外沿，垒起三层加圆顶的拱门，彼此一层高于一层，希腊式立

图6.11 图拉真凯旋柱。建于106—113年。高38.1米,包括柱础高度在内。坐落于罗马城

借鉴美索不达米亚的凯旋柱理念,务实的图拉真利用艺术来促进他在公民心目中的权力。这件作品纪念他对达西亚——现代罗马尼亚的征服。这根大理石立柱竖立在柱础之上,柱础四周是台阶,直通观望台和图拉真塑像。沿柱杆螺旋形扶摇而上的是一圈圈浮雕石刻,述说着图拉真克敌制胜的功绩,栩栩如生,尽道其详。

图6.12 罗马斗兽场。建于约72—80年。高50.7米。坐落于罗马城

尽管弗拉维王朝(Flavians)是一个短命的王朝,始于维斯帕芗(Vespasian)于公元69年即位,公元96年终结于图密善(Domitian),但他们留给罗马这座建筑物,是其最持久的里程碑之一。罗马人建造了这个椭圆形剧场(按字义,是"两边都可以观看表演的剧场"),即把两个半圆形希腊剧场合在一起,这是他们创新与求实的又一例子。

图6.13　加尔高架水渠（Pont du Gard）。约公元1世纪晚期建造。高49米，坐落在法国尼姆城附近的加登河上

　　这座高架水渠只是向尼姆城供水的长达80千米的水渠系统的一个部分。每日输水量在8000至12000加仑之间，或者说每户居民100加仑左右。

柱嵌在两个拱门中间作装潢——第一层是多利克式，第二层是爱奥尼亚式，第三层是科林斯式。混凝土和大理石块地基支撑着这座巨型圆形剧场。表演区或舞台（arena，拉丁语中的"沙"）以木料搭成，通常铺上沙。木台下面是蜂窝似的房间、走廊和囚室。斗兽场的巨大规模和不同凡响的外观，例如可收拢的头顶高架遮篷，使它成为罗马工程的辉煌成就之一。但是，这洋洋大观和男人，有时也有女人与野兽之间以不同组合进行的残酷较量，象征着罗马的阴暗面。

　　同现代城市中心一样，罗马城镇也需要源源不断的水供应。为满足城市对水的需求，罗马人展示了他们的组织才能和务实倾向，因为他们建立了一套精心设计的沟渠、水闸和虹吸管道组成的网络。虹吸管道借助引力从附近山岭水源吸水并汇入城镇储水库和喷泉池。

　　大约公元前300年左右，罗马人开始建筑地下排水沟渠，于公元前144年建成了第一条高架渠。在奥古斯都统治时代，他们开通了一条横跨法国南部尼姆附近加尔河的通渠（图6.13）。这条闻名的加尔河高架渠设计美而实用，六个大拱形结构为墩，上面是十一个较小一点的拱，再上面是三十五个更小的拱作为第三层。第三层的上面是水闸，水经过水闸凭借引力流向尼姆。这座雅致

第 6 讲　罗马帝国文明和基督教的胜利　229

图6.14　戴克里先之宫。建于约300年，坐落在克罗地亚的斯普利特

围柱廊，或者说由列柱围绕的庭院，将几个建筑物分成左右两边，强化了封闭氛围，聚焦于门厅。在围柱廊的后面，左边是戴克里先的陵寝（现为教堂），右边是朱庇特神殿（现为圣约翰浸礼所）。

的建筑使人想到罗马人是怎样将一个普通物件改造成一件艺术精品的。

3世纪危机以后，戴克里先复兴了建筑，作为他恢复中央集权统治努力的一部分，戴克里先利用艺术特别是建筑作为他的新权力的一种标志。他建造了罗马最后一个公共大浴室，大到足以供数千人在同一时间内使用。作为他帝国改革的一部分——实际上，作为一种宣传说词，重复一遍是值得的——戴克里先在达尔马提亚沿海（现今克罗地亚境内）建造了一座宫殿，他在那里度过最后十二年余生。从战略上讲，他的驻所地处东西两个权力中心之间的中点，就其对称布局而言，很像一座罗马兵营。这座宫殿成为这位军人恰如其分的纪念物，他使一个备受内战和不称职统治者折磨的世界恢复了法律和秩序。

参观者由北边的大门进入宫殿，沿着一条与列柱并排的过道穿过中央交叉区进入**围柱廊**(peristyle)，即由列柱围绕的庭院(colonnaded courtyard，图6.14)。到这么远的地方旅游观光的人会因为诸如长长的进行过道、穹顶门厅和宏大的庭院一类的建筑特征而联想到这位皇帝的存在。过了门厅，在临海的南边，是皇室公寓、卫兵的营房、观众私人的包间和宴会大厅。这座宫殿几乎将所有重要的设计和技巧兼容并蓄，包括罗马建筑师人人皆知的拱和砂浆混合物的使用。更重要的是，它的富丽堂皇象征着神圣的权威与世俗政治权力的结合。

正如戴克里先的宫殿是最后一批异教大型建筑之一，君士坦丁凯旋门(Arch of Constantine)则的的确确是最后一座异教凯旋门（图6.15）。竖立这座凯旋

图6.15 君士坦丁凯旋门。建于312—315年。高21米。坐落于罗马

围绕这座建筑物的雕带述说这位皇帝的备战活动、战而胜之,以及他凯旋进入罗马城的故事。君士坦丁凯旋门所描绘的场景,如同图拉真凯旋柱描绘的场景一样,记载了这位罗马统治者在一次军事征战的每一阶段的亲历。

门是为了庆祝这位皇帝在312年的胜利,这一胜利导致米兰敕令的颁布。这座比例匀称的纪念门及其三道拱门是从只有单门的提图斯凯旋门(Arch of Titus)演化而来。装饰在两边拱门的两个独立柱子之间的**圆形雕饰**(medallions)帮助维持两边较小拱门与中央拱门之间的平衡。用于装饰的**阁楼**(attic)或曰拱冠(crown of the arch)及蛮族人的雕像,同下面的部分搭配得当。根据铭文记载,元老院和罗马人感恩戴德地将这座凯旋门奉献给君士坦丁以表彰把他们从内战中解放出来的解放者和他作为新皇帝的功绩。

大部分装饰借鉴自其他纪念物,例如,有些浮雕和雕刻品来自纪念图拉真、哈德良和马可·奥勒留的胜绩的作品;凡是想象到有哪一点同这位皇帝的事迹相像,原作就被改造成酷似君士坦丁。然而,尽管君士坦丁之皈依基督教尽人皆知,但这座凯旋门明显地反映了异教的强有力影响。象征物和人物均强调人的行动,只有一处小雕带暗示神的干预。

从异教建筑向基督教建筑的转变始于313年以后,荷蒙君士坦丁的授意和庇护。他下令盖教堂作为教徒礼拜之所,作为罗马、巴勒斯坦和帝国其他地区圣地的纪念堂。这一雄心勃勃的事业得到国家的资助和支持,其结果不仅是基督教的传播,而且创立了新的艺术价值观和建筑形式。君士坦丁建造的教堂的基本设计源自**长方形公堂**(basilica)或一种四周有围墙的长方形大型建筑物,此种建筑可追溯至公元前2世纪的罗马帝国早期,常常为安顿市场或用作公共会堂而建。

尽管长方形公堂在细节上千变万化,但用于建筑教堂的基本形式却是简洁的:在长方形大厅(oblong)的东端加**半圆室**(apse)或曲墙。二至四排平行的列柱通常将大厅分隔成一个中央区即**中堂**(nave)和两个两边的**侧堂**(aisle)。在屋顶高出中堂的部分,**高侧窗**(clerestory)高高地开在中堂的外墙上以方便

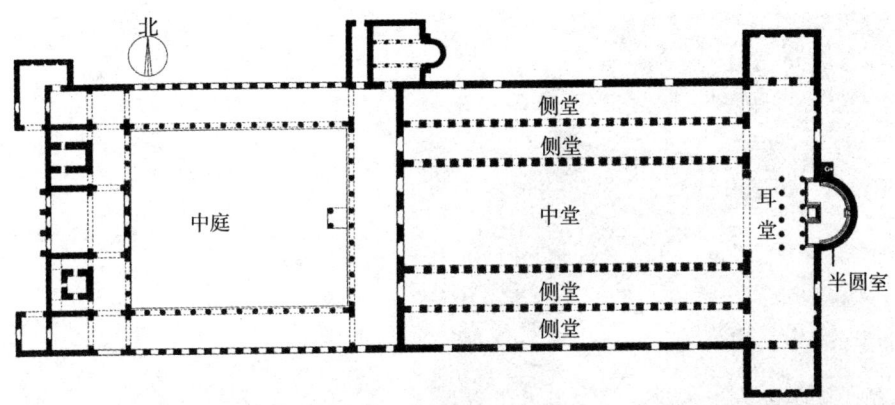

图6.16　旧圣彼得教堂的设计平面图。约330年建造，坐落于罗马

旧圣彼得教堂是基督教欧洲最重要的建筑物，直到它在16世纪早期被毁以便为现今圣彼得大教堂让道。君士坦丁将旧圣彼得教堂落成于据信为彼得葬地的地方，基督教认为彼得是耶稣的继承人。教堂原建筑已荡然无存，但16世纪的画作显示，它呈十字形，有宽敞的中堂，中堂两边各有两个侧堂，中堂前面是耳堂，礼拜者在耳堂洗手洗脸而后进入圣殿。

采光。半圆室是举行礼拜仪式或供奉圣物的地方，通常用帷幕同礼拜者隔开，礼拜者站在中堂里。在有些教堂里，大厅前方有一个**中庭**（atrium），即露天庭院。

4世纪的罗马长方形公堂已荡然无存，但图样，例如旧圣彼得教堂（basilica of Old St. Peter）的长方形公堂的平面设计图揭示了它们的概貌（图6.16）。圣彼得教堂的建造是为了表示它是使徒彼得的坟墓，相传彼得创立了罗马城的教会，该教堂包括一个**耳堂**（transept），即把中堂与教堂的半圆室一端横隔开的交叉区域，使之成**十字形**（cruciform）。这第一座圣彼得教堂吸引朝觐者达数世纪之久。

雕刻

奥古斯都的统治在罗马雕刻的发展中举足轻重。在他的统治下，帝国的雕刻肖像回归希腊时代的理想主义，取代了共和国晚期的现实主义艺术。但是，奥古斯都的纯粹理想主义并没有风靡多久，因为在他的继位者的统治下，雕刻愈来愈带宣传色彩——也就是说，更加象征权力。这种走向象征理想主义的倾向反映了后世皇帝们的需要，即需要找到一种极其明显可见的方式去威慑罗马日益多样化的群众并使他们团结在一起。

有两件重要雕刻作品与奥古斯都有关，即第一门（Prima Porta）的"奥古斯都像"和"和平祭坛"（Ara Pacis或Altar of Peace），它们有助于理想主义风

图6.17 奥古斯都塑像。发现于第一门庄园里。约公元14年制作。大理石雕像,高2.03米。梵蒂冈收藏品

这尊恺撒·奥古斯都(公元前31年至公元14年在位)——罗马帝国缔造者——塑像是在他妻子莉薇娅的第一门庄园别墅发现的。这尊塑像酷似这位统治者,且让他显得如神一般。奥古斯都的帝国继承者们委办类似的雕塑作品以表达其尊贵与权力之感。

格大众化。奥古斯都的雕像是在他死后经授权雕刻的,耸立在他遗孀在罗马近郊第一门庄园的花园里(图6.17)。纯粹希腊风格显见于奥古斯都的放松的站姿和理想化的面容,此二者均模仿波吕克利特所雕刻的《持矛者像》(参见图3.21)。然而,伴随一旁的象征物显示了雕刻的宣传意图,是帝国雕像形式将走上不祥之路的征兆。例如,那个丘比特像代表埃涅阿斯的母亲维纳斯,于是,奥古斯都便象征性地同传说中的罗马起源搭上关系。

第二座理想主义雕刻作品大理石"和平祭坛"是元老院拨款制作的,表示对奥古斯都维持和平使命的感谢。整个祭坛建在一个平台上,三面有墙环绕、第四面是一个入口,有台阶通向祭坛(图6.18)。浮雕装饰墙壁内外,有些是理想主义风格,另一些是现实主义风格(图6.19)。由此造成的现实主义与理想主义之间的不和谐标志着这个祭坛是帝国风格的早期作品。

这种类型的雕刻作为一种宣传工具在凯旋门和凯旋柱的雕刻上登峰造极,

图6.18 和平祭坛。公元前9年建造。大理石建筑，宽度10.7米。坐落于罗马城

同第一门宅邸所发现的塑像一样，和平祭坛成为后世皇帝们模仿的样板，他们竭力仿效其装潢、象征物和尺寸大小。这个祭坛在16世纪被重新发现，在19世纪和20世纪初又被发掘出土，并于1938年修复。

图6.19 和平祭坛浮雕：奥古斯都一家。公元前9年制作，大理石雕塑，高1.6米。所在地：罗马

这些自右向左移动的浅浮雕人物依其站位和衣着既相区分又相连接。中间偏右的那个孩子在画面上十分突出：他面朝右而所有在画面前景部位的成年人都在向左看，有一个人把他的手放在这孩子的头上。这种单独突出孩子的做法可能是一种爱抚孩子的行为，或者是承认这个孩子将要成为皇帝之举。

图6.20 《罗马军团凯旋图》。见于提图斯凯旋门。约公元81年制作。大理石浮雕，约1.8×3.8米。所在地：罗马

　　这尊长方形大理石浮雕占据着提图期凯旋门的南面。它记载了罗马人在公元66—70年的犹太战争中的胜利，那时，罗马人镇压了犹太国犹太人的叛乱，随后又把他们驱散到罗马世界各地。从这尊浮雕中可以看到，罗马士兵高高抬起来自圣殿的犹太圣物，好像他们是在紧步前进，从右方的凯旋门进入。

例如"提图斯凯旋门"和"图拉真凯旋柱"。提图斯凯旋门上的浮雕之一是《罗马军团凯旋图》(*March of the Legions*)，描绘军队于公元70年摧毁耶路撒冷的圣殿后凯旋班师回罗马（图6.20）。

　　戴克里先在位期间，在基督教吸纳罗马艺术之前，帝国后期产生了一些独特的不朽作品，例如戴克里先的四帝共治群像，雕刻在红色斑岩上（参见图6.2），以及君士坦丁的巨型雕像，此像由大理石和金属合成（图6.21）。这些雕像的基本特征表明了帝国后期艺术走向象征派艺术特征和脱离古典雕刻的理想主义或现实主义表征的倾向。

　　基督教雕刻经历了类似于世俗艺术中所发生过的审美观的改变。到3世纪末，基督教艺术在内容上是象征主义的，在风格上是印象主义的（参见第5讲）。耶稣和使徒的简洁雕像作品在地下教堂里司空见惯。313年以后，艺术家们开始得到罗马国家的支持，也开始得到主教和富裕基督徒的支持。

　　基督教罗马人文主义传统的重新定形可见诸石棺上的雕刻。罗马人对死后生活的忧虑和对思想问题的追寻很容易演变成基督教的艺术形象和主题。人

图6.21 君士坦丁的巨型雕像。约313年制作。大理石雕像。收藏于罗马城守护神宫

同戴克里先一样,君士坦丁也有意识地将皇帝形象放大,使之大于真人。为美化这一形象,他委办一尊他自己的巨型雕像,也许比真人大了十倍。竖立在罗马广场上的(也是他建造的)巨型长方形公堂内。该雕像今天尚存的是头像,经测量,头像有2.4米高,还有一只手和一些肢体碎片。这座纪念像标志着皇帝崇拜的氛围及其式微的开端。随着基督教的传播,统治者不再被当做神看待。

们愈来愈接受墓葬而不接受火葬,以及因此而增加的对石棺的需求为许多艺术家提供了展露自己才华的新机会。公元2世纪以后,富有的罗马家庭委托艺术家们以古典文学艺术中的男女英雄、男女神祇、军政领导人的形象和有名事件和战役的场景去装饰那些大理石棺和墓碑的各边各面。基督徒以基督教的主题使现在丧葬风格适应新的主题。

绘画和镶嵌工艺

壁画(mural)是罗马最流行的绘画类型,见诸私人住宅、公共建筑物和神殿。幸存下来的作品启示着一种装潢极致和光彩夺目的艺术。起初,罗马人用涂料或**蛋彩**(tempera)直接涂在干燥的墙上。然而,这种快捷简易的方法作出的绘画很快褪色或剥落。后来他们采用湿壁画作为最实用和耐久的技巧(参见第2讲)。罗马人受到许多主题的吸引:希腊罗马神话、建筑景物、宗教故事、宗教仪式、风俗世态(日常事件)和景色。

罗马美术家所画的许多风景画中,首推第一门庄园的莉薇娅别墅(Villa of Livia)的景色秀丽的花园壁画(图6.22)。这幅描绘远处花园的壁画的结构,底部是两垛成对的水平形墙,顶部是锯齿形边沿。罗马美术家并没有掌握精确的

解读艺术

神学视角：圣经《旧约》的场景预示着《新约》的事件，所有场景均以基督为焦点。殉难场景为主，但基督在十字架上殉难情节未予描绘。

背景：这具石棺是在基督教开始逐渐主导罗马世界这一生气勃勃时刻制造的。富人有钱请得起最优秀的艺术家，他们使古典模式适应于基督教主题。

象征主义：这具石棺显示了基督教的信念，见之于（石棺正面）基督教圣经的两部分——《旧约》和《新约》里的场景；还见诸（石棺两端）小孩子们正在收获葡萄（左端）和粮食（右端）——面包和酒的象征，即基督教圣餐或圣餐礼的组成成分。

风格：此石棺雕塑系古典晚期风格，带有和谐均衡理想。某些被深雕的人物给人以立体雕像的印象。

主题：这些圣经故事场景描绘（见上面一排，自左至右）亚伯拉罕和以撒殉难、彼得被捕、基督登位、彼得与保罗分列两边、基督成囚。基督受本丢·彼拉多的审判，（下面一排，自左至右）约伯的忍耐、亚当与夏娃、基督进入耶路撒冷、但以理身临狮穴，以及保罗行将殉难。

异教因素：在基督教的象征物中，异教残迹依然存在。在上面一排中间那一幅中，基督看上去是高高在上。他的脚踩在一位异教天神之化身的头上，暗示基督如今是天地万物的统治者。基督似乎长了胡须，酷似阿波罗——就像哲学家们描绘的那样。

朱尼厄斯·巴萨斯石棺。公元359年以后制作。大理石棺。1.2×1.2×2.4米。见诸梵蒂冈城圣彼得藏品库

朱尼厄斯·巴萨斯（卒于公元359年）系罗马贵族，任罗马城长官之职。他的石棺于1595年在使徒彼得墓附近的圣彼得藏品库发现。

视角；相反，他们利用物件、动物和人物的位置来营造一种空间感。一如这幅壁画那样，组成图案的栅栏（画面的前景部位）和石墙（栅栏的后面）、二者之间的一条过道、中间的一棵树，造成了景深的幻觉。墙后的灌木丛、小树丛、稍大一点的灌木、果实和花朵的布局，进一步扩大了壁画的视角，一大片的可辨识的植物和鸟类，体现了奥古斯都艺术——即奥古斯都在位时期的艺术——的两大主题。这两个主题就是繁荣与和平，这就暗示了这个时期艺术的宣传性质。

图6.22 《花园景色》。第一门庄园的莉薇娅的花园别墅。建于约公元前20年。壁画。收藏于罗马马西莫宫国家博物馆

　　这幅花园景色图代表一种始于公元前1世纪的罗马壁画绘画的特定风格，这种壁画风格在奥古斯都时代依旧流行。这类绘画被称为建筑绘画，往往分成三个水平面，用列柱似的线条使之形成框状构造以便给人一墙之感，开窗或者透过窗户观赏花园别墅或房屋以外世界的田园风光之感。

　　在4世纪，基督教壁画在罗马的地下墓穴内盛极一时，并因袭前一个时代的象征主义、印象主义风格（参阅第5讲）。除少数作品以外，非基督教绘画从5世纪起就很稀少，例如为维吉尔《埃涅阿斯纪》所作的**袖珍画**（miniature）集——小幅插画集，大概是为一位富裕的主顾作的画。这部长篇连环画卷（图6.23）有225个以上的场景，使人想起早先绘画的风格，但它也是插画书这种新媒介的一个早期例子。图书这时写在用动物皮制成的犊皮上，按页码装订成册，而不再写在羊皮纸卷轴上。在中世纪，这种类型的装帧图书或画册成为一大艺术形式。然而，在帝国晚期，这种艺术形式尚属初创。

　　更有生命力的艺术形式是镶嵌画，如同其他的艺术形式一样，基督徒最终将镶嵌画转用于他们自己的目的。罗马人从公元前3世纪希腊化时代的希腊人那里学会了制作**镶嵌画**（mosaics），即将小块的石头、玻璃或金属组合成艺术品，但到公元3世纪，若干地方的罗马镶嵌画风格已经在帝国各地涌现。尽管主题五花八门，但有几个主题似乎始终很流行。例如静物、景色、希腊罗马神话、哲学家、雄辩家和来自马戏场、圆形剧场的一些场面。一幅来自（北

图6.23 《埃涅阿斯纪》的画饰。作于5世纪。15×15厘米。收藏于梵蒂冈的梵蒂冈图书馆

维吉尔《埃涅阿斯纪》彩饰手抄本上的这一画页显示迦太基王后迪多（中），她的两边是埃涅阿斯（左）和一位客人。这个场景描绘卷1结尾处所说的迪多设宴对这位新到来的特洛伊人表示敬意。餐后，埃涅阿斯详述了他从特洛伊逃出，继后七年流浪的事迹。这幅绘画忠实于《埃涅阿斯纪》的述说，描绘埃涅阿斯对迪多的讲述，而这时她似乎要招呼画面下部右角的侍者去给用膳客人洗手。此类作品在5世纪的基督教罗马被委托制作这一事实表明，并非人人都加入基督教并共享其象征。

非）突尼斯的镶嵌画显示即使是在罗马的行省里工匠们所达致的错综复杂的设计和五光十色的色彩（图6.24）。异教徒仍把镶嵌图案同时装饰在地板和墙壁上，而基督徒则往往把它们装饰在墙上。基督教艺术家们还用反射光线的玻璃片取代石片，从而给教堂和其他建筑物增添一种闪闪发光、微妙漂渺的气氛。

罗马帝国后期的镶嵌画中，异教作品的主题与基督教作品的主题形成鲜明的对照。幸存下来的诸多异教镶嵌画作品有卡萨尔罗马别墅（Villa Romana del Casale）的镶嵌画，该别墅系西西里岛中部亚美里纳广场（Piazza Armerina）附近的一座罗马庄园。这座别墅在4世纪早期建在2世纪一座建筑的废墟上，或者是一位富有的罗马贵族的住所，或者是一位罗马高官的住宅。

图6.24 月历镶嵌画。公元2世纪晚期至3世纪早期制作。见诸埃尔·杰姆的月宫。1.5×1.2米的镶嵌画详图。收藏于突尼斯苏萨城苏萨博物馆

埃尔·杰姆月历有12个小型场景，每个场景代表一个月。月份的名称用拉丁文题写。罗马的年份始于3月（见最上面的一排的中图），终于2月（最上面一排的左角）。各个月份以宗教活动或农村活动为标志。例如9月的画板显示，两个人站在盛满葡萄的缸里踩踏葡萄。

图6.25 《装载野生动物上船》。详图取自镶嵌画。4世纪早期制作，见诸西西里亚美里纳广场附近的卡萨尔罗马别墅

这幅详图见诸大狩猎走廊，表现了该址几乎每一幅镶嵌图案所现之活力与活动。两名工人奋力将羚羊弄上跳板，而甲板上的海员则准备开船启航。这些镶嵌图案可能是北非艺术家们制作的，他们的技能在罗马帝国晚期尽人皆知。许多基本花纹和场景是北非和罗马帝国各地应用的标准设计元素，特别是大狩猎走廊里的那些花纹和场景。鉴于某些装潢和基本花纹之重复出现，镶嵌图案的质量划一，因此，整个镶嵌画工程很可能是在五至十年间由同一设计师和熟练工人们之所为。某些石料是在当地采集的，但彩色石料是从非洲进口的。

图 6.26 《收摘葡萄的孩童》。镶嵌工艺。4 世纪制作，收藏于罗马圣科斯坦萨教堂

除了暗示硕果共享以外，这个场景晓示基督教圣经《约翰福音》15：1，其中，约翰说："我是真葡萄树，我父是栽培的人。"画面描绘孩童们正在踩踏葡萄，把葡萄装上牛拉的两轮运货马车；其余部分场景是一个葡萄藤迷宫；装饰一株乔木，其他孩童在树上采集葡萄。这一场景让人回顾狄俄尼索斯崇拜的艺术作品；我们之所以知其为基督教艺术作品，只是因为它在一所基督教的教堂里。

该庄园经营了 150 余年，直至汪达尔人和西哥特人入侵西西里，使这些建筑物废弃不用。这座已部分修复的别墅里收藏着世界上最多、最有价值的罗马晚期镶嵌画作品。

超过 3250 平方米的镶嵌画板覆盖了许多房间，包括浴室、健身房、客房、围柱廊或者说开阔的庭院和长长的过道。其中一个过道叫做大狩猎走廊（the Corridor of the Great Hunt），超过 60 米长，上面的镶嵌画绘有打猎、捕捉和运送野兽的场景，此类场景镶嵌画典型地见诸帝国的非洲主教管区（行政分区）的五个省份。这些野兽——羚羊、小山羊、狮子、野猪和野马——是指定要运往罗马的斗兽场或其他城市的竞技场的。叙事场景由两场狩猎组成，从走廊两端开始，镶有猎人设陷阱诱捕或用笼子囚禁其猎物的场景。接着是士兵和奴隶在口岸把动物扛上船的场景，那船上装满了柳条箱，而在过道的中央，这同一条船又被描绘成已抵达罗马。在罗马，奴隶们卸下箱子，牵引动物离去（图 6.25）。士兵、奴隶和官员的身份可以根据衣着、盔甲及其在所述故事中的作用加以明确识别。他们各种各样的面部特征，多种肤色的皮肤色调，显示了 4 世纪罗马帝国的种族多样性。

卡萨尔罗马别墅的异教镶嵌画所记载的罗马帝国晚期生活的许多事例之一是各种孩童的场景，包括幼小的男孩打猎、幼小的女孩采集玫瑰花，这些场景见诸别墅主人儿子的卧室里的地板装潢中。这些场景证实，异教徒还喜欢孩童像成年人那样工作、玩耍或在宗教场景中的图画。在最早的基督教艺术中，有些艺术家采用了这种幽默俏皮风格描述葡萄丰收的场面，罗马的圣科斯坦萨教堂（Church of Santa Costanza, Rome）的一幅镶嵌画可见一斑（图 6.26）。然而，

图6.27 《基督的荣耀》。5世纪中期至晚期制作。镶嵌画。见诸罗马圣科士马斯和达米安教堂

该场景描绘基督在火云萦绕中第二次降临。此处描绘的场景见诸《启示录》。将此图中对基督的描绘与朱尼厄斯·巴萨斯石棺对基督的描绘作一比较,在那幅图里,基督被表现为一位古代哲学家。在这幅图里,他显得像是个"犹太"人,这种特征将流行一千年:长黑头发,浓密胡须,橄榄色皮肤。

在基督教艺术中,场景是经过伪装的基督教圣餐场面,在圣餐里,葡萄酿成的酒象征基督的鲜血。

在5世纪和6世纪,几乎所有基督教堂的半圆室都镶有雄伟壮观的镶嵌画,其中大多数描绘基督。在罗马的供奉圣徒科士马斯和达米安(Saints Cosmas and Damian)的教堂里,有着5世纪以来特征的例证(图6.27)。查士丁尼重新征服意大利以后,拉文那(Ravenna)成为施主和镶嵌工艺师的展出之地。在皇帝提奥多西一世(Emperor Theodosius Ⅰ,378—395年在位)的女儿加拉·普拉奇迪娅(Galla Placidia)的十字形小墓进门上方的空间里有一幅特别有吸引力的《好羊倌》镶嵌画(图6.28)。附近的圣维塔莱教堂有许多镶嵌画。圣坛的两侧是两幅镶嵌画,一幅描绘查士丁尼和他的廷臣,另一幅描绘皇帝的妻子提奥多拉和她的侍从(图6.29)。这些5—6世纪的风格在中世纪的罗马和拜占庭帝国内将会延续很长时间。

图6.28 《好羊倌》。约450年制作。见诸意大利拉文那的加拉·普拉奇迪娅陵

这位年轻无胡须的基督——在5世纪的这种形象仍然是对这位基督教救世主的公认形象——用十字架支撑自己,右手给羊喂食,羊是基督教的象征。背景中的簇叶和庄稼与陵墓的墓顶和墓壁上的类似装潢正相匹配。敬拜者进入这座小陵墓一抬头便立即与这尊基督大画像迎面相遇。

图6.29 《提奥多拉和他的侍从》。约547年制作。见诸意大利拉文那圣维塔莱教堂

这幅镶嵌图描绘皇后提奥多拉,面对她丈夫查士丁尼及其廷臣的一幅画。这些镶嵌画都传递了有关这个时代虚饰和奢华的信息。提奥多拉右边的那个男人掀起门帘,请皇帝一行进入某个画面看不见的内室。他的姿态可能意味着这个场面是某一宗教进程的一部分。

6.9 音乐

罗马在音乐方面对希腊传统的吸纳是如此全面，以致后来罗马的音乐实际上只是使希腊的形式和理念永久化。然而，罗马人把音乐仅用于实用目的，摒弃希腊人的如下观念：音乐在教化灵魂或心灵方面担当伦理角色。

直到帝国时代，音乐才开始在罗马生活中发挥重要作用。在列皇统治时期，音乐逐渐广为流行，因为各个阶级都禁不住音乐的感召魔力，**哑剧**（pantomimes）——伴有器乐和舞蹈的剧种——成为罗马民众青睐的演出。从长远看，哑剧成了帝国时代音乐式微趋势的一个象征。这些哑剧中规模最大的有3000名器乐师和3000名舞蹈演员参演，但普通规模的哑剧只有300人参演。富裕阶层使一种较为严肃的音乐保持活力，他们养着家内管弦乐队和合唱队供私家娱乐。更有素养的听众鼓励贺拉斯等诗人将他们的诗歌配上音乐，从而存续着希腊的抒情诗传统。

尽管罗马音乐听起来实际像什么的问题颇费猜详，但他们借鉴自地中海世界各地的乐器可以有几分把握地加以鉴别。来自希腊的是七弦琴和基萨拉琴（kithara）等弦乐器，加上单簧管（single aulos 或 oboe）和双簧管（double aulos）——罗马人称为笛（tibia）等木制管乐器。伊特鲁斯坎人传来的是铜管乐器。罗马人喜欢听这种由此类乐器发出的刺耳的声音，像伊特鲁斯坎人一样把它们纳入军乐之中。水力管风琴（hydraulic organ 或 water organ）大概是在希腊化时代的亚历山大里亚完善起来的，但在帝国时代的罗马成了大众喜爱的乐器，给哑剧配上深沉多重的音响。帝国时代罗马听众的品位显见于水力管风琴，它之所以感人不是因为它的音质，而是由于制作技艺巧夺天工。

罗马帝国晚期的异教音乐每况愈下，而基督教音乐才刚刚开始成型。基督徒接受了希腊—罗马音乐的原则，把它们同犹太教唱圣歌和做礼拜的传统融合起来，使音乐成为他们教堂礼拜仪式生机盎然的一部分。在以后的时代里，这种基督教习俗催生了一批使用歌唱家和器乐家的丰富多彩的圣乐。

然而，在罗马帝国晚期，圣乐仅限于清唱而无伴奏。安条克教会在犹太教会堂里的公众演唱的启迪下形成了一个新的音乐类型——赞美诗，即赞美上帝的歌。唱赞美诗的习俗从安条克传播到君士坦丁堡和米兰，最终纳入各地的礼拜仪式。在帝国宫廷很有影响的米兰主教安布罗斯，在最早的赞美诗作家中脱颖而出，成为西方圣歌的奠基人之一。安布罗斯的拉丁文赞美诗可能意在**应答轮唱**（antiphonal）——也就是说，领唱和合唱之间顺着诗行轮流诵唱。

罗马帝国文明的遗产

希腊化世界和以后的罗马帝国为一个硕大地理范围内各地和超过八个多世纪的历史发展提供了一个稳定的框架。这种稳定性和长期性有助于解释为什么在从英国到阿富汗的地域内各地的艺术和建筑有着明显可辨的相似性。也是在这个范围内,孩子们一度学希腊文和拉丁文史诗,后来又学赞美诗。在那些一度为罗马帝国领有的各地出现的每一个国家的法律和制度背离了它们的罗马思想和实践之根。

就西方世界而言,罗马帝国的遗产始终是深刻的、直接的和经久不衰的。颇有意思但也许并非至关重要的是,今天西欧的高速公路正好铺设在罗马帝国的大道上。1970年,罗马的日常水供应量同奥古斯都时代差不多。更为重要的是,例如,罗马法律间接地对每一个西方的法律体系,直接地对法国、路易斯安那、魁北克和苏格兰产生影响。19世纪的英国诗人丁尼森勋爵(Alfred, Lord Tennyson)称维吉尔是"迄今由人的嘴巴形成的最高贵旋律的运用者"。维吉尔的影响从未消退;伟大的但丁把他奉为导师和楷模。罗马对希腊建筑的演绎形成了一种风格,这种风格已一再得到复兴。

罗马世界的基督教是另一种经久不衰的遗产。教皇制是世界上最古老的运作机制,僧侣和主教仍然服务于教会。1500年来,基督教直接间接地受惠于基督教的教父们。基督教在文本和视觉艺术上的成就,其影响力和感召力同样长盛不衰。罗马帝国时代的科学、医学和技术——通过基督教会的直接传承和中世纪伊斯兰教的间接传承——使中世纪盛期的西方得以开始提升到具有世界历史意义的地位。

文化关键词

元首政治(principate)
四帝共治制(tetrarchy)
使徒传承说(apostolic succession)
异端(heresy)
新柏拉图主义(Neoplatonism)
拉丁文《圣经》(Vulgate Bible)
楔形拱石(voussoir)
拱顶(vault)
交叉拱或十字形拱顶(groined or cross, vault)
明窗(oculus)
围柱廊(peristyle)
阁楼(attic)

罗马治下的和平(Pax Romana)
君主制(dominate)
彼得传承说(Petrine Idea)
讽刺诗(satire)
自然法(natural law)
方琢石(ashlars)
基石(keystone)
筒拱(barrel vault)

广场(forum)
圆形雕饰(medallions)
长方形公堂(basilica)

半圆室（apse）
侧堂（aisle）
中庭（atrium）
十字形（cruciform）
袖珍画（miniature）
哑剧（pantomime）

中堂（nave）
高侧窗（clerestory）
耳堂（transept）
蛋彩（tempera）
镶嵌画（mosaics）
应答轮唱（antiphonal）

批判性思考提问

  1. 从奥古斯都在位期至查士丁尼在位期罗马帝国的结构和组织的最重要改变是什么？

  2. 天主教会作为罗马世界里的一种机构最重要的发展是什么？

  3. 如何区别黄金时代和白银时代的作家？各个时期的作家从希腊化世界吸取了什么？这些作家何以成为与众不同的罗马人？

  4. 基督教的教父们彼此之间有何共同之处？他们同先于他们的世俗作家有何共同之处？

  5. 基督教的视觉艺术从异教艺术那里吸取了什么？基督教艺术和异教艺术有哪些不同？

出版后记

在世界越来越成为一个"地球村"的年代,在全世界各个地域、各个种族的人群都怀抱"同一个世界,同一个梦想"的年代,地处东方的我们,融入世界大家庭所必需的一步,就是深入理解深刻影响现代世界形貌的西方世界。他们的历史进程,他们的所思所想,这一切都可以通过他们创造和表达自身的作品去找寻——哲学、宗教、艺术、音乐、文学等——这些相关领域的知识我们可以统称为人文学识。

《人文通识课》就是一套结构清晰、编排合理、流畅好读的人文学识读本,内容涵盖了从史前到21世纪的西方文明进程中的文化表达。在每一章中,作者都会就所述时代的历史、政治、经济和社会发展给出扼要的描述,为将要讨论的西方文化勾勒出时代背景;余下的部分主要论述两种不同的文化表达,一是哲学、宗教、科学等思想观念范畴,一是艺术、建筑、文学等文化作品范畴。既分析描述该时代普遍性的主题、风格传承与流变和风格要素,又考察具有创造力的个人是如何应对其所处社会向他们提出的挑战的。书中提供的精美图片、精心设置的专栏、章尾提出的思考题,以多种形式帮助读者掌握每章的精髓内容。

对人文学识的学习,主要目的并非是把这些人类历史上的文化珍品置于博物馆中,以旁观者的姿态把玩欣赏。更重要的是,读者应该在这趟人文精神之旅中不断丰富和提高自己的历史眼光,以加深对当今世界纷繁复杂的情势的理解,并勇敢投入到塑造未来的行动中去。

服务热线:133-6631-2326　139-1140-1220
服务信箱:reader@hinabook.com

后浪出版咨询(北京)有限责任公司
2013年4月

图书在版编目（CIP）数据

人文通识课 I /（美）马修斯，（美）普拉特，（美）诺布尔著；卢明华，计秋枫，郑安光译. ——北京：世界图书出版公司北京公司，2013.5
书名原文：The western humanities, 7e
ISBN 978-7-5100-6176-9

Ⅰ. ①人… Ⅱ. ①马… ②普… ③诺… ④卢… ⑤计… ⑥郑… Ⅲ. ①人文科学 Ⅳ. ① C

中国版本图书馆 CIP 数据核字（2013）第 103714 号

Roy Mathews
The Western Humanities,7e
0-07-337662-0
Copyright © 2011 by McGraw-Hill Education.
All Rights reserved. No part of this publication may be reproduced or transmitted in any form or by any means, electronic or mechanical, including without limitation photocopying, recording, taping, or any database, information or retrieval system, without the prior written permission of the publisher.

This authorized Chinese translation edition is jointly published by McGraw-Hill Education (Asia) and Beijing World Publishing Company-Post Wave Publishing Counsulting (Beijing) Co., Ltd. This edition is authorized for sale in the People's Republic of China only, excluding Hong Kong, Macao SAR and Taiwan.

Copyright © 2013 by The McGraw-Hill Asia Holdings (Singapore) PTE. LTD and Beijing World Publishing Company-Post Wave Publishing Consulting (Beijing) Ltd. Co.

版权所有。未经出版人事先书面许可，对本出版物的任何部分不得以任何方式或途径复制或传播，包括但不限于复印、录制、录音，或通过任何数据库、信息或可检索的系统。

本授权中文简体字翻译版由麦格劳-希尔（亚洲）教育出版公司和[乙方]合作出版。此版本经授权仅限在中华人民共和国境内（不包括香港特别行政区、澳门特别行政区和台湾）销售。

版权 © 2013 由麦格劳-希尔（亚洲）教育出版公司与世界图书出版公司所有。

本书封面贴有 McGraw-Hill Education 公司防伪标签，无标签者不得销售。

北京市版权局著作权合同登记号：01-2010-1359

人文通识课 I：古典时代

著　　　者：（美）罗伊·T·马修斯等	译　　　者：卢明华　计秋枫　郑安光	筹划出版：银杏树下
出版统筹：吴兴元	责任编辑：张　鹏	营销推广：ONEBOOK	装帧制造：墨白空间

出　　　版：世界图书出版公司北京公司
出 版 人：张跃明
发　　　行：世界图书出版公司北京公司（北京朝内大街 137 号　邮编 100010）
销　　　售：各地新华书店
印　　　刷：北京铭传印刷有限公司（三河市驹阳镇南外环柯达路　邮编 065200）
（如存在文字不清、漏印、缺页、倒页、脱页等印装质量问题，请与承印厂联系调换。联系电话：0316-3216418）

开　　本：690×960 毫米　1/16
印　　张：18　　插页 4
字　　数：350 千
版　　次：2013 年 8 月第 1 版
印　　次：2013 年 8 月第 1 次印刷

读者服务：reader@hinabook.com　　139-1140-1220
投稿服务：onebook@hinabook.com　　133-6631-2326
购书服务：buy@hinabook.com　　133-6657-3072
网上订购：www.hinabook.com　　（后浪官网）

ISBN 978-7-5100-6176-9　　　　　　　　　　　　　　　定　价：35.00 元

后浪出版咨询（北京）有限公司常年法律顾问：北京大成律师事务所　周天晖　copyright@hinabook.com

版权所有　翻印必究

《希腊人：爱琴海岸的奇葩》
（插图第4版）

著　者：（美）罗伯特·B·科布里克
译　者：李继荣 等
审校者：张强
书　号：978-7-5100-5630-7
出版时间：2013.02
价　格：39.80元

古希腊世界与历史漫游指南

阿喀琉斯，男扮女装躲入深宫逃兵役
泰勒斯，为了证明哲学有用夜观天象赚大钱
亚历山大大帝，坐着巨型潜水装置下海捞珍珠
这里有许多大人物鲜为人知的小故事

一位诗人求婚被拒，写诗嘲骂女方致使父女羞愤自杀
一对同性恋人刺杀第三者，被错封为推翻暴政的大英雄
一名高级妓女协助伯里克利，催生出雅典民主黄金时代
这里演绎着更多的小人物的爱恨情仇

作者告诉你，好莱坞如何肆意改编古希腊历史
作者与你探讨，古代奥运会的跳远纪录比现代远八米是否可能
作者向你描述，亚特兰蒂斯神话也许是一段古老记忆
作者邀你一同漫游五彩纷呈的古希腊世界

内容简介

　　这是一部以历史中的个体为核心的古希腊世界漫游指南，视角独特，引人入胜。

　　本书以历史发展顺序为主线，覆盖范围从荷马时代到希腊化时期，但全书不以历史事件为核心，而是将之作为呈现希腊人的真实面貌的必需背景。每章内容的主体是作者精心挑选的个人，而且往往是不太出名的人，他们足以展现其所生活时代的人的活动或行为的某一方面。作者在书中大量引用希腊人的诗歌、史料、法庭辩护词，营造出了让人物尽情诉说自己的故事的效果。

《世界史》
（插图修订版）

著　者：（美）卡尔顿·约·亨·海斯
　　　　帕克·托马斯·穆恩
　　　　约翰·威·韦兰
译　者：费孝通　冰心等
书　号：978-7-5062-8709-8
出版时间：2011.04
定　价：68.00元

历久弥新的大家译者　数千年鲜活如昨的历史

文明史观　从人类文明的产生与演进过程来阐述历史，将世界历史划分为文明的开端、古典文明、基督教文明、近代文明等几个发展阶段，尤其以西方文明的渊源及其发展为重点，据此来筛选材料、组织编排，勾勒出从史前人类到"二战"结束的漫长历史。

结构清晰　以卷为纲，以章为目，章下分节，节中标以小题，端绪虽繁，而能类聚条分。此外于每一卷之前有前言，包举大要，每一卷之后有结语，综括前文，承前启后，交代明白，纲举目张，有条不紊。

论述精当　在叙述上，着重陈述史实，少有繁文赘语。既能高瞻远瞩，纵论大势，又能网罗概括，委曲细事。此外又能力避琐碎，抓住要点，忽略人类历史上无足轻重的史实，而对于那些足以影响后世的巨大历史事变，则予以有声有色的说明。

政治、文化、经济等量齐观　不但关注政治史，对于精神文化的作用亦给予足够的重视，并以基督教的文明为一个阶段的结束和另一个阶段的开始。对于重大的科学发明，从新时期时代的工具艺术到近代的工业革命，都重点强调。

观照普通人的视角　同情历史上各世代的被迫害者，以悲悯的语调描写古罗马的奴隶生活、中世纪的农奴生活，歌颂法国大革命，而对于奴隶主、贵族、封建暴君，乃至近代资本家之荒淫，暴虐与过分的剥削，都会予以指责。

《韦洛克拉丁语教程》

（插图修订第6版）

著　　者：（美）弗雷德里克·M·韦洛克
修 订 者：理查德·拉弗勒
译　　者：张卜天
审　　阅：（奥）雷立柏
书　　号：978-7-5062-9310-5
出版时间：2009.04
定　　价：99.00元

学习拉丁语，人必称"韦洛克"

《韦洛克拉丁语教程》是20世纪后半期以来英语世界最受欢迎的拉丁语教材，初版于1956年，很快就因其严密的组织结构、清晰的叙述讲解、循序渐进的设计安排、适中的难易程度以及其中收录的丰富的古代文献而被誉为"拉丁语学习的标准著作"，其"拉丁语学习首选教材"的地位无可撼动。

全书共分四十课，以简洁而不学究气的语言，系统讲解了拉丁语的基本词形、句法，并通过丰富的词汇学习、众多的英语词源研究、英拉句子互译和古典拉丁语作家原文赏读，来锻炼拉丁语学习者使用单词的灵活性和精确性，培养其观察、分析、判断和评价的能力，加强对语言形式、清晰性和美的感受；并通过探讨战争、友谊、未来、生老病死等发人深省的主题来学习古典作家的思想和技艺，分享他们的人文主义传统。第6版更是增补了课后的词汇表，修订了拉丁语的背景介绍、语言演变和一些词源学知识，从而使自学拉丁语变得更加容易。

著者简介

弗雷德里克·M·韦洛克（Frederic M. Wheelock，1902—1987）是美国著名的古典学家，拉丁语教学权威。他在哈佛大学获得博士学位，先后任教于哈佛大学、纽约市立大学、布鲁克林学院等名校，并以其在文本批评、古文书学和拉丁语等领域的研究而蜚声古典学界。韦洛克教授是美国古典学联盟、美国语言学会和大西洋国家古典学会的成员。本书是他毕生最具代表性的杰作。

《拉丁语汉语简明辞典》

著　　者：(奥)雷立柏
书　　号：978-7-5100-3172-4
出版时间：2011.01
定　　价：49.80元

21世纪中国首部综合性拉丁语汉语辞典。
语文为主，兼顾百科，收录常用常见拉丁词汇15000余条。
释义准确，简明精当，标注详尽。
条目编排清晰醒目，便于读者查询。
附录图表丰富实用，利于读者进阶学习。

内容简介

　　本词典的词汇量符合西方学生使用的中小型拉丁语词典。在国内谢大任先生于1984年编写了一部很有用的、综合性的《拉丁语汉语小词典》，本词典参考和借鉴谢先生的词汇量以及他的汉语释义，大量增加或改写原有的汉语释义，但不提供任何例句和词组以保持"小型词典"的理想。这部小词典尽力提供各个领域的基本单词，包括文学、哲学、法学、神学、医学、自然科学，但深入的研究还需要参考各专业的工具书。

著者简介

　　雷立柏（Leopold Leeb），古典语文学家。1967年生于奥地利Hollabrunn。2004年2月至今任教于中国人民大学文学院，开设"拉丁语基础""古希腊语基础""拉丁语文学史""古希腊语文学史""古希腊文化概论""欧洲中世纪文学史""古希伯来语"等课程，广受学生赞誉。研究方向和兴趣：翻译问题，科学与宗教，欧洲古代语言和思想，古典语文学，欧洲中世纪思想史，基督宗教文化传统，古代经典的解释，比较成语学。

《古希腊罗马哲学讲演录》

著　者：邓晓芒
书　　号：978-7-5062-8673-2
出版时间：2007.05
定　　价：22.80元

**一部充满灵性而简明的古希腊罗马哲学史
一场引人入胜而深刻的智慧碰撞**

著名西哲专家邓晓芒教授讲授古希腊罗马哲学，语言深入浅出、简明扼要，保留了讲演录临场发挥的现场感和流畅感

思路清晰　比一般哲学史著作更易把握其内在线索，能获得更清晰的哲学历史发展的概念。一条显明的逻辑思路贯穿在各种哲学观点和流派中，使读者能够经受最初步的严格哲学思维的训练。

启发性强　着意突出那些在哲学上能够引发思维灵性、智慧机锋的命题和观点，描述其中的起承转合。

内容简介

本书是作者2006年在西南政法大学给研究生举办的五次系列讲演的录音整理稿，尽可能地保留口头讲演的现场感，用深入浅出的语言向非哲学专业的听众描述了古希腊罗马哲学思想发展的主要线索，尤其着重于各个哲学家思想内在的及与其他哲学家相互的逻辑关联。本书最大的特点是简洁、清晰，以最短的篇幅完整地呈现出这一段哲学史丰富而复杂的内容，既便于记忆，也有助于提高读者对哲学思想的概括能力和分析水平，是广大西方哲学爱好者和研究生备考人员不可多得的参考书。

本书附赠古希腊罗马哲学讲演录课堂DVD一张。